牟钟鉴 著

中国文化的当下精神

中华书局

图书在版编目(CIP)数据

中国文化的当下精神/牟钟鉴著. —北京:中华书局,2016.7
(2018.5 重印)
ISBN 978-7-101-11878-0

Ⅰ.中⋯ Ⅱ.牟⋯ Ⅲ.文化研究-中国 Ⅳ.G12

中国版本图书馆 CIP 数据核字(2016)第 125903 号

书　　名	中国文化的当下精神
著　　者	牟钟鉴
责任编辑	申作宏　孙永娟
出版发行	中华书局

(北京市丰台区太平桥西里 38 号　100073)
http://www.zhbc.com.cn
E-mail:zhbc@zhbc.com.cn

印　　刷	北京市白帆印务有限公司
版　　次	2016 年 7 月北京第 1 版
	2018 年 5 月北京第 3 次印刷
规　　格	开本/640×960 毫米　1/16
	印张 21¼　插页 2　字数 220 千字
印　　数	13001–18000 册
国际书号	ISBN 978-7-101-11878-0
定　　价	64.00 元

目　录

中国文化的核心价值

中国文化的应对之道

序言：中国文化的明体与达用

　　作为二千多年中华思想文化主导与底色的儒学，在经历了近百年西方文化的猛烈冲击和中国主流社会排斥、批判，乃至横扫的严冬之后，如今终于迎来复苏的春天，如白居易形容原上草那样："野火烧不尽，春风吹又生。"虽然还不能说是芳菲满园，却不再是"花果飘零"（徐复观语），而呈现出欣欣向荣的景象。有些深受反传统的文化激进主义熏染的学者认为这是一种"文化复古"现象，仍沿用"批孔"的思维模式予以抨击。殊不知这是中华民族文化经历"扬弃"之后的一次螺旋式地升华，是事物发展否定之否定客观辩证运动的表现；而民族文化在新形势下的复兴，乃是中华民族伟大复兴的重要精神支撑。我们正在经历着中华文化自五四新文化运动以来又一次历史性的变革，这一变革开创了一个崭新的时代，其深刻性尚有待于人们认真加以反思觉解，更需要学界从学术理论的高度予以研讨和阐释，使更多的中国人尽快脱出文化自卑的心理，实现文化自信和自觉。

　　儒学在近代衰落而如今开始复兴，且势头强劲，并非偶然，有其历史和时代的必然性，借用佛教用语，这是"契理契机"的显现。儒学博大精深，蕴含着丰富的宇宙、社会、人生智慧，凝结着东方道德文明的常道，因而内在生命力强大。但它在帝制社会后期一度被专制政治扭曲，趋于僵化保守，跟不上时代的前进步伐，其"有礼无仁"的形态反而成为社会革新的负能量。因此，它受到西方启蒙思潮和国内新兴变革力量的巨大冲击是不可避免的，这不仅是社会思想解放的需要，也是儒学再生的必要条件。对儒学而言，文化激进主义的批判既是一次严峻的考验，又是一次净身的冲洗。"文化大革命"从表面上看似乎使儒学陷于"灭顶之灾"，在客观上却使"反孔批儒"思潮走向极端，充分暴露出其危害性，为人们重新思考儒学的价值提供了反面的教训，从而也为儒学的回归创造了难得的机遇，这是历史的吊诡。

在经历了"欧风"、"美雨"、"苏霜"，遍尝了酸甜苦辣之后，中国人通过切身的比较，觉得还是以"五常"（仁义礼智信）、"八德"（孝悌忠信礼义廉耻）为基础的传统美德符合社会需要，可以安身立命，有益文明人生；同时也要吸收世界文明的营养，用以充实新时代的精神生活，但民族的根和魂却在中华文化，否则中华民族作为文化共同体就不能延续发展了。实践证明，当初全盘西化论者企图用切断民族文化血脉的方式来"救中国"，无异于南辕北辙，不论结果如何，中国将逃不过做西方文化殖民地的悲惨命运，何谈自立于世界民族之林！而这正是顾炎武所担心的仁义沦丧造成"亡天下"的恶果，虽未变成现实，今日思之，依然使人不寒而栗。

以儒学为中轴的中华文化，几经冲刷，去掉污泥和陈腐（如"三纲"），其精华（如"五常"）在新的时代精神照耀下逐渐放射出耀眼的光彩。由孔子儒学和老子道学所铸造的仁恕通和刚毅之道，作为中华文明的核心价值追求，正适应了今日建设以人为本、和谐公正、富裕文明的中国特色社会主义社会的需要，成为当代文明建设的丰厚精神滋养和智慧泉源。习近平主席所概括的"讲仁爱、重民本、守诚信、崇正义、尚和合、求大同"，乃是中华优秀传统文化的精华和当代价值所在，代表着中国社会主义者文化自觉的新高度。

五四文化运动是中国从传统向现代转型中的第一次新文化运动，其思想动力主要来自欧洲启蒙运动"解放自我"、"理性万岁"的价值观念，追求民主与科学，推进了中国现代改革事业；但提出"打倒孔家店"的口号，丢失民族文化主体意识，因而文化路向走偏了，带来一系列弊病。当前开始启动的文化运动可称为第二次新文化运动，是中国式的文艺复兴运动，是在更高层面上向中华优秀传统文化回归，其价值理念应是"尊重他者"、"和谐万岁"，口号应是"创新儒学"，它与世界范围内正在兴起的重信仰、重道德的第二次启蒙运动恰相吻合，相互推进，儒学将在其中承担重要责任。

随着西方列强在政治、经济、文化上的盛极而衰和弊端丛生，随着中国的和平崛起和儒学的复苏，一度被人视为已经进入历史博物馆的中华传统文化在西方现代化负面价值恶性膨胀的映衬下，反而呈现出它超前的后现代意义，世界各国有识之士越来越看重孔子儒学的价值，认为它能给人类文明转型提供新观念、大智慧。澳大利亚邦德大学李瑞智教授说："21世纪西方金融危机、经济衰退、政府管理等出现诸多问题所带来的严重后果，证明了柏拉图思想已开始衰落"，"在全球秩序发生转变的紧要关头，彰显了儒家思想传统和儒家管理的智慧和优势，也给新儒学运动提供了良好的契机"（《儒家的崛起和柏拉图的衰落》）。美国纽约大学终身教授熊玠说："中国固有的克己复礼的'仁'文化，将节制、恢复人性原善、规范行为归结于心，是美国文化中的贪婪、原罪及争斗的最好良药，可谓救世之甘粮，足以挽回西方文化没落的狂澜。"（《"文明冲突"、华尔街崩溃与全球金融秩序震荡之际看西方文化没落及中华文化复兴之必要》）当代美国比较哲学大家、夏威夷学派领军人物安乐哲教授在2013年9月获得"孔子文化奖"的感言中说："今天的世界需要儒家的传统智慧和价值；注重家庭、和谐和道德，是作为人、社会、国家关系不可缺少的生长条件，它有利于建设世界的新兴文化秩序。"长期致力于中西文化会通的美籍华裔学者杜维明教授最近指出："作为精神性人文主义的儒家，提出了每一个有良知理性的知识人都必须关注的四大议题：（一）个人的身体、心知、灵觉与神明如何融会贯通；（二）人与人之间如何通过家庭、社会、国家和世界形成健康的互动；（三）人类和自然如何取得持久的和谐；（四）

人心与天道如何相辅相成。我集四十年在国际学坛和数十位不同轴心文明的哲学家和精神领袖的对话经验，期待也坚信'思孟心学'所体现的仁道必能扬弃启蒙心态所突出的世俗的人文主义，而成为人类21世纪探究和平发展不可或缺的参照。"（《儒家哲学的现代转化》）秘鲁前总统加西亚从儒家文化的角度阐释了中国现代化事业腾飞的缘由，指出："儒学思想提出的诸多重要原则，是整体而又全面且不失协调的，务实而非思辨的想入非非，累积而成且非一成不变的"，"正是这一点使得中国飞速前进"，"想要与中国增长相结合，与其俱增，必须审时度势，即在不放弃我们自由文化和价值本质的条件下，以西方的方式吸收接纳中国的观点"（《儒学与全球化》）。从上述几位有着深厚西方文化背景的当代著名人文学者和政治家的世界视野中，我们可以领略新时代条件下儒学的当代价值和其在世界上愈益增长的影响力。在这种情势下，中国学人如果不能挺立民族文化主体意识，并以自信和包容的态度走融合中西、贯通古今的道路，那就要落后于时代了。

我有幸在青年时接受过冯友兰、张岱年诸名师的熏陶，中壮年之后又赶上了改革开放的新时期，有条件致力于中华思想文化研究，陆续出版了《涵泳儒学》、《新仁学构想》、《老子新说》、《道家和道教论稿》、《中国宗教通史》（与张践合著）、《民族宗教学导论》（主编）、《当代中国特色宗教理论探讨》等著作，发表了数百篇学术论文，其中凝结着我对以儒学为主导、以儒道互补为基脉、以儒佛道三教会通为核心、以诸子百家和多种宗教相与共荣为常态的中华文化的哲学思考，关涉到传统思想的过去、现在和未来。我高度认同冯友兰先生"阐旧邦以辅新命"的文化使命，把研究重心放在儒学、道学的当代转化和创新上。

最近若干年，受到时代文化大变革加快的激励，在以往积累的基础上，我又有若干新的探索与反思，特别关注到儒学的当代价值，围绕这一主题，在与社会互动中形成一系列论文、讲稿和访

谈，它们蕴含着以下一些主要问题：孔子、孟子为中华文明做出了
什么贡献，儒学在历史发展过程中有哪些经验教训，儒学在当代如
何进行理论转型，儒学与社会主义核心价值观的内在联系是什么，
儒学在今日社会主要应在什么领域发挥作用和发挥何种作用，儒学
怎样推动中西文化会通和新型国际关系建设，等等，而论说的重点
在于中华传统美德的阐扬。总之，我在努力用时代精神激活儒学的
恒在价值，以实现明体达用的目标。我并不期于系统完美，却可说
它们是从自我精神生命深处流淌出来的，内含着真诚的人生体悟，
也许对世人和青年走近孔子儒学有些参考作用。孔子说："修己以
安人"、"博学而笃志，切问而近思"，虽不能至，而心向往之。

中华书局申作宏先生主动关切我的学术研究，愿意将我近年
一系列论儒之文，整合成书，予以出版，在此深致谢意！我期望
此书能作为一家之言参与当前人文学术研讨，并得到学界的积极回
应，不当处请读者批评指正。

中国文化的核心价值

孔子：中华民族的精神导师

孔子确立了中华民族的精神方向

孔子"祖述尧舜，宪章文武"（《中庸》），集五帝三代之大成，在整理阐释六经（删《诗》《书》，订《礼》《乐》，作《春秋》，修《易传》）的基础上，创立仁礼之学，为中华民族的发展确立了仁和之道的人本主义精神方向，为社会人生提出普世道德价值标准，形成民族的文化血脉、基本性格和文化基因，故其在百家中脱颖而出，成为显学，尔后成为中华文化主导思想，形成中华民族的核心价值。

一、孔子是中华文明继往开来的导师

中华民族的价值理想，其最高理念就是中国人所追求的"道"（有道、志道、得道、弘道）；用两个字表述，是"仁和"；用三个词表述，是"仁义、民本、贵和"；用四句话表述，是"天人一体、仁爱忠恕、和而不同、礼义诚信"；用五个字表述，是"仁、义、礼、智、信"；用六短句表述，是"讲仁爱、重民本、守诚信、崇正义、尚和合、求大同"。孔子儒学铸造了中华精神：自强不息、厚德载物、刚健中正。

孔子被誉为"大成至圣先师"、"万世师表"。"大成"是孟子的评价，"至圣"是司马迁的评价，"先师"是元明清的封号。孟子说："自有生民以来，未有孔子也"（《孟子·公孙丑上》），"圣之时者也。孔子之谓集大成"（《孟子·万章下》）。司马迁说："《诗》有之：'高

山仰止，景行行止。'虽不能至，然心向往之"，"孔子布衣，传十余世，学者宗之。自天子王侯，中国言六艺者折中于夫子，可谓至圣矣"（《史记·孔子世家》）。这个定位比较准确：孔子不是神（纬书之说），也不是"王"（唐代封号），而是"大成至圣先师"，即继往开来的思想导师，他使中华民族成为礼义之邦，成为高度文明的国家。不论朝代如何变动，不论制度如何改革，中华民族延续的基因血脉和凝聚的精神纽带始终是儒学为主导的中华优秀传统文化，否则中华民族就离散了。

神化孔子是不对的，丑化孔子是罪过，敬重孔子应是常态。在历史上，凡是坚持孔子儒学确立的精神方向并能不断创新和认真实施的时代，便是治世、盛世；凡是公然背离上述精神方向或者扭曲它、架空它、使其虚伪化或者僵化保守不思进取的时代，便是乱世、衰世。二千多年的社会历史实践，反复地检验着儒学的真理性，鉴别着它的时代性（可变者）与普遍性（不变者），考验着它的综合创造能力，特别在近现代它是置之死地而后生，终于复苏，焕发出了新的生命。

孔子儒家不是普通一个学派，也不是西方式的宗教团体，它没有严密的组织制度，不重视自身有形力量的拓展，没有特殊的利益诉求，它是基于普遍人性的一种公共性的社会德教，致力于向社会和各领域提供基本道德规范和公共生活准则，使社会人生沿着向上、向善、有序的文明方向前行。至于不同时代具体的社会治理方式方法，那是当时人们要面对的，不能要求孔子有周到的设计，在礼制的层面上永远需要旧邦新命、维新更化，孔子的贡献是建立核心价值和意义系统。

二、孔子创立了以仁为首的道德评价体系

孟子说孔子"集大成"是确实的，孔子把古代文明主流传统继承下来了，他把尧舜时代治国理政优良传统如："克明俊德"、"平章百姓"、"协和万邦"(《尚书·尧典》)、"民惟邦本,本固邦宁"(《尚书·五子之歌》),和夏商周三代尤其周代周公以德导礼的好传统如:"皇天无亲,惟德是辅"(《尚书·蔡仲之命》)、"民之所欲,天必从之"(《尚书·泰誓》,天与人民的关系:把民意与天命统一起来)、"敬德""保民"(《尚书·周书》,君与民的关系:以民为主体,以君为客体)、"明德慎罚"(《荀子·成相》,德与刑的关系:德主刑辅)、"明恕而行,要之以礼"(《左传·隐公三年》,德与礼的关系:德导礼齐)等继承下来,用仁和之学加以提高,初步实现了中华民族的道德理性的自觉。

孔子以仁论德,又经过孟子(仁义并举)、荀子(以礼行仁)和汉儒的加工,遂形成"五常"、"八德"的基本道德体系。"五常"——仁义礼智信,乃人生常道,人人须臾不能离,"五常"以仁为灵魂。"八德"——孝悌忠信礼义廉耻,它是"五常"的扩展,而以忠孝为核心。

"五常八德"在不同时期有不同解释,有些说法会过时,但其本质属性是永恒的。表现在人生态度上,就是修己以安人,修齐治平,忧患意识,以天下为己任,富贵不能淫、贫贱不能移、威武不能屈;表现在家庭生活上,就是父慈子孝,夫和妻柔,兄友弟恭;表现在朋友关系上,就是朋友有信,道义之交,以文会友,以友辅仁,贵在恒持;表现在治国理政上,就是导之以德,齐之以礼,为政以德,民生为本,正己正人,礼法合治,德主刑辅,用贤纳谏,廉洁奉公,政通人和,居安思危;表现在经济生活上,就是见利思义,取之有道,富民均平,重农扶商,轻徭薄赋,开源节流;表现在国防军事上,就是仁者无敌,义兵必胜,智勇双全,足食足兵民信,有文事者必有武备;表现在国际外交上,就是协和万邦,讲信修睦,礼尚往来,近悦远来,化干戈为玉帛;表现在文化和文艺上,就是和而不同,文以载道,尽善尽美,德艺双馨,中和为美;表现在民族宗教上,就是华夷一家,因俗而治,敬鬼神而远之,政主教辅,神道设教;表现在教育上,就是尊师重道,有教无类,因材施教，仁智勇兼修，学思并重，启发式教学，教学相长，博学审问慎思明辨笃行；表现在人与自然关系上，就是敬畏自然，天生人成，赞天地之化育，仁者与天地万物为一体；表现在社会理想上，就是小康大同，天下为公，选贤与能，四海一家。

仁爱是孔孟儒学的灵魂，落实下来便是"忠恕之道"。曾子认为"夫子之道，忠恕而已矣"（《论语·里仁》）。忠恕之道里"恕"道更加难能可贵。孔子在回答子贡"有一言可以终身行之者"的提问时说："其恕乎！己所不欲，勿施于人。"（《论语·卫灵公》）这就是孔子的一贯之道，其最伟大的精神是能将心比心、关爱和尊重他人，不把自己的意志强加于人，这正是当代社会最缺乏的精神。

历史在演化，社会在变迁，儒家上述种种规范则是中华民族一以贯之的精神追求。当然还有老子道家的尊道贵德、道法自然（《老子》第二十五章）、返璞归真、贵柔守雌，儒道互补形成中华文化的底色；还有佛教与诸教以及诸子百家，共聚为璀璨的精神家园。

孔子儒学在古代史上的显微跌宕

一、秦代仁义不施而迷信严刑酷法

先秦儒学经历了孔、孟、荀三家的发展，至战国后期显示其博大精深的优势。正当它可以在统一的秦朝发挥作用时，却遇上了秦始皇，要反儒家之道而行之。秦国用商鞅变法，国富兵强。始皇执政，吞并六国，建立起中国第一个中央集权的统一大帝国，统一文字和度量衡，建立郡县制和一系列法律制度，是有历史贡献的。但他迷信武力，以为有强大政权军队，又收缴了天下兵器，江山便固若金汤，开万世基业，于是废弃孔子之道，也不用兼综百家的《吕氏春秋》，却以吏为师（吏不是思想之师，只是执事之人），以法为教（法不是立教之学，而是治国之具），严刑酷法，刻薄寡恩，滥用民力，偶语《诗》、《书》者弃市，焚儒学和百家之书，坑杀议政的儒士约四百六十人，结果传之二世而亡国。

贾谊《过秦论》指出："一夫作难而七庙堕，身死人手，为天下笑者，何也？仁义不施，而攻守之势异也。"秦始皇不实行孔子仁义之道，而以残暴临民，失去了民心（"天下苦秦久矣"），又不懂得打天下和治天下要用不同的方略，他的焚书坑儒猛烈冲击了三代礼乐文明和六经文化的传承，恢复起来相当艰难。这就是深刻的历史教训。唐代章碣《焚书坑》诗曰："竹帛烟销帝业虚，关河空锁祖龙居。坑灰未冷山东乱，刘项原来不读书。"批判秦始皇毁坏传统文化，仇视有识之士，与民众为敌，失去了治国的根基和维系民族的思想纽带，必然导致政权覆亡。

二、汉代推崇孔子，表彰六经

汉立之初，刘邦和陆贾有一番"马上得天下能不能马上治之"的讨论，陆贾认为"汤武逆取而以顺守之，文武并用，长久之术也"（《史记·陆贾列传》），所以不能废弃六经。陆贾和贾谊都看到国以民为命脉，治国要礼法并重。汉初文景之治六七十年，用儒道结合的黄老思想治国，政治上缓和官民矛盾，经济上让百姓休养生息，文化上在秦火之后抢救民间存留的六经典籍，收揽经学人才，接续三代礼乐传统，为汉代兴盛奠定了基础。

到汉武帝采纳了董仲舒的建议，尊崇儒学为国家指导思想，强调大一统，把儒家经学升为官学。"五经"之学发达，制定新的礼乐制度，贯彻于政治、教育与社会民俗。这实际上是儒法并用。汉代礼学大兴，《孝经》流行，提倡以孝治天下，又与西域交流（张骞与班超先后出使西域），遂出现盛世气象。苏武出使匈奴，因变故被困，誓不投降，决不"屈节辱命"，视死如归，痛斥叛汉者，被流放北海牧羊十九年，历尽艰苦，誓志不改，愿为国"肝脑涂地"，终于得到单于敬重，回归汉朝，表现出士大夫"杀身成仁"、"威武不能屈"的大丈夫气概（见《汉书·苏武传》），乃是儒家志士仁人的表率。董仲舒宣扬"五常"，使之成为中国人的基本道德规范，有很大功劳。汉代的贡献是建立了以儒家为主导的中华文化格局，确立了中国人的核心价值观。

但董仲舒提出"三纲"说："王道之三纲可求于天"，"子受命于父，臣妾受命于君，妻受命于夫"（《汉书·董仲舒传》）。这是宗法等级社会政治意识形态，不是孔孟的仁和思想，又把"三纲"与"五常"嫁接在一起，带来儒学的过度政治等级化弊病，减损了它的仁爱忠恕精神。汉代经学出现神秘化、繁琐化，生命力下降。武帝不用《淮南子》，使中央集权不给开明分权以空间，造成君王个人高度专制。两汉之间，王莽建立新朝，把孔子礼义仁恕之道当成实现个人称帝野心的工具，"色取仁而行违"，激化了社会各种矛盾，遂不足二十年而灭亡。《汉书·王莽传》把他与秦始皇并列，说："秦燔《诗》《书》以立私议，莽诵《六艺》以文奸言，同归殊途，俱用灭亡，皆炕龙绝气，非命之运。"

东汉恢复元气，德治有所实施，民生有所改善，社会矛盾有所缓和，借着西汉积累的礼义传统，国运又近二百年，王充《论衡》有"宣汉篇"，加以称颂。东汉提倡谶纬经学，章帝时，官方推出《白虎通义》，确立"三纲六纪"，明确规定："君为臣纲，父为子纲，夫为妻纲。"强化了人们对君权、族权、夫权的服从。

汉代末年，政治腐败，特权世袭，名教礼法成为教条，民不聊生，人心离散，遂有黄巾起义，三国鼎立，国家分裂，出现魏晋南北朝的乱世。但中华文明并未断绝，民族精神依然存在。如诸葛亮在《后出师表》表达的"鞠躬尽瘁，死而后已"的奉献精神，就是"仁以为己任"的体现，鼓舞着后世仁人志士为国效力。

三、魏晋南北朝儒佛道三教关系的调试

魏晋南北朝，社会动荡不宁。佛教兴盛、道教壮大、玄学流行，中华文化出现多元化的趋势。儒家主导地位受到冲击，新的格局在不断调整中，儒学如何与佛老相处尚未厘清，儒道佛三教既冲突又融合，处于探索前行之中。国家不能统一，故乱世多于治世。学术上出现玄学经学，如何晏《论语集解》、王弼《周易注》，尝试吸纳道家元素解释儒经。魏晋玄学围绕"自然"（道家概念）与"名教"（儒家概念）讨论，有的主张"名教本于自然"（何晏、王弼），有的主张"越名教而任自然"（嵇康、阮籍），有的主张"名教即自然"（郭象），从不同角度探讨人的自然性情与社会礼教之间的关系，寻找合理的平衡点。

四、唐代形成儒为主导、佛道辅助的新格局

隋唐时期，国家统一，多民族关系趋向和睦。隋短唐长。唐代一方面儒学在吸收佛老中复兴，建立科举制度并编纂《五经正义》；另一方面佛老开始吸收儒学，出现中国化的佛教禅宗和新的道教教派重玄学，使文化主体性与开放性相统一，形成以儒为主、佛道为辅的三教鼎立与互补的新格局，加上多教并立，这个格局一直延续到清代末年。

唐代中国文化走向东亚（如鉴真东渡日本）与西域（如发展丝绸之路），出现新的盛世。佛、道二教补充了儒家不重来世之缺，但二教的基本宗教道德是认同儒家的，而且用神道扩大了"五常八德"的影响。

唐代的贡献是展现了儒家治理国家的实践力量和开放包容的品格与宏大气象。唐太宗确立了儒学在治国理政中的主导地位，同时也发挥佛、道教的安宁民心、改良民俗、稳定秩序的作用。吴兢《贞观政要》卷六记载唐太宗的话，说："朕今所好者，惟在尧舜之道、周孔之教，以为如鸟有翼，如鱼依水，失之必死，不可暂无耳。"他还在别处说过："今李家据国，李老在前；释家治化，则释门居上。"（道宣《集古今佛道论衡》）唐太宗既有武功，又懂文治。他总结隋朝速亡的教训，依据孔子儒家的思想，牢记民如水、君

如舟，"水则载舟，水则覆舟"（《荀子·王制》）的警言，能够用贤纳谏，修身崇俭，均田薄赋，改善民生，繁荣商业，建立学校，实行科举，同尊华夷，巩固边防，沟通中印，为盛唐奠定了牢固的基础。玄奘法师西去印度取经成为中外文化交往史上的佳话。基督教与伊斯兰教于此时传入。唐玄宗前期励精图治，开元、天宝年间，唐朝国力达到鼎盛。然而玄宗后期骄奢纵欲，沉迷于声色享乐，不能居安思危、慎终如始，任用宦官和奸臣，如孟子所言："无礼义，则上下乱。"于是发生安史之乱，唐朝走上衰弱。

中唐时期的韩愈有鉴于思想界儒弱佛强的形势，著《原道》，倡导儒学复兴，提出儒家道统论，推尊孟子与《大学》，成为宋代新儒家兴起的先声；其《师说》提出"师者，所以传道授业解惑也"，为千古不易之论。但他为维护儒学而攘斥佛老，要对佛教采取"人其人，火其书，庐其居"的行政灭教手段，路径全错了。柳宗元、刘禹锡则主张儒佛并用、互补。李翱著《复性书》，用佛家的方法来修养儒家的心性，又推崇《中庸》，成为宋明道学的先驱。

唐末政治腐败，厚征巨敛、民生凋敝，外有藩镇、内有党争，遂导致五代十国乱世五十余年。

唐代是诗的高峰，它是在中华优秀文化沃土上出现的。杜甫是"感时花溅泪"的诗圣，李白是"举杯邀明月"的诗仙，王维是"我心素已闲"的诗佛，各自体现了儒、道、佛的气象。

五、宋元明孔子儒学的繁荣与不足

宋辽金西夏元明清时期，"四书"重于"五经"，形成"十三经"格局。三教合流进入理论层面，在融会佛道中出现新儒家即程朱理学与陆王心学，成为主流思想，达到理论的一个高峰。社会生活中礼法成为生活方式，使四朝保持礼义之邦，皆有繁荣时期。但礼强仁弱，天理强人情弱，内圣强外王弱，常常忽视民生之本，故不断有离乱发生。儒家经学有汉学与宋学之分，有训诂与义理之别。宋儒太重心性之学，于是出现反弹，兴起陈亮、叶适为代表的实学思潮，强调经世致用、明体达用。

北宋大儒张载有横渠四句："为天地立心，为生民立命，为往圣继绝学，为万世开太平。"成为志士仁人的座右铭。范仲淹《岳阳楼记》名句："先天下之忧而忧，后天下之乐而乐。"一直在鼓舞着中华精英为国家建功立业。朱熹注《四书》，以"生意"说仁，说"尽己之谓忠，推己之谓恕"，是其精彩处；有诗云："半亩方塘一鉴开，天光云影共徘徊。问渠哪得清如许，为有源头活水来。"（朱熹《观书有感》）这源头活水就是孔孟的洙泗之学。

成吉思汗未接触中华文化时，凭借游牧铁骑西征列国，建立横跨欧亚军事大国，表现出扩张战争的残酷性、野蛮性。高道丘处机西行雪山会见大汗，用儒家"敬天爱民"和道家"清心寡欲"劝诫之，减少了杀戮（见《元史·丘处机传》）。后来成吉思汗及其子建立的西域诸汗国分崩离析，只有其孙忽必烈建立的元朝，由于采用了儒家礼义教化，推崇"四书"，认同华夏正统，虽有民族压迫，仍能延续国祚近百年。

明代朱元璋强化君主专制，开始兴文字狱。成祖时期较为开放，遂有郑和下西洋的和平之旅。王阳明强调"致良知"和"知行合一"，挺立个性和主体意识，弥补理学的不足。他要成就一个活泼自主的人生，他的重要贡献是把社会问题归结为人性的陷溺，解救之道便是良知的发现、提升和生命教育。他批评那些不珍惜孔子真精神的人是"不识自家无尽藏，沿街持钵效贫儿"。明后期以王艮为代表的左派王学泰州学派及李贽之学有非凡气势，张扬个性，赞美真情，挣脱枷锁，敢想敢说，提倡童心，回归民间，造成一次思想解放运动。

宋明理学传入朝鲜和日本，朱子学、阳明学流行，形成东亚儒家文化圈。儒学经由西方基督教传教士的译介，传至欧洲，积极影响了启蒙运动思想家。

六、清代孔子儒学生命力的萎缩与探路

明清之际，黄宗羲反对君主专制主义，主张建立有民主、平等思想萌芽的开明政治制度（《明夷待访录》）。顾炎武敏锐察觉到儒学精髓与中华民族生存发展的血肉联系，指出"亡国"与"亡天下"不同，"曰：易姓改号，谓之亡国。仁义充塞而至于率兽食人，人将相食，谓之亡天下"。亡天下就是整个民族文明的灭亡，所以"保天下者，匹夫之贱，与有责焉耳矣"（顾炎武《日知录·正始》）。王夫之主张天理寓于人欲，提倡"公天下"的民本主义。清中期则有戴震反对道学，批判"以理杀人"。

但乾嘉以来，由于文字狱大兴，学人远离经世之学而把精力转移到考据学上，致力于经典文献整理和文字考订、音韵、训诂上，虽为学术史发展做出重要贡献，但脱离现实关切，不能使儒学义理与时俱新，加上科举考试进一步落入八股，作为国家意识形态的程朱理学缺乏人文关怀，读经成为利禄的敲门砖，儒学的精神生命日益萎缩。

宋明以来，部分儒者提倡愚忠（"天王圣明，臣罪当诛"）、愚孝（"天下无不是之父母"），二十四孝中有"郭巨埋儿"，伤天害理、悖逆人情，乃大不孝，是为糟粕。道光年间，龚自珍《己亥杂诗》云："九州生气恃风雷，万马齐喑究可哀。我劝天公重抖擞，不拘一格降人才。"他深深感受到了时代对人才的压抑。

孔子儒学在现代中国的命运

一、民国年间孔子儒学的衰落与转型

清后期至辛亥革命前，有礼乏仁，"三纲"压倒"五常"，闭关锁国，不仅抑制了社会的发展，也使儒学生命枯萎，僵化为政治教条，导致礼教吃人。国力衰败，一败于鸦片战争，二败于甲午战争。中国人开始觉悟，寻求自强救国之路。

面对西方文化强势进入，张之洞提出中体西用说，方向正确，却未能充分论证和实施。严复译赫胥黎《天演论》，引进达尔文进化论，产生极大影响：其积极方面是激励中国人发奋图强，救国兴邦；其消极方面是接受社会达尔文主义弱肉强食的丛林规则，而且用单线进化论把中西文化之异简单视为古今之异，使欧洲中心论得以在中国流行。后有康梁改良派兴起，康有为提倡托古改制，主张虚君共和，重提"大同"，并提倡孔教。谭嗣同以通释仁，攻击"三纲"，挽救仁学，把儒学带入现代文明，与改革开放结合起来，对儒学创新贡献巨大(参看谭嗣同《仁学》)。

改良失败，孙中山提出三民主义，领导辛亥革命，推翻二千多年帝制，实行民主共和，强调民族平等、民有民享民治、平均地权、节制资本、发展实业，主张王道、反对霸道，提出新八德：忠孝、仁爱、信义、和平，体现中西优势互补，成为现代中国新文明的伟大先行者。

儒家革新派不满意陈旧教条，在对外开放、中西融合形势下努力探索使儒学再生创新的道路。

二、建国至"文革"孔子儒学的曲折

民国时期至新中国成立，社会处于大变动时期，文化的走向悬而未决，救危存亡成为当务之急。一方面，中华民族从沉睡中觉醒，发扬自强不息、天下兴亡匹夫有责、反抗不义和艰苦奋斗的精神，联合国内外正义力量，顽强抗日，取得反法西斯战争的伟大胜利。中国共产党领导人民进行武装斗争并建立广泛的统一战线，推倒三座大山，建立独立自主的新中国。

在文化上当代新儒家熊十力(新唯识学)、梁漱溟(新文化学)、冯友兰(新理学)、贺麟(新心学)、方东美(新生命学)等探索儒学融会中西、贯通古今之路，但未能成为社会主流思想。哲学家冯友兰的座右铭是："阐旧邦以辅新命，极高明而道中庸。"指出中国哲学之路就是要古为今用，儒道佛互补。另一方面，在文化上主流思想家掀起反孔狂飙，他们为欧风美雨所冲刷，放弃中国本位，迷失了大方向，全盘西化论大行其道，经典训练被取消，孔子儒学被妖魔化，中华文化面临着一场生死考验。

共产党人主张批判地继承，毛泽东说："从孔夫子到孙中山，都要认真地总结，继承这份珍贵的遗产。"但是，受苏联社会形态理论模式影响，革命者中又有不少人把孔子儒学视为"封建文化"（"封建"词语来自苏式"五种社会形态"相替论，并非科学概念），把孔子儒学与封建专制主义等同起来（秦始皇和法家才主张君主专制，而非儒家），视为革命的思想障碍，过分强调阶级分析，而忽略儒家维系中华民族生生不息血脉基因的独特价值，满眼都是糟粕，而看不清它的精华所在，没有认识到孔子儒学内含的基本精神已经成为全民族的心理结构，遂为文化偏激主义所俘虏。

文化激进派善于用惊世话语挑动人心，而不做科学论证，例如将中华数千年的文化归结为"吃人"两字，甚至认为"汉字不灭，中国必亡"，企图用激烈的口号打倒中华文明，却不能推陈出新，没有提出新时代文明模式，只破不立，把中华文化否定到使人失去自信的程度，这是"文化自戕"的可悲行为。

事实上，在那些为民族独立解放而奋斗的反孔革命者身上，流淌着儒家倡导的仁人志士"以天下为己任"的热血，只是在理性上没有自觉意识而已。

民国学界受西方科学主义与哲学影响，简单取消儒学的经学地位，将其下降为子学和史学，在"六经皆史"（章学诚）、"整理国故"口号下消解儒学的"人文化成"道德功能，使其变成纯理性、纯知识的系统和科学研究的对象，如章太炎、胡适等人所作为。今日视之，无疑是一种偏失，因为经学本质上是一种生命的学问，不应只成为认知的对象。

当时还有过丁文江与张君劢之间的"科学与玄学"之争，科学派把坚持道德生命的玄学（指成德之学）家张君劢称为"玄学鬼"，予以鄙斥，认为科学即是人生观的全部。

五四新文化运动思想家批判当时妨碍个性解放的旧礼教（有礼而无仁的"三纲"）有其历史合理性，但有简单、粗暴、偏激的弊病，他们分不清"三纲"与"五常"的差别。孔子没有"三纲"之说而有"礼之用，和为贵"（《论语·学而》），"君使臣以礼，臣事君以忠"（《论语·八佾》），孟子更有民贵君轻之论，孔孟皆"以道事君，不可则止"（《论语·先进》）。孔子说的"君君，臣臣，父父，子子"（《论语·颜渊》），是说君要行君道，臣要行臣道，父要行父道，子要行子道，纲是"道"，不是君、父、夫。"三纲"是儒学被宗法等级政治扭曲而出现的，已经过时了。我们要替孔孟辩诬。

五四以来批判"封建专制主义"（应是君主专制主义）是对的，它是中国长期君主专制政统形成的根深蒂固的一种负面传统，君不仅为臣纲，而且对民有生杀予夺大权，他的权力超乎法律之上，这种专制主义与民主、平等是不能相容的，但在生活中仍有深刻影响，皇帝被推翻了，而民国时期的大小军阀仍然要当土皇帝，欺压百姓。

在新中国成立后，个人专制的作风依然可见，必须不断清理，才能建设起民主与法治社会。还要清除族权与夫权，提倡男女平等和家庭民主。"三纲"抑制了"五常"，只有铲除"三纲"，才能充分释放"五常"所含有的平等、和谐、有序、诚信的正能量。

今日中国，"三纲"不能留，"五常"不能丢，"八德"都要有。我们要继承五四，也要超越五四，进行否定之否定。

从建国到"文化大革命"，一方面中国人发扬自强不息、不屈不挠的民族精神，抗击帝国主义，进行和平建设，研发核武，自立于东方。另一方面，在社会治理上取消"导之以德，齐之以礼"（《论语·为政》），孔子儒学继续遭到批判，地位每况愈下，精神文化日益背离孔子仁和之道和"五常八德"，苏式斗争和对抗哲学在人民内部造成连续不断的意识形态批判运动，社会主义越来越脱离民族文化根基，向着偏左方向发展。乃至"文化大革命"批孔反儒达到极端，而中国社会也陷于大灾难、大浩劫。

一些社会主义者的思维仍停留在革命党的状态，没有实现向执政党的战略转型，没有意识到不能用革命运动的方式搞建设事业，而治国理政离不开吸纳孔子儒学的智慧。"文革"中"造反有理"的口号被滥用。革命已经成功，三座大山已被推倒，还要造谁的反？于是造"党内走资派"、"学术权威"的反，在"横扫一切牛鬼蛇神"的口号下"打倒一切"，造成"全面内战"。所谓"破四旧"就是要铲除民族的文化根基，割断民族的精神命脉。"四人帮"的所谓"批孔"，集中破除孔子仁和之道，而这恰恰是他的思想精华之所在。这不能不导致社会大混乱、大倒退。

历史教训告诉我们，在中国，斗争哲学是革命的思想武器，如用于建设事业，只能带来破坏，也不受民众欢迎，不可能成为社会生活常态。文化不能革命，只能实行改良，走渐进革新的路，因为它是历史长期积淀的结果。子贡把孔子比喻为日月，是无法毁伤的。即使在反孔最激烈的年月，"五常八德"在民间仍然是习焉不察的主流道德行为准则，它不是几次政治运动能够扫掉的，尽管它受到了很大伤害。

历史证明，孔子是打而不倒、批而不臭的，因为他活在中国人的心里，文明社会需要他，离开他只能导致灾难。孔子的思想已经润于中国人的肌肤，浸入中国人的骨髓，成为一种民族性格了。

改革开放以来孔子儒学的复苏

一、孔子儒学的回归

改革开放以来，我们抛弃苏式阶级斗争为纲，重视民生，实行仁政，强调和谐和正义，逐步回归孔子儒学仁和之道，走中国特色社会主义道路。同时海纳百川，吸收全人类文明成果，壮大自己，推动全球和平发展。于是成就巨大，小康在即，世所公认。孔子地位得到恢复，重新被认定为伟大思想家、教育家、政治家。

秘鲁前总统加西亚在《儒学与全球化》一书中指出，拉丁美洲三十年前国民经济总产值高于中国，三十年后其经济停滞不前，远远落在中国后面，因为一直处在动荡争斗之中。他认为中国奇迹背后和深层是中华传统文化所凝结的仁爱、和谐、务实、整体、重史、责任、勤奋的民族性格在邓小平实行改革开放后得到发扬的结果，整个中国团结起来致力于现代化事业。

但长期反传统已经积重难返，国人文化自觉性仍然严重不足，文化自卑不易克服。以孔子儒学为主导的中华传统文化在今后中国文化建设中具何种地位，尚不明确统一。同时，功利主义大潮把本来很脆弱的道德冲得更加衰微，中国人已经丧魂落魄，去道德化潮流成为阻碍民族复兴的拦路虎。有些人意识不到，传统文化与社会主义和现代化事业是可以统一而且必须互补的。

二、孔子儒家的生命力之所在

习近平同志强调指出，培育和弘扬社会主义核心价值观，必须立足中华优秀传统文化。现代化和社会转型中矛盾层出不穷，需要传统道德维系社会稳定，以保证市场经济健康发展。中国自古就有儒商传统，儒家早已吸收管子"仓廪实知礼节，衣食足知荣辱"的思想，重视工商事业。近代以来出现的晋商、徽商以及海外华商，都强调以义导利、诚信不欺、回馈社会，能够促进现代工商文明。欧美现代化过程有改革后的基督教道德维持精神生活，韩国与中国台湾在经济起飞中有改良的儒家传统美德在配合市场化过程，文化上都未出现断裂。大陆、台湾、港澳和在海外华人华侨中，"五常八德"依然是他们为人处世的价值观，超越了意识形态和政治制度的界域，成为凝聚中华民族的精神纽带。

例如已有百年历史的新加坡南洋孔教会，不管欧风美雨强劲冲击，也不顾孔子故乡中国大陆长期（"文革"及其以前）反孔批儒巨浪冲击，始终秉持孔子儒学传统、守护中华精神家园、团结华族业界和民众，坚定走着中华民族特色现代化道路，见证着孔子思想的不朽生命力，令人钦佩。

当代港台新儒家牟宗三、唐君毅、徐复观等学者，还有台湾孔孟学会等学术团体，在大陆反孔激烈的年代，坚守和创新孔子儒学，使中华文脉相续不绝，为大陆后来的儒学返本开新，保存了根系，做出了榜样。

台湾佛光山、中华道教总会等佛道团体亦为中华文化的延续做出了贡献。香港法住学会在霍韬晦会长带领下，认准孔子儒学是中国人立身处世的学问，落实为生命成长的教育，几十年在民间推行青少年性情道德教育，在南方和南洋产生广泛影响，为孔子儒学和佛、道两家文化的当代复兴做出典范。

陈水扁在台湾搞"台独"，其手段就是在文化上去中国化。多少年来，大陆许多人也在不断否定自己的传统文化，做着去中国化的蠢事，应该猛醒了。中国在教育上重洋轻中、重智轻德、重理轻文，培养出许多高智商、精专业的博士，却没有中国心、道德魂，一心要走向西方留学，然后移民的路子，令人触目惊心，但情况正在改变中。

爱国主义最深层是爱中华文化，没有文化的自觉自爱，是不可能真正爱国家的。中华精神虽然已是中华民族的文化基因，但基因是会变异的，基因遗传是会断裂的。所以要大力提倡国学教育，弘扬"五常八德"，做好培育文化根基和道德还魂工作。山东正在做的乡村儒学和社区儒学工作，就是要把民族的思想之魂与民众身上的文化之根对接起来，使中华优秀传统文化尤其是传统美德重新兴旺发达，这是道德建设的基础性工程，然后再增添新的道德成分。

从目前发展趋势看，国学的兴盛，儒学主导的中华优秀文化生命力的再现，在东亚、东南亚地区，以孔孟故乡、中国大陆的向上生发的力量为最强劲，不仅在学术层面初步形成理论转化创新的生动态势，而且国学书院和团体遍地兴起，体制内外的学生读经与国学教学如火如荼开展起来，乡村与社区儒学的普及正在涵养着中华文化的根苗，当代儒商队伍也在迅速壮大。在全国范围内、在各个领域和阶层，形成空前强大而广泛的回归、认同、发扬儒学与中华文化的有持续力的社会思潮，说明整个民族开始了文化自觉、自信的进程，这一历史潮流合乎中华民族振兴的时代使命，它是不可阻挡的。

三、孔子儒学与中国特色社会主义

十八大以来，习近平同志多次讲话，正式提出以中华优秀文化为血脉为根基为源泉，同时推动多彩文明和谐、交流、互鉴的文化战略，使民族文化自觉达到空前高度，这是五四以来主流社会在文化上的重大转向和拨乱反正，重提孔子"大成至圣先师"、"万世师表"，为中华民族的文化复兴指明了方向。孔子开始在中国人心中复活，重新发挥精神导师的作用。习近平同志用"深沉"、"根本"、"精神命脉"、"文化精髓"、"中华儿女共同的魂"、"文化基因"、"民族文化血脉"、"伟大智慧"等词语形容以儒学为主导的中华优秀文化。他指出："中国人民的理想和奋斗，中国人民的价值观和精神世界，是始终深深根植于中国优秀传统文化沃土之中的，同时又是随着历史和时代前进而不断与日俱新、与时俱进的"，"从延续民族文化血脉中开拓前进，我们才能做好今天的事业"。这样，中华民族的文化生命就理顺了。

社会主义核心价值观必须立足中华优秀传统文化才能体现社会主义的中国特色，如文明、和谐、敬业、诚信、友善等都是来自儒家的理念。

习近平还指出："十年来，孔子学院积极开展汉语教学和文化交流活动，为推动世界各国文明交流互鉴、增进中国人民与各国人民相互了解和友谊发挥了重要作用"，"孔子学院属于中国，也属于世界"。孔子的思想，历史上传播到东亚，并一度影响了欧洲启蒙运动，后来消沉了。现在情况又在改变，世人不再言必称希腊，又要言必称孔子了，因为解决世界当前危机需要孔子的智慧，而孔子儒家"天下一家"的思想能够跨越民族、国家、宗教的界域，促进人类命运共同体的和谐。孔子学院遍及世界，受到各国的欢迎，精神的孔子正在周游列国。早在1994年，适应儒学国际化的形势，国际儒学联合会成立，总部设在北京，它成为中国与世界各国进行文明交流的重要平台。2014年10月，以美国学者安乐哲为首，在夏威夷成立了世界儒学文化研究联合会，它成为海外多国研究儒学的重镇，为沟通儒学与世界文明的交流互鉴、特别是中美之间的文化理解互尊，构筑了一条新的重要渠道。中华文化的复兴不仅推动着中国成为现代文明强国，而且孔子的思想会为消弭人类对抗与战争、建设和谐世界、实现人类文明新的转型，发挥越来越重要的引导作用。

孔子不仅仅属于中国，也属于全世界，属于未来的人类。孔子思想是在全球化时代与多元文化互动中走回中国并走向世界的，因此它自身也在不断地丰富化、现代化，在文明交流互鉴中发展，理论形态多种多样，传播方式日新月异，与社会互动立体多维，它在返本开新、推陈出新、综合创新中不断开辟前进的道路。

孔子儒学的创新与展望

一、孔子儒学要有新的理论形态

孔子当初虽有"述而不作"之说，其实是要系统而认真地总结历史经验，返本开新，通过"祖述尧舜，宪章文武"，发挥仁礼之学，为礼崩乐坏的时代提出救治方案。他作《春秋》，褒贬历史人物，目的在为社会人生树立道德标准。《论语》里孔子讲"温故而知新",要学生举一反三,"不愤不启,不悱不发",引《诗经》句,启发子夏、子贡悟出新义,很善于对经典作创造性解释。《周易》强调变化日新,《论语》讲论因革损益,《中庸》提出"君子而时中",都要求学问要与时偕行。儒家有"经"(常道)与"权"(变通)之说,主张在实施原理时要结合实际,灵活运用。历史证明,孔子儒学不仅能生生不息、日新日进,而且它的和而不同智慧,使它最善于与异质文化相融合,从而在互鉴中共同发展。它曾成功地实现了儒、道、佛三教会通,后来又使进入中国的伊斯兰教、基督教逐步本土化,皆有积极成果。儒家文化成为滋养中华民族五十六个民族多元文化的底色。由于儒家德教的引导和包容,中华多元文化(包括宗教文化)形成多元通和模式,以和谐为主旋律,没有发生欧洲中世纪那样的宗教战争,也没有迫害"异端"的宗教裁判所,这是中国当今处理民族宗教问题使之关系和谐的必须加以借鉴运用的历史智慧。

现在,儒学正在与当代西方文化和社会主义进行良性互动。中国特色社会主义已经采用了"小康"的理念,并突出"以人为本"、"和谐社会"的儒家要素。冯友兰先生用张载"仇必和而解"重新解释唯物辩证法的对立统一规律。这都是在运用孔子儒学的思想而出新。

二、孔子儒学呈蓬勃复兴之势

有人认为孔子之后的学说千人千面,都是"伪孔子"。这是不对的。离开了仁和之道却打着孔子的旗号,或者口是行非、表里不一,才是伪孔子。不断创新、日日新、又日新的孔子学说,正是孔子思想有生命活力的体现,这是真孔子,永远和我们在一起,我们需要这样的孔子。我们不能把孔子儒学当成教条,教条主义最窒息思想的生机。

孔子仁和之道,根于人性,显于理性,成于教化,通向文明,需要我们去发扬。人能弘道，非道弘人，我们要学习孔子在继承中创新的精神，把它运用在儒家文化的当代转化开拓上，学会取其精华、弃其糟粕，并综合人类文明成果而创新，把孔子的智慧与当代的智慧结合起来，针对现实问题，真正地活学活用，特别要在治国理政和立德树人上下工夫，从自己做起、从本职工作做起，推动社会移风易俗，重建礼义之邦，不辜负伟大时代赋予我们的历史使命。

教育为兴邦之本，青少年是民族的未来，立德树人乃民族复兴的百年大业，因此把以"五常八德"为基石的中华传统美德认真落实到家庭、学校、社会教育事业上，尤其要使青少年德智体全面发展，仁智勇兼备，形成健全独立人格，是传承和弘扬孔子儒学精华最具战略意义的世纪事业。

三、孔子儒学与人类文明的转型

儒学的创新必须在中西文明融合中进行。一方面它要以西学之长补中学之短，另一方面又要用中学之长补西学之短。例如：吸收西学发达的科学文化，弥补中学智性文化的不足，发展现代高科技事业，为人民造福；吸收西学制度化的民主普选理念，去其资本操控竞选、政党煽惑民粹的弊端，结合中华民本主义，建设中国式的民主与法治社会；吸收西学重人权的自由思想，去其个人中心主义，弥补中学重群体责任、轻个体权利的不足，建设群体本位和公民尊严相结合的社会；吸收西学重公平竞争和契约的市场职业规则，建立信用体系，去其经济制裁、贸易保护主义的弊端，弥补中学竞争意识不强、忽视职业道德的缺陷；吸收西学女权主义的合理成分，弥补中学重男轻女的不良积习。

同时，我们更要充分认识和发扬中学的精华对于纠正目前在世界上占主流的西学弊端的重要作用，推动人类文明的转型。例如：发扬中学重仁贵德的人生观，以仁导智，纠正西学"科学万能"、"知识就是力量"、"理性至上"的把人工具化的非道德倾向，使生命回归精神自我，使科技服务于文明与和平事业；发扬中学主和尚通的人际观，用和而不同、相得益彰的伟大智慧，纠正西学弱肉强食的霸权主义和斗争哲学，尤其要阐扬忠恕之道，提倡互尊共荣的爱，纠正西学在"平等博爱"口号下推动的价值输出、强人服从的独尊傲慢；发扬中学天人一体的宇宙观，纠正西学中"人类中心"、"征服自然"的思想危害，树立敬畏自然、天人共存的宇宙意识与情感。

在当今地球村时代，人类已经成为命运共同体，但在西方主导下，霸权与对抗仍然严重存在，它所诱发的极端主义成为人类公害，军备竞赛在加剧，战争与和平两种力量仍在博弈之中，人类仍然面临或者共生共荣或者互残同毁的两种前途。当此之时，在各种学说或主义中，大多数不同程度上迷信斗争哲学，包含着排他倾向，只有孔子儒学的"天下一家"、"和而不同"、"忠恕之道"，最具有全球意识，能够超越民族、国家、宗教、地域的区隔，用文明和谐论取代文明冲突论，用温和主义化解种种纠纷和冲突，抑制极端主义的发展，把人类团结起来，推动文明的交流与互鉴，使人类走向共同繁荣发展。

英国历史学家汤因比说："世界统一是人类避免集体自杀之路。在这点上，现在各民族中具有最充分准备的，是二千年来培育了独特思维的中华民族。"这独特思维实指孔子儒学的中和理性，具有伟大的协调智慧。

从孔子提出"和而不同"，到《易传》讲"天下同归而殊途，一致而百虑"和《中庸》讲"万物并育而不相害，道并行而不相悖"，再到宋明理学家讲"理一分殊"，然后再到当代学界提出"融会中西，贯通古今"，其中冯友兰讲"同无妨异，异不害同；五色交辉，相得益彰；八音合奏，终和且平"，费孝通讲文化自觉十六字"各美其美，美人之美，美美与共，天下大同"，二千多年的中华思想史贯穿着一条中和理性发展的红线，成为协调不同民族不同信仰不同地域的各色文化之间关系的指针。

人类不缺少发展的智慧，而缺少协调的智慧，尤其缺少协调民族和国家之间关系的智慧，恰恰在这方面，孔子儒学所积累的经验和蕴含的远见卓识，可以向当代人类提供走出困境的光明之路。所以1988年诺贝尔奖金获得者集会巴黎，提出人类要在21世纪生存下去，必须回首二千五百年前，从孔子那里吸取智慧。由此之故，孔子在当今世界上的地位日益崇高，敬仰他的人群日益众多，不分种族、信仰和国别，孔子追随者遍及世界各地，在世界古典文化名人中，孔子的当代影响力是首屈一指的，可称为人类文明的伟大巨人。

从本源上说，孔子的眼界在空间上从来就是面向"天下"，即所有的人；在时间上从开始就指向"百世"（"虽百世可知也"，并非说可以预知未来百世情景，而是说社会必然有因有革，而优良道德传统会长期延续下去），明确了文明发展的方向。他肩负着传播文明的使命（斯文在兹），思考并回答着社会人生的根本性问题，其精华部分是不会过时的，而且随着当代现代化事业遇到的困惑，愈益显示出孔子智慧的早熟和超前。因此，我们可以自豪地说：孔子不仅是中华民族的精神导师，也是当代人类文明发展的重要引领者。

孟子：光大道统的亚圣

孟子的历史地位

一、给予孔子以先圣的定位

孟子作为孔子之后儒学的重要代表人物，在战国时期就已著名于世。《荀子·非十二子》把子思、孟子列为儒学之一派。《韩非子·显学》称孔子之后，"儒分为八"，其中即有"孟氏之儒"。《史记·儒林列传》云："孟子、荀卿之列，咸遵夫子之业而润色之，以学显于当世。"但是其学并不为当政者所重，故太史公谓时人"以为迂远而阔于事情"。大体上孟子与荀子并列，被世人视为诸子百家中一流学者而已。汉唐之间，《孟子》依然是子书之一，孟学不甚发达。

然而诸子百家功用有所不同，正如牟宗三先生所指出：孔孟之儒学，其宗旨在为社会"立教"，确立人生价值之基本方向，而于现实政治问题之解决有所忽略，故当时不切实用（参看牟宗三《中国哲学十九讲》）。法家现实感强烈，能够富国强兵，故受到当政者欢迎。不过，法家缺少文化价值理想，其工具理性之法、术、势，可以作为治国的手段，难以作为信仰而普及和长久。儒学则相反，它在先秦不被列国诸侯所欢迎，而在汉以后的二千多年中，却一跃而成为官学和学术主流。因为它开出了中华民族的精神方向，为政治和人生提供了一种令人向往的价值理想。孔子在汉代即被社会公认为圣人，不过人们习惯于把周公和孔子列在一起，并称周孔。荀子之学重礼乐制度，故其礼学在汉代颇为兴旺，以其学能服务于汉代宗法等级制度之建设。

孟子之学重心性修养，内在生命深厚，被充分理解需要一个过程，故其学初不显耀而后续力强大，越来越为社会所看重，其文化地位与日俱增。唐代韩愈首次大力推尊孟子，以为荀子和扬雄皆"大醇而小疵"，只有孟子是"醇乎醇者也"，其定评为"功不在禹下"（《与孟简尚书书》）。宋至元，随着新时期哲学主题向心性之学的转移，孟子的地位上升为亚圣，人们并称孔孟，《孟子》则由子书上升为经，列为"四书"之一，学者所必读。以后，不仅孟子在儒学史上具有了不同于诸子的崇高地位，而且他的思想和精神渗透和扩展到一般士人和民众之中，从而成为一种中华精神，对社会一直发挥着积极影响。

历史上著书立说者多矣，时兴而时湮者不知凡几，能领风骚上百年者屈指可数。时愈久学愈彰而光照古今者世所罕见，孟子就是这样的出类拔萃者。时至今日，孟子不仅仍活在人们心中，他的言行风貌更展现出空前鲜活的魅力，激励着当代有识之士向上、向前，孟子的精神生命是不死的。

二、打造孔子儒家的道统

孟子一生最服膺孔子，谓"自有生民以来，未有孔子也"，孔子乃"圣之时者也。孔子之谓集大成"，他的愿望就是"学孔子"。《孟子》一书常引《论语》，或依孔子的学说而立论。孟子晚孔子二百年，却是孔子后学中最能领会和继承孔子思想精髓的学者。例如孔子祖述尧舜，宪章文武，以三代开国圣王为楷模，曾赞颂"巍巍乎，唯天为大，唯尧则之"（《论语·泰伯》）；孟子则反复称赞尧舜禹汤，认为尧舜以仁心爱民、以德服天下，大禹治水有功，汤与周文武吊民伐罪，他们实行王道，永为后世法则，故言必称尧舜。

孔子的学说以仁学为核心，强调仁者爱人，爱人的体现则为忠恕之道，其在家族则为孝悌，其在政事则为惠民、富民，其在友朋则为诚信崇德、无求生以害仁、有杀身而成仁。孟子之学在孔子仁学的基础上仁义并举，进一步发扬了仁学的精神，他将仁爱的内涵揭示为"不忍人之心"，"恻隐之心"（《孟子·公孙丑上》），谓"仁也者人也"（《孟子·尽心下》），则仁学即是人学；又谓"亲亲，仁也。敬长，义也"（《孟子·尽心上》），此即孝悌之义；仁心发为仁政，则需制民之产；当生命与正义不可得兼时，要"舍生而取义"（《孟子·告子上》）。

孔子重义利之辨，谓"君子喻于义，小人喻于利"（《论语·里仁》），人应"见利思义"（《论语·宪问》），取之有道；孟子说梁惠王"王何必曰利，亦有仁义而已矣"（《孟子·梁惠王上》），又说"鸡鸣而起，孳孳为善者，舜之徒也。鸡鸣而起，孳孳为利者，跖之徒也"（《孟子·尽心上》），为善者即合于义者也，可知孔孟皆主以义导利，同时又皆以私利为利，以民利为义，故孔子讲"其养民也惠"（《论语·公冶长》），孟子讲"与民同乐"（《孟子·梁惠王下》）。

孔子认为自己肩负着天的使命，为人间传承文化，故说"天之未丧斯文也，匡人其如予何"（《论语·子罕》），孟子亦以天命之承担者自居，故曰："夫天未欲平治天下也。如欲平治天下，当今之世，舍我其谁也。"（《孟子·公孙丑下》）

在道德修养上孔子强调自省自责，故有"躬自厚而薄责于人"（《论语·卫灵公》）的话，曾子也说"吾日三省吾身"（《论语·学而》），而孟子更是反复强调自我批评的重要性，他认为出现了不理想的事情，要先检查自己是否做得妥当，故曰"爱人不亲反其仁，治人不治反其智，礼人不答反其敬，行有不得者，皆反求诸己"（《孟子·离娄上》），这就形成了儒家严于律己的修身态度。

孔子、孟子皆是教育大师。孔子学而不厌，诲人不倦，对学生循循善诱，以私人讲学的方式为社会培养了一大批高素质的人才；孟子继承孔子的事业，在参政受阻之后，致力于民间教育事业，以"得天下英才而教育之"（《孟子·尽心上》）为人生之大乐，并总结出教育的五种方式："有如时雨化之者，有成德者，有达财（才）者，有答问者，有私淑艾者。"（《孟子·尽心上》）他的教育思想是生动活泼的。

以上种种，都足以说明孟子是孔子的忠实学生，在思想上与孔子一脉相承。

孟子之所以成为亚圣，与孔子并列为早期儒家的主要代表者，不仅在于他继承了孔子的思想，更在于他创造性地发展了孔子的思想，提出许多新观念，有独特的精神风貌，补充了孔子的思想，光大了儒家的道统，提高了儒学的水准，给后来儒学的发展以巨大的影响，并且使一般士人和民众受其泽惠。孟子在历史上有其特殊的贡献，是一面鲜艳的思想旗帜。

孟子对儒学的创新性贡献

我以为孟子创造性的贡献有以下几点。

一、仁学与民生密切结合

孔子对民生问题是重视的。他的"为政以德"（《论语·为政》）的治国方略之中，包含着富民的思想，故子贡问政，子曰："足食，足兵，民信之矣。"（《论语·颜渊》）吃饭问题是第一位的。他又讲过能行五者于天下可为仁，即恭、宽、信、敏、惠，他认为能"博施于民而能济众"（《论语·雍也》）者，超过了仁德而为圣王之事。但是在民生问题上，孔子的言论总嫌语焉不详，比较空泛。

孟子则不然，他不停留在对仁学的一般理论说明上，而是把仁学落实到政治的措施上，要社会统治者和管理者在解决民生基本问题上体现仁民爱物的思想感情。中国近代的民生主义即发源于此。

首先，他要求仁人在高位，仁者要有权。"先王有不忍人之心，斯有不忍人之政矣"（《孟子·公孙丑上》）。所谓仁政是由掌权者的仁心发用为治国之道，"不仁而在高位，是播其恶于众也"（《孟子·离娄上》）。由此而言，执政者的品德及修身就是善政的必然要求，因为他掌握着巨大的权力，既可以造福于民，也可以祸国殃民。

第二，"制民之产"，使百姓丰衣足食。孟子说："明君制民之产，必使仰足以事父母，俯足以畜妻子，乐岁终身饱，凶年免于死亡。"（《孟子·梁惠王上》）这就是"耕者有其田"的思想。孟子设想一家农夫应有五亩宅院，百亩耕田；用宅院树桑养蚕，畜养家禽，老年人就可以衣帛食肉，用百亩耕田种粮，只要统治者不违农时，数口之家便可以温饱。

仁政最核心的内容便是解决好民众的吃穿问题，使他们的物质生活有起码的保障。不解决好这个问题，仁政便是一句空话。孟子说"养生丧死无憾，王道之始也"（《孟子·梁惠王上》），这是很切实的主张。要解决这个问题无非两条：一是要使农民拥有一定的土地，二是不过分盘剥农民。第一条要求平均地权，反对土地兼并；第二条要求统治者自奉节俭，减少徭役和赋税。这个问题解决得好的时代便是治世，否则便是乱世。

第三，"省刑罚，薄税敛"（《孟子·梁惠王上》），这一条是上一条的延续和补充。刑罚繁重固然包括无罪而罚、轻罪重罚以及严法苛刑，而更多的则是租税、劳役太重，引起民众抗拒，官府则用严刑和暴力加以镇压，必欲榨干百姓的血汗。民众生活没有出路就会铤而走险。孟子提出："有布缕之征，粟米之征，力役之征。君子用其一，缓其二，用其二而民有殍，用其三而父子离。"（《孟子·尽心下》）人民的负担要有一个限度，过此即有灾难，所以要省刑罚，必须薄税敛。孟子对梁惠王说："王如施仁政于民，省刑罚，薄税敛，深耕易耨。"（《孟子·梁惠王上》）他是很能体察民众疾苦的，所以能为民请命。可惜梁惠王一类君王只顾满足个人的私欲，上下交征利，听不进孟子的忠言，因此所谓"仁政"只是在口头上说说而已。

第四，救济社会上孤苦无援者。制民之产可以解决多数人的民生问题，但社会上还有少数有特殊困难的弱势群体，需要特别关照。孟子说："老而无妻曰鳏，老而无夫曰寡，老而无子曰独，幼而无父曰孤，此四者天下之穷民而无告者。文王发政施仁，必先斯四者。"（《孟子·梁惠王下》）社会公益救济是一个长期的问题，要靠行政系统、社会团体、富好仁者和民众互助等多种途径来解决。老子说："天之道，损有余而补不足。"（《老子》第七十七章）人之道亦应如此，以富者之余以补穷者之不足。

第五，在上位者与民同乐。孟子劝齐宣王实行仁政，齐宣王表示为难，理由是他本人好勇、好货、好乐、好色，无法自苦以利百姓。孟子对他说，无需去掉这几种爱好，只是要推广此心及于百姓，做到与百姓同乐，则百姓唯恐君王不乐。例如君王好色，则要使社会上"内无怨女，外无旷夫"（《孟子·梁惠王下》），每个人都有家庭之乐、琴瑟之好，这样就可以实现王道了。不过大多数君王总是把个人的快乐建立在百姓的痛苦之上，所以这一条行仁之方就很难实行。

第六，加强教育，德化民俗。孟子认为："人之有道也，饱食暖衣，逸居而无教，则近于禽兽。"（《孟子·滕文公上》）故要在富民的同时，"谨庠序之教，申之以孝悌之义"（《孟子·梁惠王上》），使民去恶从善，形成礼义之风。这样，社会才有秩序，人民才会有真正的安宁寿福。于是孟子提出五伦之教："父子有亲，君臣有义，夫妇有别，长幼有叙，朋友有信。"（《孟子·滕文公上》）孟子引放勋之言曰："劳之来之，匡之直之，辅之翼之，使自得之，又从而振德之。"（《孟子·滕文公上》）意思是把百姓吸引过来，引导他们，帮助他们，使他们各得其所，然后又提高他们的道德水准。

总之，孟子对于百姓切身的生活问题非常关心，认为解决这些问题是治国的当务之急，故说"民事不可缓也"（《孟子·滕文公上》）。他提出一条重要原理："民之为道也，有恒产者有恒心，无恒产者无恒心。"（《孟子·滕文公上》）一定要使民众有稳定的产业，在当时主要是拥有稳定的土地，民众才会有稳定的思想情绪，易于为善难于为恶，社会也才能获得稳定。中国一向是以农业立国，因此土地问题就成为民生的首要问题，能否耕者有其田，是社会稳定与否的基础，历史的治乱与荣衰反复证明了这一点。

二、民本主义的高扬

在早期儒家代表人物中，没有哪一位比孟子更重视民众的社会作用和历史地位。

孔子讲过"民无信不立"（《论语·颜渊》）的话，但他在君民关系上还是比较维护君权的尊严，在他眼里，民众的地位和作用是被动的，故坚决反对犯上作乱。他认为"民可使由之，不可使知之"（《论语·泰伯》），这是那个时代民众的力量尚不很强大的缘故。

孟子则大大前进了一步，他有强烈的民本主义意识，相当充分地觉察出民众对兴邦治国的重要作用，他提出"得天下有道，得其民，斯得天下矣。得其民有道，得其心，斯得民矣。得其心有道，所欲与之聚之，所恶勿施，尔也"（《孟子·离娄上》），这就是民为邦本的思想。这一思想后来发展出荀子"水则载舟，水则覆舟"的警言，凡有为之君，都不能不考虑这一真理。

孟子相信天命，但他把天命化为民意，认为这两者是一致的，这实际上是用民本思想重新解释了传统的天命论，大大提高了民众的地位。孔子曾说过"天何言哉，四时行焉，百物生焉"（《论语·阳货》），孟子的解释是："天不言，以行与事示之而已矣。"（《孟子·万章上》）具体到君权的继位问题上，天假如接受了新的君王，其表现是："使之主祭而百神享之，是天受之。使之主事而事治，百姓安之，是民受之也。"（《孟子·万章上》）他接着引《泰誓》的话："天视自我民视，天听自我民听。"百姓的感受和意志体现了上天的精神，而上天是看不见摸不到的，百姓的情绪和愿望是明显可见的，君王只要能使百姓满意，就等于顺从了天命。历史上的君王总是用天命的权威来压制民众，而孟子则相反，他用民众的意志代表天命，从而限制君王的意志，"君权天授"变成了"君权民授"，这样，传统的宗教天命论只剩下了一个外壳。

孟子于是提出了一个超越同时代人的口号："民为贵，社稷次之，君为轻。"（《孟子·尽心下》）这个口号一经提出，便使社会震动，响彻了二千多年，成为批判君主专制的有力武器。孟子当然不是说百姓比君王更尊贵，而是说百姓比君王更重要，君王应该为百姓效劳而不是相反。这个"民贵君轻"的说法，在先秦诸子之中是极为罕见的，它肯定民众是国家的主体，对于君权至上的制度具有很大的冲击力。按照孟子这一思想来设立政治体制，至少能发展出开明君主立宪制。与孟子这一思想比较接近的是《吕氏春秋·贵公》的"天下非一人之天下也，天下之天下也"。它们都是早期民本思想的高峰。

在施政程序上，孟子主张察顺民意，特别是用人和处罚的问题必须广泛听取下级乃至民众的意见。孟子说："左右皆曰贤，未可也；诸大夫皆曰贤，未可也；国人皆曰贤，然后察之；见贤焉，然后用之。"（《孟子·梁惠王下》）一般君王容易犯的毛病是听信左右，疏远士大夫，无视国人，所以孟子强调进贤必须得到民众的拥护，还要再作实际的考察。罢免和惩治官吏亦须大范围征求意见，既不得专制独裁，亦不能小圈子说了算。

古代民本主义当然达不到近现代议会民主和多党制的水平，但它们之间也是相通的，只是由于时代条件不同，发展有高有低罢了。孙中山提出民权主义，其思想源头之一当是孟子学。

三、士人独立性格的确立

孟子所有贡献中，最大的贡献是确立中国士人的独立性格，提升了士人的精神境界，为中国知识分子立身处世，建立了一种较高的标准。他的思想陶冶出许多仁人志士，为中华民族的发展做出积极的贡献。

孔子的性格比较平和，孟子的性格比较高昂，在知识分子的操守、气节方面，孟子的影响似乎比孔子更大一些。

在君臣关系上，孔子主张，"君使臣以礼，臣事君以忠"，君可以不君，臣不可以不臣。孟子进了一步，他认为君臣关系完全是相对的，他说"君之视臣如手足，则臣视君如腹心；君之视臣如犬马，则臣视君如国人；君之视臣如土芥，则臣视君如寇仇"（《孟子·离娄下》）。士可以为明君而死，但不必为昏君而死。暴虐之君可以被废除诛讨。所以齐宣王问孟子"汤放桀、武王伐纣"应怎么看的时候，孟子回答说桀纣乃独夫民贼，配不上君的称号，当然可以讨伐，不能说是臣弑君的行为。史载明代开国皇帝朱元璋读《孟子》到"土芥"、"寇仇"语时，勃然大怒，"谓非臣子所宜言，议罢其配享"。孟子认为士大夫事君是有原则的，他说"君子之事君也，务引其君以当道，志于仁而已"（《孟子·告子下》），又说"士穷不失义，达不离道"（《孟子·尽心上》），所以他不赞成愚忠。他认为明君必须"贵德而尊士"，"故将大有为之君，必有所不召之臣"（《孟子·公孙丑下》）。这样，孟子就大大提高了士君子的社会地位，要他们保持独立人格，不可依附权势，丧失人格。

但士君子要做到这一点必须不贪图富贵而能有自己的高尚人生目标，这样才能"说大人则藐之，勿视其巍巍然"（《孟子·尽心下》），要意识到士君子与王公贵族各有所尚，后者有权势有富贵，前者有道德有学问，这是比富贵还重要的东西。有了这样的自尊自信，才能在贵族面前站立起来，和他们平等交往，"乐其道而忘其势"。"君子有三乐，而王天下不与存焉"（《孟子·尽心上》），乐天伦之乐，乐心安理得，乐育英才，不去追求利禄，则利禄就不能买人心。故孟子认为"养心莫善于寡欲"，贪欲太强烈就不能有坚固的操守，这就是无欲则刚的道理。

孟子刻画了有社会责任心的知识分子的气象，此即是："得志与民由之，不得志独行其道，富贵不能淫，贫贱不能移，威武不能屈，此之谓大丈夫。"（《孟子·滕文公下》）大丈夫的气度是何等的雄伟宏大，富贵、贫贱、威武这三样东西之所以不能改变一个人的气节，是由于他行道之志坚定，对各种考验作了充分的准备，而且他懂得，志士仁人不经过严峻考验是不能成大材的。所以孟子又说："天将降大任于是人也，必先苦其心志，劳其筋骨，饿其体肤，空乏其身，行拂乱其所为，所以动心忍性，增益其所不能。"（《孟子·告子下》）人生在世，顺境固然有利于事业的成功，逆境亦可磨练人的意志，增加经验和智慧，坏事可以变成好事。后来张载发挥孟子的思想，说："富贵福泽，将厚吾之生也；贫贱忧戚，庸玉汝于成也。"（张载《西铭》）但是张载只说富贵厚生，没有说富贵害生，不如孟子说得完整。

近代西方学者区别知识分子和专业人才，认为只有具备强烈社会关怀、以天下为己任的文化人才称得上知识分子，因此知识分子是社会的良心。孟子所说的大丈夫和士君子正是这样的知识分子，这样的知识分子是些先知先觉者，他们无恒产而有恒心，他们有责任去觉后知后觉，这样社会改革事业才能成功。

为了造就高尚的人格和坚毅的品质，孟子提出养气说。孟子说："我善养吾浩然之气。"这个"气"不是作为物质的"元气"，也不是道家所炼的"真气"，而是一种精神气概、一种心理素质，是由强烈的道德所发出的精神力量。孟子说："其为气也，至大至刚，以直养而无害，则塞于天地之间。其为气也，配义与道；无是馁也。是集义所生者，非义袭而取之也。"（《孟子·公孙丑上》）我们平常说"胸怀世界"、"气贯长虹"、"浩气长存"，就是这种"浩然之气"。后来中国人习惯叫"浩然正气"。养气的办法就是顺其自然，慢慢积累，"必有事焉，而勿正，心勿忘，勿助长也"，日积月累，形成稳定的道德心理状态，便可以做到"不动心"了。所谓"不动心"，就是"持其志，无暴其气"，任何外在的干扰都不会使自己心乱，"自反而缩，虽千万人，吾往矣"，这就是英雄气概。宋朝文天祥写了《正气歌》，歌颂浩然正气，并用壮烈牺牲的行为，谱写了一曲感人至深的正气之歌。

士人的节气往往要经受生死的考验。孟子说："志士不忘在沟壑，勇士不忘丧其元。"（《孟子·万章下》）在平时就要有不怕牺牲的准备，等到生命与道义不可兼得的时候，仁人志士便要"舍生而取义"，最后成全自己完美的人格。在中国历史上，为了社会进步事业和捍卫国家民族的尊严而"成仁"、"取义"的志士仁人是很多的，他们的思想多少都受到孟子的影响。

四、首倡心性之学

孔子未直接论心，而性与天道亦所罕讲。孔子以仁言人心，并说过"性相近也，习相远也"（《论语·阳货》）的话。

孟子创造性地发挥孔子的仁学，不仅指出"仁，人心也"，而且用四端良知说为仁学建立了人性论基础，又将人性与天道贯通。孟子的人性之学直接启示了宋明的内圣之学，在儒学史上产生巨大的影响。

孟子认为人性中本有善端为四："恻隐之心，仁也。羞恶之心，义也。恭敬之心，礼也。是非之心，智也。"（《孟子·告子上》）这四种善性人皆有之，扩而充之即是善人，"若夫为不善，非才之罪也"（《孟子·告子上》）。孟子又把四端称为"良知良能"。孟子发现了人性的道德本心，他所倡导的性善说成为中国人性论史上的主流，其特点是强调人类要自我回归、自我救赎，而不必借助外在的力量。

先秦诸子中，荀子与韩非主性恶论，告子主性无善恶论，汉代扬雄主人性善恶混论，董仲舒主性三品论，这些人性论始终是支流学派。

宋明理学家提出人性二元论，分疏"天命之性"与"气质之性"，其实这种人性论从本质上说乃是孟子性善说的一种新的理论形态，所谓"天命之性"即是孟子所说的良知良能，所谓"气质之性"是指现实人性的复杂性，孟子并不否定这种复杂性，只是说人有成善之根基，但要靠后天自觉，否则会丢失。宋明理学家所反复阐扬的天理人心，归根到底就是孟子所说的道德良知。陆王心学更是直接得力于孟子。陆九渊认为自己的思想因读《孟子》而自得于心，"先立乎其大者"（《孟子·告子上》）这句话成了陆学易简功夫的特征。王阳明则运用孟子的良知说、仁民爱物说，建立起自己的"致良知"的心学理论。

孟子不满足于讲四端良知，他要进一步探讨人性的终极来源和人心如何回归天道，他提出了著名的命题："尽其心者，知其性也。知其性，则知天矣。存其心，养其性，所以事天也。"（《孟子·尽心上》）尽心→知性→知天，这是人性回归天道的过程。人通过扩充善良的本心，彻悟自己的本性，从而体悟那作为存在与价值总源泉的天道，这样便达到了天人合一的最高境界。

《中庸》说："天命之谓性，率性之谓道，修道之谓教。"这一表述与孟子有异曲同工之妙。人的本性来源于天命，顺其本性而为之是人道，通过修养使自己合于人道便是教化的任务。很显然，无论孟子或是《中庸》，"天"已经不是高高在上、有意志的宗教之天，而是人道的来源与根据，是理性化了的道德之天。从此，儒家的思想，便有了形而上学的基础。《易传》所说的"天道"，宋儒所说的"天理"，都与孟子和《中庸》相通。

一种真正的哲学必须追求超越性的存在。在孔子那里，这种超越性的存在便是天命，但天命与心性是什么关系，他没有来得及阐述，孟子把这个问题初步解决了。孟子解决的途径是内在的超越，即通过自我反省与修养，体悟天命或天道的伟大，从而产生一种天人一体的宇宙意识。孟子说"万物皆备于我矣，反身而诚，乐莫大焉"（《孟子·尽心上》）。万物与我皆由天道而生，故其本性是相通的，我如能诚心诚意地发挥自己的本性，也必能很好地发挥万物的本性，体验到一种与万物共存共荣的快乐，这种快乐既是道德的，也是超道德的，只有具有宇宙意识的哲人才能真正感受它。

孟子认为心还有认知的功能，他说"心之官则思"（《孟子·告子上》），人心之良知良能"求则得之，舍则失之"（《孟子·告子上》），因此人心要充分发挥思考的功能去认识和扩大良知良能，"求其放心"，"养其大体"，"先立乎其大者"，这就是尽心知性的功夫。可见道德心的挺立离不开道德理性的帮助。《中庸》说："自诚明，谓之性；自明诚，谓之教。诚则明矣，明则诚矣。"思诚则明，行明则诚，亦明亦诚，是同一个过程。《中庸》还说："（孔子）尊德性而道问学。"尊德性即诚学，道问学即明学，两者是不可分的。后世儒者，有以尊德性而贬道问学者，有以道问学而轻尊德性者，皆背离孟子与《中庸》而不得其真传。

韩愈提出儒学道统说，他认为尧舜禹汤文武周公孔子之后，能传其道者唯有孟子。我们虽然不必拘泥于韩愈此说，但从儒家内圣外王之学来看，能继承孔子仁学并发扬光大者，以孟子的功劳最大，所以"亚圣"的称号，他是受之无愧的。

孟子的上述四个方面的贡献，对中国传统社会的政治、经济、学术、道德，都产生了深远广泛的影响，其文化生命至今仍熠熠放光。对于我们来说，孟子的思想是一笔珍贵的精神财富，如能认真开发而运用之，对于今天人性的改良、社会的治理，将有莫大的助益。

仁恕通和刚毅之道：
中华文明的核心价值

　　中华文明核心价值只有在跨文化研究中才能准确把握。近代以前中国处于封闭状态，不易认清自身文明价值，"不识庐山真面目，只缘身在此山中"。鸦片战争以来，中国落后贫困，被动挨打，中华文明也成为负资产，中国人文化自卑；西方先进，其文化处强势地位，文化比较的结果，"全盘西化论"在中国取得优势。"打倒孔家店"、"汉字拉丁化"是最典型的口号。改革开放三十多年，中国和平崛起，吸取"文革"教训，文化自信增强，国学复兴，习近平同志明确指出中华优秀传统文化是中华民族生存延续的血脉和纽带，要加以传承发展，为民族复兴和建设人类命运共同体提供重要精神支撑。中国正在积极参与世界和平与发展事业，中国人对西方和对自身的了解，达到了新的高度，这样客观上有了中西文化比较以对等的方式进行的条件。

　　在世界文化多元中，中华与西方（欧美）文化是最有对应性与互补性的两种文化。但长期以来，中西之间文化沟通的桥梁是倾斜的，西学过来的多，中学过去的少，而且彼此都有许多误读。但已有一些西方有识之士，如汤因比、费正清、李约瑟、李瑞智等能以包容谦和心态认识中华文化的价值，很多汉学家也做了不少研究工作，美籍华裔学者杜维明、熊玠、成中英等长期致力于会通中西文化，使中国智慧走向世界。安乐哲教授为首的夏威夷学派又做出了新的特殊贡献。安教授把跨文化研究提升到比较哲学的高度，有阔大的宏观视野和系统思维的剖析，能够跳出欧洲中心论的局限，深层把握中华文化的思想精髓，清醒认识中西两种文化结构性的不同特点和各自的优缺点，并找到孔子儒学与杜威实验主义易于对话的桥梁，又在中西之间孜孜不倦地频繁地作讲学、访问、研讨，用实际行动大力推动中西文明交流与互鉴，做出重要贡献，在中国、在国际上享有崇高声誉。我受安教授比较哲学的启示，又读了陈来教授的《中华文明的核心价值》一书，很认同他所说的中华文明的价值偏好是"责任先于自由，义务先于权利，社群高于个人，和谐高于冲突"，我自己也从哲学的视野对中西文化主要特征进行了比较，形成一些看法，提出来就教于学界朋友。

中西文化相异性比较

中西文化由于自然环境、社会生活方式和历史传统不同，形成不同文化类型，彼此也曾有过交流，但各走了自己的道路，经历了兴衰起伏，互有短长。对两者特征的认识，要在不断比较中加深；对两者优劣的评价，往往要经过几百年社会实践的反复检验和重估。我认为中西文化主要有三大差异，一是德性文化与智性文化的差异，二是社会本位与个人本位的差异，三是多元通和与二元对立的差异。由此而造成中华共同体绵延不绝而在近代发展迟缓，西方早期断裂剧变而近代发展神速；中华追求清明安和，西方崇尚争强对抗；中华富有协调的智慧，西方富有发展的智慧；中华在传创自身优秀文化并吸收西方优秀文化中复兴，西方由盛而衰尚未很好吸收中华文化故处于调整过程。如果用《周易》乾卦爻辞表述，西方在经历"飞龙在天"之后已经进入"亢龙有悔"，中国在经历"潜龙勿用"之后进入"见龙在田"、"或跃在渊"，而整个人类文明的健康发展目前尚处在"群龙无首"的阶段。人类面临和平与发展、免除战争与贫困两大时代主题，中西文化如果能优势互补，既能给双方带来文明的生机，也能给人类命运共同体的建设和新型国际关系的树立提供普世价值。

中华文明核心价值六字论

过去人们看西方文明的优点多，看中华文明的缺点多；而现在西方文明暴露的弊端引起一系列世界性危机，使中华传统潜在的精华得以展现，当此之时，更多地关注中华文明的优点及其当代及未来的价值，是十分必要的。如何在文化哲学比较中把握中华核心价值，见仁见智，可有不同表述。我倾向于把它归结为"仁恕通和刚毅"六个字。

中华文明首先推崇仁爱，把爱人作为最高信仰。孔子讲泛爱众而亲仁，孟子讲仁者爱人，韩愈总括"博爱之谓仁"，从爱亲人推而爱他人爱社会爱万物，视天下犹一家，视天地万物犹一体，这是有仁德者的博大情怀。尊重生命，关爱他人，是中华共同体存在的根本价值依据。中华仁者爱人之道与西方基督教的爱人如己及法国大革命提出的博爱是相通的，又有所不同。在儒家看来，爱心来自人的本性，不由上帝赋予，不以爱神为前提，它乃是人类共同体正常生活的内在需要，如孟子所说"爱人者，人恒爱之"（《孟子·离娄下》），墨子所说"兼相爱、交相利"（《墨子·兼爱》）。反之，交相恶必然共相害。

中华的仁爱之道的最大特色是落实为忠恕之道，由此而植入了平等互尊的要素，从而具有了超越等级制度和文化征服的局限的生命力，为当今人类多元文化实现和谐共生提供合理的文明途径。忠道就是尽己之心帮助他人，"己欲立而立人，己欲达而达人"（《论语·雍也》），希望他人自立发达，但不把自己特有的方式强加于人，这就引出一个恕道，用"恕"来保证仁爱的实现。

孔子认为"恕"是一言而可以终身行之者，即"己所不欲，勿施于人"，它的精髓在于推己及人、将心比心，体谅人尊重人，提倡互尊的爱，不仅反对仇杀报复，也不赞成把爱强加于人，因为那不是真爱，还会引起怨恨。基督教提倡爱人并热心公益慈善事业，值得肯定。但原教旨主义主张"基督以外无拯救"，把不信上帝的人视为异端，而实行"己所欲，施于人"，往往造成文明的冲突，因此开放的基督教人士赞赏孔子的恕道，提倡不同宗教之间的互尊与对话。恕道是中华文明博爱的最大特色，它在历史上大大缓解了等级制度和民族矛盾引起的内部关系紧张，保障了不同族群和信仰之间的大致和谐。

仁爱情怀再进一步落实便是通和之道。中华民族是一个很大的文化共同体，其民族格局是多元一体，其文化模式是多元通和，血脉流长，纽带坚固。其缘由，一方面有以儒为主、佛道为辅的文化内核，向心力强；另一方面内部是多民族多元文化并存、相通、互补，具有极大的包容性，又勇于对外开放学习，不同的文化渐行渐近，彼此感通互摄，以和谐为主旋律，有冲突而没有宗教战争，矛盾易于化解，文化共同体在不断丰富与更新中发展。《易传》讲"感通"、"会通"，庄子讲"道通为一"，谭嗣同讲"仁以通学第一义"、"通之象为平等"、"仁不仁之辨，于其通与塞"，提倡中外通、上下通、男女内外通、人我通。会通者彼此由沟通而融会，相互摄取，其关键在于心灵相通。因此"通和"是最理想的族际关系与文明关系。

中华文明的主导儒学，不把自己看成绝对真理，因而具有了超越自我的气度。它重点不在向社会提供某种信仰或学说，而是向社会提供不同信仰、学说之间相处的智慧，即协调多元文化的智慧，这就是中和之道，相信"万物并育而不相害，道并行而不相悖"，"天下同归而殊途，一致而百虑"，以中庸为至德，坚持"执两用中"，反对极化思维与行为。它站在"天下"即全人类的高度，以平等的心态看待多样性文明。它有自尊，同时能尊重他者。孔子的"和而不同"成为中国人协调多元民族与文化关系的伟大智慧，形成兼收并蓄、包容多样的深厚传统，而且养成持中、稳健、妥协、温和的民族性格，极端主义不易滋长。因此，中华文明不会成为任何其他文明的对手，只会成为它们的朋友与伙伴。当然，中华民族有文明底线的坚守，以正义为准则，以真善美为方向，不向邪恶让步，故强调"和而不流"（《中庸》）。

中华文明铸成的中华精神，可以用《易传》三句话表述：自强不息、厚德载物、刚健中正。它的价值理想和民族性格中，在蕴含仁恕通和的温润、包纳利他之道的同时，也不乏刚直毅勇之质，因而中华民族培育了一代又一代的仁人志士，有操守有担当，在民族艰难危急时刻挺身而出，迎风浪而上，挽狂澜于既倒，开辟出民族复兴之新路。孔子说："刚毅木讷近仁"，"质直而好义"。曾子说："士不可以不弘毅。"《中庸》以"仁、智、勇"为三达德。孟子阐扬大丈夫豪迈气概："富贵不能淫，贫贱不能移，威武不能屈。"通过养浩然之气形成独立不移的品格。这种品格正是《易传》说的"刚健中正"：不屈从亦不欺人，有毅勇而无偏邪。中国人向往在多元国家民族互尊的情况下使中华民族过上有尊严的生活，向往在社会人们互尊的情况下使每个人和家庭过上有尊严的生活，它摒弃"把自己的幸福建立在他人的痛苦之上"的霸权逻辑，而追求国格人格的平等。今日中华民族在迅速和平崛起过程中对外实行睦邻安邻、协和万邦的方针政策，对内实行民族平等、努力使百姓生活得富裕而有尊严的方略，正是中华文明核心价值的当代体现。

西方文明主导着国际生活，它内含的工具理性、个人主义的膨胀和对抗哲学的惯性所造成的生态危机、社会危机、道德危机，已经达到极为严重的地步，必须用中华文明的仁恕之道、通和之理、中正之德加以补救。这不仅关乎西方和东方的地区发展，更关乎整个人类是否有光明前途。地球村公民应有这份认知和担当。

新仁学：儒学的当代理论转型

　　孔子在集夏商周三代礼文化之大成的基础上，提出仁学，把礼乐制度文化上升为礼义精神文化，以仁导礼，仁内礼外，使礼文化具有了鲜活的内在人学生命，昭示了中华文化发展的人本主义方向，这是孔子对中华文明的最大贡献。仁学是孔子儒学的精华所在，也是儒学在当今时代实现理论转型过程中最有价值的思想资源。

　　回溯中国思想史，历代儒学思想家中，不乏对仁学作创新性解释者。然而令人遗憾的是，先秦之后不断出现的新儒家学派里，多数学者并不把自己的理论体系直接建立在仁学的根基上，总是对仁学这条主脉有所偏离，而另立一核心理念，使孔子仁学不能以浩大气势直贯而下，却常常隐没在众多新理念之中，以至于到了近代，儒学变成礼学，有礼无仁、有理无情，成为束缚人性的礼教，被世人诟病。在长达二千多年的儒学史上，植根于孔子仁学开出自己思想学说的，屈指只有两家：先秦孟子的仁义之说和近代谭嗣同的《仁学》。

　　今天的世界，一方面经济全球化和"地球村"要求普遍伦理，另一方面一神教原教旨主义、物质功利主义和社会达尔文主义却横行天下，因而族群冲突空前加剧，社会危机、道德危机、生态危机空前严重，人类处在方向迷失和困境之中。时代在呼唤新人文主义出来推动文明对话，而孔子仁学最具有博爱精神与协调智慧，可以经过创造性阐释充实新人文主义内涵，发挥引导世界潮流的重要作用。

　　中华民族正在和平崛起，民族的伟大复兴必然伴随着文化的复兴，作为中华文化主干和代表中华身份的儒家文化将在民族文化复兴舞台上扮演主要角色，这是毋容置疑的。

然而儒学必须在时代精神照耀下进一步展现其精华所在并实现新的理论转型，才能与时代同行，为儒家文化的更新与普及提供学术支撑。这是当代中国学者的历史使命。新仁学的构想和提出，就是自己在社会责任驱动下所进行的一种初步的理论探索，也是多年来自己所思所悟的一次整理和提炼。

仁学历史发展梗概

孔子仁学要义：孝悌为仁之本；爱人为仁之义；忠恕为仁之方；博施济众为仁之行；恭宽信敏惠为仁之象；仁内礼外，仁是灵魂，礼是形态。

孟子仁义之说：仁基于人性，恻隐之心——仁之端；居仁由义（仁，人之安宅；义，人之正路）；仁心发用为仁政，制民之产。

《易传》仁生之论：以感生为仁德，天地之大德曰生；以通变为生德，刚柔相推而生变化；以仁义为人道，立人之道曰仁与义。

《中庸》仁诚之说：无诚不善，诚之者择善而固执，不诚无物；成己仁也，成物知也。

《孝经》仁孝之论：孝为德之本，始于事亲，中于事君，终于立身；以孝治天下，教民亲爱莫善于孝，教民礼顺莫善于悌。

程颢《识仁篇》：仁者浑然与物同体，义、礼、智、信皆仁也。

朱熹仁说之矛盾：仁者天地生物之心，仁本生意，乃恻隐之心也；但他以爱之理而名仁者，终将仁归之于理（参看钱穆《朱子新学案》）。

阳明一体之仁：大人者以天地万物为一体，是一体之仁（《大学问》）。

谭嗣同《仁学》：仁以通为第一义，通之象为平等，不通不能博

爱，要通商惠工，发展经济，还要通学、通教、通政，破闭关、等
级、纲常，有近现代气息。

孙中山三民主义与新八德：以民有、民治、民享推行仁政，以
"忠孝、仁爱、信义、和平"更新传统"八德"，为现代中华建国复兴
指路。

辜鸿铭论仁：仁是人类纯真的情感，中国人有爱心，兼有童子
之心和成年人的智慧，给人印象是温良（《中国人的精神》）。

总之，孔子仁学的递相传承虽非思想史主脉，亦受到相当重
视，时隐时显，时缩时扩，绵延不绝。其间，孟子性善仁政说，
《易传》感生通变说，《中庸》不诚无物说，朱熹仁本生意说，程颢、
阳明与物同体说，谭嗣同以通释仁说等等诸说对仁学内涵的深化与
扩充最有贡献。

当代新儒家对仁学的思考

当代新儒家是在融会中西、贯通三教中出现的，其目标是在
应对西方文化大潮和经济社会现代化过程中，为以儒学为主干的中
华思想文化寻找新的出路，使其通过再造而获得新生。梁漱溟创立
新文化学，熊十力创立新唯识学，冯友兰创立新理学，贺麟创立新
心学，钱穆创立新国学，方东美创立新生命学，牟宗三创立新儒家
形上学，张岱年创立新气学，大都承接宋明道学的理、心、气三大
学派而有所创新，并不以仁学为主轴。然而他们又在不同程度上为
当代仁学的发展提供了智慧。

熊十力会通佛儒，归宗于《周易》，提出尊生健动的生命哲学，
具有物我一体的大生命观。他认为"健"、"仁"皆德生，"生生之盛大
不容已，曰健；生生之和畅无郁滞，曰仁"（熊十力《读经示要》），
以健动激发仁德的活力，是其生命哲学的显著特色。

贺麟抓住了孔子仁学的核心，将其提升到宇宙论、本体论、

审美论和信仰的高度。从哲学上看，"仁为天地之心，仁为天地生生不已之生机，仁为自然万物的本性"，这就是"仁的宇宙观，仁的本体论"；从艺术上看，"仁即温柔敦厚的诗教"；从宗教上看，"仁即救世济物、民胞物与的宗教热忱"。贺麟又认为诚的寓意极深，"诚不仅是说话不欺，复包含有真实无妄，行健不息之意"，"亦可从艺术、宗教、哲学三方面发挥之"（贺麟《文化与人生》）。

钱穆提出从宇宙大生命看人类和个体小生命，他对仁学的卓越贡献之一是对朱熹论仁的精确评论和超越，指出朱子用理气论人生"终嫌微有空阔不亲切之感"，而用仁字释理气"乃见其亲切人生"，朱子以天地生意说仁，"宇宙万物乃得通为一体"，乃是他超出前人的地方（钱穆《朱子新学案》）。

方东美和徐复观都强调中国哲学应以生命哲学为主体，探讨生命的意义和价值，不赞成繁琐与神秘的经学，亦反对"假借西方玄学式的哲学架子以自重"（参看方东美《中国人生哲学》、徐复观《中国思想史论集续编》）。

牟宗三认为人的本心是浑然整体，而"一心开二门"，开出实践形态的道德主体和理解形态的知性主体，此即"仁且智的精神主体"。他在《圆善论》中提炼出仁体道统说，谓"孔子之言仁主要地是由不安、不忍、恻隐不容己之指点来开启人之真实德性生命。中间经过孟子之即心说性，《中庸》《易传》之神光透发——主观面的德性生命与客观面的天命不已之道体之合一，下届宋明儒明道之识仁与一本，象山之善绍孟子而重言本心，以及阳明之致良知——四有与四无并进，刘蕺山之慎独心宗与性宗之合一：经过这一切反复阐明，无限心智一概念遂完全确立而不动摇"。他在《心体与性体》中阐述了仁理、仁道、仁心、仁体，指出孔子超越字义训诂，而从生活实例上"指点仁之实义来开启人之不安、不忍、恻隐不容己之真实生命"。仁综摄一切德目，是道德创造之总根源，故仁是全德。仁有二特性：一曰觉，二曰健。觉是仁感通觉润诱发之生机，故觉润即起创生，健行不息。仁心即仁体，主客合一，是之谓"一本"。牟宗三从真实生命感通与成长上解说孔子之仁，是当代新儒家中最为真切的仁说。

唐君毅和牟宗三的学生霍韬晦在香港创建法住学会已三十年，倡导生命哲学并落实到生命教育，做出了非凡的业绩。唐君毅认为儒学、佛学都是生命的学问，使人的生命在道德和信仰中成长，上通于天，下贯于地，形成立体化的具有高尚理想的独立人格，展现精神生命的价值。而当代社会，在市场和科技掌控下，人只能在物质与实用层面生活，人生被平面化和工具化。因此他提出"一切文化都要向生命回归"，并致力于"喜耀生命教育"，吸引越来越多的青少年沿着孔子"志于道，据于德，依于仁，游于艺"的道路成长。这是一项富于现代新人文主义精神和世界意义的理论开拓和实践创举的事业。

新生代的儒家学者面对世纪之交以来的人类文明转型的挑战，继续以各种方式开拓儒学理论的新形态。如台湾学者龚鹏程提出"生活的儒学"，努力使儒学生活化；林安梧提出"公民儒学"，使儒学重心由心性修身论转为社会正义论。大陆学者吴光提出"民主仁学"，将儒家仁爱价值观与西方民主价值观结合起来；黄玉顺提出"生活儒学"，使儒家形上学面向生活本身；郭齐勇虽未创建新儒学体系，但认为儒学的发展史以仁爱为中心推进，把宇宙论的生生之仁与人生道德实践的仁爱之心贯通起来，这应该成为一条主线。还有郭沂，认为儒学范式有三大支柱：道统论，核心经典系统，哲学体系，三者的共同转换，促成儒学范式的转换。他致力于中国哲学形上学的重建，以儒道互补为途径，以西方哲学为借鉴，创立道哲学。上述情况表明，在返本开新和综合创新的大道上，新儒学的探索和建设正在开展之中，出现了前所未有的生动气象。

新仁学构想

一、基本思路

（一）接续孔子仁学的主脉，突出其人生哲学

重点探讨生命的本性、价值和优化生命的道路，在说明自我主体涵养有决定意义即"我欲仁，斯仁至矣"（《论语·述而》）的同时，也强调社会改良、生态治理的重要意义。它的口号是：热爱生命、尊重生命、护养生命、提升生命。

孔子仁学是生命的学问，教人如何做人、如何立身行事、如何推广爱心、怎样做君子并向圣贤看齐，它不是宗教神学，也不是知识体系和概念演绎，而是人生体悟和智慧的理性表述。因此，新仁学不走历史上训诂、考据的老路，避免经学的繁琐、神学的虚诞、理学的疏阔、礼学的僵硬，而吸收传统义理之学的体悟觉解之长。新仁学也不走西方哲学知识论、本体论的老路，而吸收其理性睿智和分析方法。

孔子仁学是对人的本质的伟大发现，在思想史上第一次找到了人之异于高于禽兽的道德本质，也找到了人类社会高于动物世界丛林规则的人道普世价值。新仁学直接上承孔子仁学的源头活水，多角度层层展开"仁"的丰富内涵，广引诸家之精要，开渠疏道，务使仁学如一江春水，沛然而流淌，用以灌育今世诸多生命，使之健康成长，是所愿也。

（二）以孔子仁学为主，吸收诸子百家之长

它所依据的基本经典是"六经、四书、四子、众论"。六经：《周易》《尚书》"三礼"《诗经》"春秋三传"《孝经》。四书：《论语》《孟子》《大学》《中庸》。四子：《老子》《庄子》《墨子》《荀子》。众论：张载《西铭》、程颢《识仁篇》、朱熹《仁论》、王阳明《大学问》、谭嗣同《仁学》、孙中山《三民主义》等。

新仁学不等于旧仁学，没有门户之成见，广纳儒、道、墨之

经典而奉之，此其为新仁学之由也。老庄道家尊道贵德、清静逍遥，以返璞归真弥补儒家人文化成之不足，有益于防止人性异化。墨家兼爱之说比儒家爱有差等更具平等精神，而其"兼相爱、交相利"之说更能与现代社会相衔接。佛家属宗教范畴，故其经典未被列入，但其慈悲情怀、平等精神、中道哲学，亦能够拓展仁爱意蕴，皆足以成为新仁学营养。

儒学史上，褒孟贬荀是一大潮流，其实并非正论。荀学以仁爱为内在精要发挥礼义教化之道，并对劝学、修身有独特阐发，乃是孔子仁学的功臣，故当将其与孟学并列。

孔孟荀之后至于近代，不以汉学、宋学划界，亦不汲汲于理学、心学、气学之分野，凡对仁学有创意者皆敬而受之。众论之中，谭嗣同《仁学》使传统仁学发生划时代的理论形态转换，乃是当代新仁学的开端，应特别表而出之。

（三）以孔子仁学为主，兼采西学之长

西方文化的优长是科学理性日益发达、个人权益普受尊重、自由竞争呈现活力；其弊病是强权政治主导、一神信仰排他、功利主义流行。取其所长、避其所短，是中西文化交会中必须解决的问题。

从构建新仁学而言，重点吸收西学以下优长。第一，学习其理性精神与科学方法，改变儒家学说中"智"依附于"仁"的状态，使智性有独立的开展，人的科学理性能有充分的发育，以便更好地为道德理性服务。科技昌明才能富民厚生，实现博爱。

第二，吸收其人权至上、个性解放的理念，改变儒家学说中重社会轻个人、重义务轻权利的倾向，清除宗法等级制度的影响，认同自由、平等、民主是普世价值，把儒家仁学中本有的普遍伦理发挥出来，以充实普世价值。孔子仁学的忠恕之道有尽己为人、推己及人的互爱互尊的精神，因长期受到政治文化"三纲"礼教的压抑，不能畅行。今天在与西学会通中，忠恕之道的仁爱平等精神可以充分加以发扬。

第三，吸收源于西方的社会主义平等观，其精要在于通过经济社会改革与发展实现社会成员共同富裕和事实上的平等，成为社会的主人，实现民有、民治、民享，就业、教育机会均等，医疗、救助、养老等社会福利事业发达，人的生命、健康和尊严得到普遍而有力的保障，社会和谐无对抗，友爱、互助、守法、尚礼、诚信、廉洁成为社会风气。新仁学不停留在精神文化层面，它要求在社会实践生活中逐层落实仁爱的目标，使新仁学成为一种生活化的哲学。

二、三大命题

（一）以仁为体，以和为用

这里的体用论不具有宇宙论或本体论的含义，它是人生论意义上的范畴。"体"指人性之本根、本然、实质，"用"指人性之发用流行；"体"是人性源头、内在品格，"用"是社会事功、外在感应。有其体必有其用，有其用必通其体。就仁学的体用论而言，仁是其体，和是其用。作为体质的仁，其内涵就是"爱心"，人性所特有的（与动物相比）又是人性普遍存在的（在人类内部）本性。

人是群体动物，没有群体的古猿不能进化成人类，没有群体的散人无法生存和发展，没有群体的个体无法发育成长。互相关爱与人类一起出现，同类相关，同群相爱，乃是自然而然、顺理成章的天性，爱心与生俱来，生活所赋、不学而能、不教而知，古人称之为恻隐之心，又称之为良知良能。孩童爱父母亲属，成长过程爱老师婚伴，进入社会爱朋友同道，进而爱民族国家，再进而爱天下人类，以至于爱自然万物，如孟子所说："亲亲而仁民，仁民而爱物。"（《孟子·尽心上》）这是人性爱心正常发育过程。哪里有爱心哪里就有美好的生活，人类文明的进步实有赖于此。

爱心表现于日常生活与人际关系便是"和"。在家庭，便是"家和万事兴"；在社会，便是"政通人和"；在世界，便是"协和万邦"；在自然，便是"天人一体"；在文明，便是"和而不同"。"和"包括和平、和谐、互助、合作、团结、协调、公正、有序，它们都需要爱心来支撑。

仁体和用，没有仁爱便没有真正的和谐，即使相关方不发生冲突，也不过是功利性的力量均衡，是不会持久的。同时，没有和谐也体现不出仁爱，仁爱要在互帮和好中表达，漠不关心和彼此争斗都是爱心丧失的表现。

与仁爱相对立的是冷酷和仇恨，它们又是如何产生的呢？人的存在有两重性：既有群体性又有个体性。人有个人利益和维护自我的意识。群体利益与个人利益、大群利益与小群利益之间又统一又矛盾。从长远看，两者是统一的；从眼前看，两者往往矛盾。小群和个人利益在缺乏理性和制度调适时易于膨胀，从而损害大群与他人利益。因此，人际之间有争斗互损发生。人的动物性本能又强化了不仁不义的意识与行为。

人类的历史表明，仁爱与冷恨、文明与野蛮、和平与战争是同时并存、交错发生的，人性的进化是在不断脱离动物又常常退回动物的曲折道路上艰难前行的。文明取代野蛮，又会被野蛮所取代。社会文明规则使人成为文明人，而丛林野蛮规则又使人堕落成野蛮人，甚至禽兽不如。有人宣扬"他人是自己的敌人"的仇恨哲学，这是对动物野蛮性的表达，是人性的堕落，应当为文明人所抛弃。

从新仁学的观点看，没有爱心与和谐便不会有文明，只要世界上还到处有仇杀和战争，人类便不能说脱离了野蛮时代而进入文明社会。由于人类具有高度智慧并开发出巨大的自然能量，当它们被用于对抗和战争，便会使人类不仅退化而且毁灭。因此，爱心的生长与扩大，就成为决定人类命运的事情。

仁爱之说应有若干分疏，方能面对复杂现实，具有阐释力量。第一，仁爱乃是情与理的结合。爱之情，如孔子、孟子所云，"不安"、"不忍"，见危援手，恻隐之心油然而生。但人性中包含动物本能，一曰利欲，二曰情欲，如不能用道德理性加以调控，则会利令智昏、色迷心窍，丧失爱心，乃至丧心病狂。

爱之理，如孔子、孟子所云，"忠恕"、"克己复礼"、"居仁由义"，自觉意识到群己、他我的相关性，把情欲限制在正常范围之内，即发乎情而止乎礼义。做人有情有义、合情合理，爱心便能保持。

为此，仅有自发爱心是不够的，必须加上后天的教育、修身，才能在人性里形成情欲与德性的平衡，实现仁爱的自觉。

此外，仁爱须知行合一，"仁者先难而后获"，"居仁由义"，在生活实践中处处体现爱心。故仁爱有三要素：情、理、行。

第二，爱有差等，推己及人，由近及远。仁学不要求情感上一视同仁，承认仁爱有远近淡浓之别，在日常生活中，人们总是先关心自己的亲人好友，然后及于他人社会，这是正常状态。但仁学要求将亲友之爱不断向外推去，关心更远更大范围的人群，并给予力所能及的帮助，例如热心社会公益慈善事业。

现实中爱心最难突破的限制是民族与宗教的界域，爱他族之人、爱他教之众就可以爱人类，至少不能以爱本族本教之名行害他族他教。用普世之爱化解民族仇恨与宗教敌视，是当代文明转型的关键。

第三，兼相爱则交相利，爱心要体现为互利共赢，使社会各阶层各行业各得其所各兴其业，使世界各国各族能够和平发展、共同繁荣、民生改善、幸福安康。在"地球村"的时代，世界犹如一个大家庭，要互帮互爱。在经济一体化和全球性生态危机面前，以邻为壑、崇尚斗争的哲学已经过时，以邻为伴、崇尚和谐的哲学渐趋主导，霸权主义、强权政治不仅害人而且害己，斗则互损、和则两利。尽管斗争哲学仍是一种强大的惯性，还有一定市场，但具有理性的人类迟早会觉悟到互斗的巨大危害，终将挣脱少数利益集团与极端主义的绑架，走上仇必和而解的道路，仁和之道将大放光彩。

第四，仁爱必须是互尊的爱，绝不是强迫的爱。当代人们讲用仁爱有一种偏向，即出发点虽是爱，但不体会对方的感受，硬要把自己的爱强加于对方，并且自以为是地认为是在推行仁爱之道，即"己所欲，施于人"，其效果往往与好的动机相反，爱变成怨，甚而变成恨，爱心完全被扭曲了。

有的国家要把自己的价值观强加给别国，宣称是为了"拯救人类"，结果造成冲突；有的社会管理者要把自己的理念强加给民众，说是为了全社会的福祉，结果引起民众抗争；有的父母要把自己的想法强加给下一代，认为只有如此才会使子女幸福，结果使青少年蒙受痛苦。诸如此类现象皆根源于人们对仁爱的单向性理解。

真正的爱必须是平等互尊的爱，在感动中使对方自愿接受。因此，仁爱必须实行忠恕之道，即一方面关心人、帮助人，另一方面体谅人、尊重人，这是仁和之道的精髓。

第五，仁爱的日常表现是敬业乐群，怀着爱心做好本职工作。爱心的践行有异有常：异是指大灾大难中的大爱，出英雄烈士，感动全社会，美德传后人；常是指多数的普通人，把爱心化作每日的劳动，在利益大众的岗位上，专心致志、精益求精、恪尽职守、热情待人，为社会提供优质的成果与服务，使社会安定美好、人们共荣幸福。这两种爱都是需要的，都值得提倡。

人心应当是热的，不论在什么情况下，有爱心就会感动人，也会被感动。也有这样的情形，人心被私利冷冻，失去同情、悲悯、爱怜，对于同胞的苦难无动于衷，对于本职工作漫不经心，而把全副精力用在捞取个人好处上，这是人性的堕落。更有甚者，贪心不足，不惜犯罪，把自己变成害人的魔鬼。庄子说：哀莫大于心死。诗人曰：有的人活着，他已经死了。这难道不值得所有良知未泯者怵惕警觉吗！

第六，仁爱要渗透到制度设计和社会管理中去。制定社会公共生活规则并据以实行社会管理，是为了保证社会正常运转，公众在和谐有序中生活工作。

然而许多规则和举措只是为了管理者方便调控，以限制公众的行动为着力点，使人感到冰冷无情，往往加剧社会矛盾。帝制社会后期，失去了仁的礼，变成吃人的礼教，是深刻的教训。

如果有了爱心，就会出现人性化制度与管理，各种举措也就有了暖意，社会也会更加和谐。例如政治民主制要方便民众行施权利、表达民意，而不是强加于人；民众被迫闹事，管理者要以改进工作、改善民生、协调利益来化解；政府办事，以方便民众、照顾弱势群体为准则；城市管理要给个体商贩以生存的空间，要保护外地务工者的合法权益；社会福利保障制度的实施要特别关注老弱病残、鳏寡孤独、妇女儿童的切身利益；社会管理以服务大众为宗旨，热情周到是必然要求，只要管理者有爱心，制度也会具有感通的力量。

（二）以生为本，以诚为魂

新仁学的生命论是其人生论的核心，说明生命的价值和关爱生命的重要性。地球产生了多样性的生命物种，进化出人类，造就出适宜各种生命体生存发展的环境，这在迄今可知的大宇宙时空中，它只是一个特例，同时是一个奇迹。在人类发展史上，每个人的出生都是偶然巧合的产物，而且人的一生要度过数不清的灾祸艰险，才可能寿终正寝。人是万物之灵，是地球上最美丽的花朵。自然和先辈赐予的唯一性的生命是珍贵无比的，任何力量（包括自己）都没有权利伤害它，只有责任保护它、养育它。一切社会事业都要把每个人的生命与健康放在至高无上的地位，以此作为衡量社会正义文明的首要标准，这就是以生为本的含义。

仁爱之心必须表现为对生命的关注、爱护、扶助、尊重上，不仅护养本族本国的生命，也爱护他族他国的生命。以人为本就是以生为本。任何人不得以任何借口摧残生命。孟子认为，人皆有不忍人之心，对于禽兽，见其生，不忍见其死，以此心推之而爱怜人类的生命，见孺子将入于井，而有怵惕恻隐之心，必欲救之。将此心再推而广之，用于社会政事，则"行一不义，杀一不辜，而得天下，皆不为也"（《孟子·公孙丑上》）。仁人之心当若是。苛政杀人，无异于刀枪，权贵者享乐有余而民有饥色、野有饿莩，此率兽而食人；至于发动战争，杀人盈野盈城，乃是率土地而食人肉，罪不容于死，故好战者服上刑。这就是以生为本的内在逻辑。

不唯儒家如此，道、佛两家亦然。老子讲道突出一个"生"字："万物得一以生。"（《老子》第三十九章）因而重生贵养。道教禀此宗旨而提出"生道合一"论，以性命双修为炼养原则，通过心理训练和生理训练及两者的互动，促进人的身心健康和民族的复兴，提倡俭朴合理的生活方式，并把内养与医学结合起来，建立起东方生命学，道教学大师陈撄宁称之为"生本主义"（参看田诚阳《仙学详述》）。道教的神仙信仰，用理性加以重铸，可以表述为"神仙有四大：大寿数、大功德、大智慧、大自在"，乃是生命的一种高层境界和高级形态。道家和道教尊重天地万物的生命与本性，即"道法自然"，认为"天地与我并生，而万物与我为一"，所以主张保护生态环境，实现"三才(天、地、人)相安"的目标。

佛教以慈悲为怀，还要大慈大悲，一方面戒杀止恶，保护一切有情众生，包括动植物的生命；另一方面要普度众生，解除众生苦厄烦恼，而且要"无缘大慈，同体大悲"，体现出大生命观的高迈境界。佛教的戒、定、慧三学和中国化的禅学，不仅是生命的学问，而且是生命的大智慧，使人净化心灵、扩大心量、雄健心力，成为社会生活中的觉悟者和改良社会的推动者。

综合儒、道、佛三家的生命智慧，能使当代新仁学的生命论具有丰富的内涵。

新仁学的生命论的多重内容可以分疏如下。第一，生命的意义和追求在于使众生过得幸福，从而实现自身生命的价值。

危害他人的生命乃是犯罪，这是生命的负价值。一生自私自利、酒囊饭袋、醉生梦死，这是生命的零价值，因为它是动物的生命状态，是冯友兰讲的"自然境界"。

在今天的社会还有更多的人生活在"功利境界"中，他们的才能、知识都用于追求名声、钱财、权位和享受上，没有信仰、理想和道德，他们也能做成一些社会事业，但常常在以"利己"为最高价值取向的支配下，做出害人、损公的丑行，最终往往以害己告终。

儒道佛都认为个体生命的价值在于超越个体而及于他者，由于自己的存在而使人间更美好，这是"道德境界"（冯友兰《新原人》）。孔子的志向是"修己以安人"，使"老者安之，朋友信之，少者怀之"。《中庸》有"成己成物"之说最能体现儒家的人生价值观。老子则曰："既以为人己愈有，既以与人己愈多。"使"小我"变"大我"，获得精神的富足。大乘佛教讲普度众生，通过"无我"，解脱普通人生的痛苦，达到涅槃永生的目标，即"常、乐、我、净"。儒道佛三家并非只讲利他而不讲利己，而是超越了物欲层面的利己，将利己提升为完善自我，要求在利他中成就自我，即"大其心"，在更高的精神层面上把利己与利他统一起来了。

第二，理顺道义与命运的关系。孔子对子夏说过"死生有命，富贵在天"，又强调"为仁由己"。按孟子的说法，物质生活的满足虽属于性情，却要归于天命；而仁义礼智的修习虽有先天的成分，却要归于心性的涵养（见《孟子·尽心下》）。《易传》有"穷理尽性以至于命"的说法。《中庸》则云："能尽其性，则能尽人之性；能尽人之性，则能尽物之性；能尽物之性，则可以赞天地之化育。"

儒家的人生态度似可用"尽性而后知命"来概括。"尽性"要求发掘和发挥天性中包含的仁智勇的潜质，在成就道德人格和救世事业上努力前行，力尽而止。"知命"是说在人生穷通顺逆和事业得失上安于命运之所赐：竭尽人力而后成就者，是命之所予；竭尽人力而后未成者，是命之所限。尽人事而后听天命，人事未尽不可言命，人事已尽方可知命。这是一种积极有为又能顺其自然的人生态度。

第三，健康的生命需要性命双修。老子强调要珍惜每一个人的生命，它比任何外在之物都贵重，"名与身孰亲，身与货孰多"，决不应重物轻人、以身殉物。人的生命是精神生命和生理生命的复合体，身为心之基，心为身之主，身心相依、俱优方是健康的生命。道教提倡性命双修：修性是进行心理的修习，使之具有灵明慧觉；修命是进行生理的炼养，使之精气旺盛。儒、佛两家重性功而轻命功，道教吸收其心性之学而补之以命功，总结出一系列健身长寿的养生之道，对于今天人们祛病健身、提高生命的能量和质量有重要借鉴作用。

人的生命体不同于动物，需要信仰和理想的主导，需要道德的滋润。心地善良是健康心理的第一要素。儒家讲"德润身"、"仁者寿"。孔子给人一种责任心、使命感和进取的智慧，使人生向前向上。老子给人一种清醒意识、回归自我和不争的智慧，使人生富有弹性和反思能力。儒道互补，使人在需要有为的时候，能看得清、擎得起；在需要无为的时候，能看得开、放得下，这才是一个健全的生命。道教内丹学强调炼养之功以清静为旨，就是要人澄心定意、少私寡欲，摆脱世俗的名利权妒的缠绕，使心理保持自得、平和、安详的状态，这是身心健康的重要保证，也能增强生命的承受性和自我调节能力，有益于克服现代社会常见的人们心理的焦虑和抑郁。在命功方面，道教强调个体生命的价值和内养的方法，调息补气，畅达生理，调动体内生命力去消解疾病之害。现代西方竞技体育偏重于外炼，有益于健全体魄，但过分追求破纪录、拿冠军，不断向生理极限挑战，对健康有严重损害，不是全民健身的方向。

第四，树立"民胞物与"的大生命观。儒家仁学的人类观是天下一家，其自然观是天人一体；视人类为一大生命体，视宇宙为一超大生命体。人与人、人与自然皆血脉相连，痛痒相关，仁者与天下众人、天地万物为一体，"莫非己也"。按张载《西铭》的说法："民吾同胞，物吾与也。"民众都是我的兄弟，万物都是我的伙伴，共生共荣，相依为命，在爱心的温暖中都是可以感通的。若是彼此隔膜或冷落，就像人体神经瘫痪，得了"麻木不仁"的疾病。若是彼此仇恨与厮杀，就像人体自残自虐，则整体生命危矣。

民胞物与的大生命观曾被许多人视为不切实际的理想主义，而学会与人奋斗、与天地奋斗，才是当务之急。我们当然需要将理想主义与现实主义相结合，正视社会生活中集团对抗、民族冲突、暴殄天物的现实。然而，两次世界大战造成数千万人的死亡，两大阵营的冷战和连续不断的局部战争，除了使军工资本巨头大发其财，所有参与方均遭受巨大损失。而把斗争哲学推到极端并不断掀起整人巨浪的十年"文革"，则是中华民族的一场浩劫。人类中心主义及其征服自然的结果，是人类社会的过度消费、自然资源的枯竭和生态环境的全球性恶化，造成人类的生存危机。在这种情势之下，提倡和平，反对战争；提倡仁爱，反对残暴；提倡生态文明，反对破坏自然，难道不是当务之急吗？民胞物与不是对未来的空想，而是"地球村"急需的人文精神和道德理念，是需要加以践行的当代文明情感与通则，是应当飘扬在21世纪地球上空的一面旗帜。

以诚为魂关乎生命的真实性，这是人类特有的问题。"诚"的含义是真实无妄。儒家认为天地万物是真实无妄的，人要向它学习，这就是孟子说的"诚者，天之道也，思诚者，人之道也"（《孟子·离娄上》）。但是人类的本性是善恶相混的，可以为善，亦可以为恶，自从有了自我意识和智慧以后，一些人为了自私的目的，便采取伪善和欺诈的手段，制造假象，使人上当，故老子说："智慧出，有大伪。"这是人类社会特有而自然界所无的现象。于是人类生命的成长就面临去伪存真的任务。

《中庸》论诚最为精彩，它把诚与天道、与成己成物联系起来，无诚不能做人亦不能做事，故"不诚无物"；从积极方面说，至诚可以尽己之性、尽人之性、尽物之性，故曰："唯天下至诚，为能经纶天下之大经，立天下之大本，知天地之化育。"诚之者"择善而固执"，择善是诚的方向，固执是诚的功夫，精诚所至金石为开，故"至诚如神"。由此可知，诚是人道之本、德性之质、践行之基。

《中庸》之后，荀子、周敦颐、邵雍、二程、朱熹多有发挥。老庄道家强调"返璞归真"，赞美赤子婴儿，因为他们天真烂漫，不会做假，其求真的目标与儒家立诚的观念是相通的。李贽的"童心说"具道家色彩，重视人的自然之性，以私心（正当个人利益）为人心，"人必有私"，不赞成道学"为公去私"之说，认为儿童绝假纯真，不会说谎，应是人们学习的榜样。他尖锐批判社会上假人假事假言假文的虚假现象，而本来求真之道学由于失去诚的精神而蜕变为伪学（李贽《藏书》）。李贽的批判，可以在理论上补救理学家轻个体以崇公义、远人情以尚天理的偏失，有益于恢复原始儒学贴近生活又高于生活的健康精神。

其实孔子孟子都怀有一颗平常心，孔子肯定人欲富贵是正当的，只是要求人们见利思义、取之有道；孟子也不反对君王好货好色，只是要求在上位者与民同乐，重视民生问题。在中国历史上，有韩非子主张人与人之间只有利益交换、利害计算的关系，否定公义和仁爱的作用。到了宋明理学又偏到"存天理灭人欲"、"为公去私"的极端，使所谓"天理"演成为杀人之具。当代中国，曾经历过只讲"大公无私"、"狠斗私字一闪念"的时代，又经历过金钱挂帅、唯利是图、功利泛滥的时代。在前一种情况下，出现了许多假公济私、伪善害德的人和事；在后一种情况下，出现了许多欺骗造假、尔虞我诈的社会行为，都丧失了真诚的品格，给社会人生带来灾祸。

人的性情各有千秋，精神境界也有高下之别，但只要不危害他人、守其真诚，都应受到尊重；如果失去真诚，口是心非，不讲真话，不做实事，便失去生命的灵魂，同时会失去自身的尊严。社会上信仰各异、学说众多，只要目标为善，认真践行，就会有信众追随、舆论认同，自然有其存在的空间；如果失诚转伪，言行相背，即使昔日辉煌，也会很快丧失感召力，为大众抛弃。因此，个人的生命与事业的生命都需要以诚为魂，否则空有其躯，而无活力。

在现实生活中，虚假不诚已成为一种社会病态。其在政治上的表现便是有言无行、文过饰非、虚创政绩、欺上瞒下、无信于民。其在经济上的表现便是诚信不立、假冒伪劣、偷工减料、坑蒙拐骗，现在又流行网络诈骗。其在道德上的表现便是欺世盗名、乡愿伪善、厚貌深情、言美行丑、以假乱真。其在文化上的表现便是假文浮词、趋时求利、侵权抄袭、编造迎合、浮躁粗制。在功利主义驱动下，现实生活有舞台化的趋势，一些人逢场作戏，善于作秀表演，带着各种面具生活。政无诚不信，商无诚不久，德无诚不感，文无诚不化，人无诚不真。虚假不诚之风会严重腐蚀个体和社会的生命，使之从内部腐烂变质。

真诚是立身行事之魂，人应当活得堂堂正正、坦荡率性，不必隐瞒自己的观点，亦无须掩盖自己的感情，随时显示自己的本色，做一个性情中的真人，说真话、做实事、以诚待人，在人与人之间多保留一些纯真的情意，拒绝虚假的人生、享受真实的人生，使人间变得更美好。

当代网络文化兴起，既给信息交流带来极大的方便，同时也构造出一个虚拟世界，里面充斥着大量垃圾和虚假信息以及极端思想，使大批青少年沉迷在真假难辨的世界里，脱离人与人之间直接的交往，既缺乏感性的真情，又偏离理性的清醒，使生命和生活丧失了更多的真实性，同时也助长了社会虚伪欺诈之风，造成社会的混乱与迷失。我们要使网络充实人的生命，防止网络掌控人的生命，更加需要诚的精神的回归。由此可知，在当代社会，诚之义大矣、重矣。

"以生为本、以诚为魂"，还集中表现在人的精神生命的健动不息、挥洒自如上。人的精神生命与生理生命相比，是最少受外界约束、最能自主发挥的部分。然而其潜能也往往被压抑而不得自在发展。一是受制于主流社会舆论，而不敢大胆想象；二是受制于名缰利锁，而无法超越世俗价值；三是受制于闻见知识，而不能开拓创新。庄子提出"逍遥游"的理想境界，郭象阐明"自得"的理想状态，都是要把人的精神从各种束缚中解放出来，获得真正的自由，从而形成东方式的自由观。

生命的健硕发育需要两种自由：一是行为的自由，二是心灵的自由。西方提倡的自由主要是行为的自由，如言论、信仰、集会、结社、新闻等自由，法律都要予以保护。思想当然应有自由，而西方社会关注的仍然是表达思想的自由，而不是自由本身。

行为自由是文明社会所必需的，是社会进步的体现，我们要使它充分落实到现实生活层面，这是人的生命保持盎然生机和真实体现的必要条件。可是人有了行为的自由未必能真正获得思想的解放而自我做主，因为心灵仍然可能受困于陈旧的教条而不得舒展。例如：自由主义提倡自我中心的个人自由，却会被生存竞争所驱使；宗教自由是基本人权，但原教旨主义又会使人走向偏执。

所以人还要有心灵自由，自觉摆脱物质主义、教条主义、现实环境的局限，使心灵生出翅膀，自主自在地遨游在广大的精神世界。人的现实空间是有限的，人的精神空间是无限的，它的大小决定于主观的拓展能力。

人的心灵自由不等于胡思乱想，它需要凭借哲学的智慧、文化的底蕴、艺术的构思来不断超越现有的时空，达到无执、无碍、常乐的高妙之境。一要不断通过"觉解"（冯友兰语）提高精神境界，二要不断经由学识扩大人文素养，三要不断进行反思加深人生领悟，四要不断化解烦恼保持幸福感受。即所谓"心明眼亮"、"心广体胖"、"心旷神怡"、"心安理得"，自主地思考、自觉地行动、自在地生活。使心灵永远属于自己，快乐着、敞开着、前行着、充实着，不断绽放出绚丽的花朵。

（三）以道为归，以通为路

1.以道为归。

"道"是中国人心中最高真理的简称，它的原始义是人朝向前方的道路，尔后其字义不断被抽象化，而具有了宇宙本原、社会原理、基本规律、普遍价值、行为方法等引申义。

老子认为宇宙起源于道，故曰"道生一，一生二，二生三，三生万物"，"天下万物生于有，有生于无"。现代宇宙学家霍金认为"宇宙起源于无"，与老子相合。老子又认为天地万物的最深层本质是道，故曰"道冲而用之或不盈，渊兮似万物之宗"（《老子》第四章）、"道者，万物之奥"（《老子》第六十二章）、"衣养万物而不为主"（《老子》第三十四章），《庄子·渔父》曰"道者，万物之所由也"。在老子看来，道之所以能为宇宙之始、万物之基，关键在于它是宇宙生命的总生机，具有无限的活力，能生万物而不是被生，"万物得一以生"。

新仁学赞同道家的宇宙论，认为宇宙的发生、演化不是杂乱无章的，不是偶然性的堆集，不是无生命体的无限延续，它是有本有源有动有能有活力有规律可循的，这便是道。《易传》曰："一阴一阳之谓道。"阴阳互动、刚柔相推，使得天地运行，万物化生，这是宇宙运动变化的基本规律，贯通于天、地、人三个领域，从而有天道、地道和人道，而各有特色："立天之道曰阴与阳，立地之道曰柔与刚，立人之道曰仁与义。"中国哲学讲事物矛盾规律与西方哲学的对立统一规律有相近之处，但侧重点不同：中国哲学重在相反相成、对立面的统一上；西方哲学重在相反相制、对立面的斗争上。《易传》曰："阴阳合德而刚柔有体。"张载《正蒙》则指出："有象斯有对，对必反其为；有反斯有仇，仇必和而解。"这是最有代表性的对立统一观点。持有这种观点的儒者容易对充满矛盾与斗争的人类社会的未来发展持乐观态度。

孔子儒家把"道"用于社会人生，坚信社会将向美好的目标进化，与此同时人生也应该朝有理想、有道德的方向提升。社会发展的最高境地是"大同世界"，其特点是"大道之行也，天下为公，选贤与能，讲信修睦"，"老有所终，壮有所用，幼有所长，矜、寡、孤、独、废、疾者皆有所养"（《礼记·礼运》），没有盗窃乱贼，天下太平。这是全人类都向往的理想社会，没有战争，没有犯罪，人们和睦相处，不为私利而进行争夺，老壮幼病残皆各得其所，人们都能安居乐业。今日各种健康信仰和学说所描绘的社会终极目标，与大同世界皆相仿佛，只是实现目标的具体途径各有不同。

孔子为人生设计的成长之路是"志于道，据于德，依于仁，游于艺"，以实现有道之世为奋斗目标、以树立道德人格为做人基石、以实行仁爱为行为准则、以掌握才艺为体现理想的途径。人的性格才情千差万别，但通过文明演进和人文化成之路，大多数人会在德性上归向于善。人类已经脱离了低级动物界，越来越成为讲文明懂礼义的高级动物，倒退是暂时的，文明规则终将完全取代丛林规则。

《易传》有两句话很重要："天下同归而殊途，一致而百虑。"前一句说的是人类社会发展的最后归宿是天下普遍进入有道之世，而各国各族通向有道之世的过程中都走着自己特殊发展道路；后一句说的是人类的思想文化都向往着真善美的目标，而不同国家、不同民族、不同地区的人们在信仰、哲学、道德、观念、文学、艺术、习俗上又千差万别，形成多姿多彩的文化样式。这就是"一与多"的辩证智慧在社会发展观上的体现，它表明中国古代哲人有乐观向上又包容大度的胸怀。

"以道为归"可作如下理解。第一，大道是贯通宇宙、社会、人生的最高真理。其内涵有三：一曰生道，生生不息，生养万物而不为主宰，大道就是宇宙生命本身，就在生机盎然、五彩缤纷的各种生命之中，万物得道而生，失道而死。因此，"以道为归"要求人类的一切作为皆要以尊生、护生为最高标准。有道之世就是人类和自然界的生命最为健康活泼的时代。二曰公道，包容天下，泛爱万物，无所不通、无物不纳，无间隔、无界域、无弃人、无弃物。凡分彼此、生怨仇，皆背离大道。因此，"以道为归"要求人类在情感上以宇宙为一体，以天下为一家。有道之世，人人得到关照，事事皆能公正。三曰和道，天人和谐、人际和谐、身心和谐，没有战争、没有争斗、没有污染、没有癫狂。"以道为归"，要求人类尊重自然，彼此尊重，和而不同，使忠恕之道成为社会普遍文明原则。有道之世，家庭和顺，邻里和睦，民族团结，天下和平，天人相养。

第二，大道是普遍性与特殊性、一体性与多样性、群体性与个体性的高度统一。"道法自然"的本质要求是尊重万事万物的本然之性，人的作用只在因势利导，促其发育成长，决不能以人的意志和需要去干预或改变天地万物发展的客观规律，否则会招致大自然的"报复"。人与自然万物共生于一个地球，地球不仅给人类提供了适宜生存与发展的环境与资源，而且生物的多样性所形成的生物链及其与环境的交互作用，也保证了人类的正常生活。可是人类正在成为地球生态的破坏者，肆无忌惮地污染环境、消耗资源、消灭着异类生物，生物物种在急剧减少，这就是老子所说的"不知常，妄作凶"。人类应该意识到，生态危机的威胁已迫在眉睫，保护环境和各种生物就是保护人类自己。

就人类社会自身而言，社会形态的多样性、思想文化的多样性、人的个性的多样性，是人类健康发展的必然要求和基本条件，有了这些多样性才有社会文化的相反相成、比较选择、互补综合，不断地有新质产生，不停地有创造发明，始终保持旺盛的生命力。文化生态如同自然生态，品类的减少和发展的趋同将导致生命枯萎的灾难性后果。因此，有道之世或大同世界绝不是清一色的文化，不应当也不可能只有一种信仰、一个价值体系、一套生活方式、一类文化样式，而是多姿多彩、百花争艳、五光十色的世界。"大同"超越了一般的"同"，意味着多样性的人群和文化的平等与和谐，它在本质上是"和而不同"的。它只要求人们遵守社会公共生活规则，彼此不相伤害，又能互利共赢；同时尊重每个群体和个人的人格、权利与兴趣选择，并给社会成员提供自由发展的机会和空间。"以道为归"是指向真善美的大方向，而在社会前行过程中一定要"殊途"，必然会"百虑"。没有文化多样性的社会，只能是一种空想。

第三，大道是阴阳互动、刚柔相推、屈伸相感的永恒的运动变化过程，如张载《正蒙》所说："太和所谓道，中涵浮沉、升降、动静、相感之性，是生絪缊、相荡、胜负、屈伸之始。"因此，一物两体，对立统一。体现大道的理想社会，既不是无差别的浑然一体的静止的社会，也不是没有矛盾和斗争的全真全善全美的社会，这样的社会只是一个乌托邦。老子说："大成若缺，其用不弊。"大同社会仍然有它的不足和弊端，真善美与假恶丑相比较而存在，相斗争而发展，矛盾是无处不在、无时不有的。但有道之世，社会矛盾与斗争的性质、方式与今日世界不同。

其一，绿色经济成为社会财富的主要来源，发展与环境基本协调，人与自然的矛盾随时可以化解。

其二，人们普遍富裕，没有大富与贫困，没有失业，富裕程度因贡献不同而有差别，人们利益上的矛盾和摩擦经常发生，但无阶级、阶层、行业间利益的对抗。

其三，在社会管理上仍然存在着领导阶层与普通民众之间的矛盾和必要的张力，但有效的普选、监督、协商和定期轮换制度，能使上下级矛盾不发展为对抗，并成为改进管理的动力。

其四，社会文明规则为绝大多数人自觉遵守，道德风尚普遍良好，犯罪率极低。

其五，社会各种矛盾包括民族矛盾、阶层矛盾、宗教矛盾，采取文明、温和的方式解决，摒弃战争、暴力等野蛮方式，犯罪和犯法行为靠公平执法处理。

其六，国家的政治斗争功能逐步消失，社会公共管理功能全面强化，全球联合政府由各国民主选举诞生，并定期轮换，处理各国各族间的纠纷。

其七，在人文学科、社会科学、自然科学和文学艺术领域，学术争论、开拓创新不仅是常态，而且有最充分的自由；文学与艺术创作的个性化及不同风格的竞相争妍，受到各界的尊重，而能得到高度发挥；有悖文明准则的不健康的文化会普遍受到批评和抵制。

按新仁学的理想，"以道为归"的社会，理当如此，人类才算得上进入了文明时代；生活在这样社会的人，才算得上是文明人。

2. 以通为路。

"以通为路"，是指国家民族之间、社会阶层行业之间、思想文化之间，建立起畅顺无阻的沟通、交流、合作的渠道，使人类摆脱彼此冷漠、隔阂、歧视、防范、仇恨的困境，迈向天下一家的坦途，使仁爱之道成为生活现实。

自从谭嗣同把"通"的理念引入仁学，便使仁学发生了质的飞跃：一是使传统仁学成为现代仁学，生发出"开放"、"平等"、"交往"等新质，以适应社会现代化的时代步伐；二是使伦理仁学成为民生仁学，找到了以"通"破"塞"、实现仁爱富民的切实可行之路。谭嗣同"以通为第一义"的仁学，着力于破除两个陈旧事物：人际身份的阻隔，主要是等级特权及人身依附；社会发展的闭关自守，主要是自然经济的困顿落后。"通之象为平等"，不平等不会有真通真爱。"仁与不仁之辨，于其通与塞"，陋塞不能兴旺，因而不能实行博爱。

当今时代，宗法等级制度已进入历史，经济全球化已成为浩荡潮流，中国主动参与其中，改革开放取得巨大成就，中国和世界的面貌都焕然一新。然而"通"与"塞"的矛盾，仍然是推行仁爱之道的主要矛盾，阐扬"通学"和践行"通学"，乃是人类文明发展的当务之急。

与几十年前相比，今天是一个高度畅通的时代：经济上形成全球化的共同市场，政治上联合国的作用日益加强，交往上陆海空交通空前发达，文化上交流频繁深广，尤其信息技术突飞猛进，互联网使人类息息相通，时空不再成为交际的主要障碍，在一定的意义上"地球村"已经形成，天下一家的客观条件似乎已经具备。

可是情形并不使人乐观。从形式上看人类之间拉近了距离，增强了相互依赖，实际上在许多重要领域仍然塞而不通、仇而难解，"强凌弱"与"独尊己"的痼疾难除，于今为烈。一曰政治不通：在国内，上下脱节，特权盛行，民情郁积；在国际，左右紧张，强权横行，流血不断。二曰民族不通：宿怨难消，民族至上，利益相左，势同水火，仇杀不已。三曰宗教不通：一教独大，极端排它，迫人从己，宁斗不和，不惜害生。这种情况如同一个人患有肢体麻木、肠梗阻、内分泌失调，乃至免疫系统紊乱和癌变等重病，不及时治疗会致人死命的。

有识之士大力倡导政治民主、民族和解、维护人权、宗教和睦、文明对话，都是在运用仁通的精神医治人类的弊病，使人类的生命得到健康发育。

"以通为路"有以下几项基本要求。

第一，"兼通"。人类要真正成为一体，必须做到立体化的沟通，即在政治、经济、军事、文化、思想各个领域的交流都通达无阻，政府与民间的来往也能形成良性互动。在国内需要社会各界相互配合，在国际需要拆除各种壁垒和禁令，使跨国跨族的友好交往活动有更大的自由度。

第二，"双通"。彼此能双向传递信息，做到互相了解。傲慢总是与无知连在一起，自大常常伴随着偏见。我们必须坚信，每一个族群，每一种文化，都有它的特色和优点，都有它受人尊重的理由，都有值得他者学习的地方。因此，真正的沟通必然是相互了解和学习的过程，不是以一方为主，向另一方推销自己的产品和文化，甚至企图取代对方的固有文化。

第三，"信通"。相互传递真实完整的信息，不以虚假信息示人；不一味提供自身的优点和成就，而隐瞒存在的缺点和问题；不陶醉于外界对自身的肯定和颂扬，而疏远或拒斥外界对自身的批评和责难。开放社会，开放舆论，彼此欢迎对方人士来本地自由旅行、考察、调研、采访，在社会公共生活规则允许范围内不设禁区，不限制媒体的新闻自由。

第四，"心通"。人类之间真正的沟通不能只停留在物质和技术层面，也不能只表现在一系列实际活动上，而要深入到人的内心，做到彼此间心灵相通。如果心灵阻塞，即使有路，也会变成泥泞之路、断裂之路，甚至变成烽火之路、苦难之路。如果心灵通达，各种路障都会随之解除，路成为拉近人们距离的通道，没有路的地方也会筑起新路，使人间的路四通八达。心灵相通的标志就是把仁爱之心普及于全人类，让爱心充满人间。

然而残酷的现实又告诉人们，以道为归、以通为路谈何容易。历史的积怨为时已久，当今的冲突还在加剧。要打通闭塞的道路、修筑跨界的桥梁，需要先知先觉觉后知后觉，需要先易后难、循序渐进。以往人类经历的各种灾难会使多数人反省觉悟，今日和未来面临的各种全球危机的严峻挑战，又迫使人类不得不同舟共济。人是有良知又有理性的动物，不会甘心朝着互残共亡的路上走去，终将用人性战胜兽性、用理智战胜迷乱，早晚走上仁和之路，渐行渐近，成为相安相助的邻居和朋友。

在推进"以通为路"的过程中，至少有以下几项可以逐步付诸实践。

第一，"利通"。彼此找到共同利益，从眼前利益到长远利益，从局部利益到整体利益，形成相通的物质基础。互惠共赢，而不是互损共输。这是功利的层次，也避开了价值观的差异，比较容易做到 。例如中美、中日、中欧之间，不纠缠于意识形态的矛盾，而看重共同市场，发展商贸往来，增强相互依赖性，有益于和平与民生。从历史上看，商贸之路也必然伴随着文化之路，利通会促进文通。

第二，"法通"。制定和遵守体现人类共同利益和底线道德的社会公共生活规则，作为国际来往的行动依据。如已有的《联合国宪章》《世界人权宣言》《世界文化多样性宣言》《世界贸易组织协定》等，这些国际性规则包含着深重的历史经验教训，并凝聚着当代人的智慧，又经历过艰苦的协商谈判，应得到各国政府和各界人士的尊重，以促进世界的和平与发展。

第三，"温通"。以中和温情的态度化解矛盾，打通障碍，劝和促谈，化干戈为玉帛。不同观点和主张在处理国际矛盾中的作用截然不同。极端主义（包括强权主义、民族与宗教极端主义）挑动激化矛盾与冲突，是世界的公害。只有以平等互尊、稳健改良、妥协兼顾、包容贵和为特征的温和主义才能缓和世界的紧张、破解怨仇的难题，走向光明的道路。人类不缺少发展的才能，而缺少协调的智慧。儒学的主要贡献不是向世人提供一种特定的信仰，而是展示不同信仰如何友好相处的中和之道。儒家的温和、理性、稳重的态度，可以使它走近各种信仰和学说，并使它们连通起来。

第四，"文通"。文化交流可以与政治权力和经济财富保持适当距离，侧重在民族精神劳动成果的互动上，容易跨越地域和民族国家的界域，在大范围内进行。其中，中国和西方之间的"东学西行"与"西学东渐"，印度佛教在中国和东亚的传布，都是显例。世界各大宗教虽教义各有不同，都以拯救人类苦难为己任，应当把爱人作为联结教际关系的精神纽带，摒弃独尊、排它的偏颇，把爱作为第一信仰，上帝是爱、真主是爱、佛陀是爱、神仙是爱，由此在众多社会团体中率先联合起来，成为推动文明对话的核心力量。世界宗教会议《全球伦理宣言》、世界宗教和平组织、世界和传统宗教领袖大会，都展示了"教通"的道路。

第五，"感通"。用真诚的大爱感动对方，对方又报以感恩，彼此互感，这是实现心通最好的方式。许多人迷信以力服人，实际上是压而不服，转成仇恨。道义的力量是无形的，也是最有感召力的。孔子说的"修文德，来远人"，就是感而通之。在地震、海啸、洪灾、疫病等大灾难发生以后，人们不分国界、民族，纷纷伸出援助之手，给灾民送上温暖和帮助。跨国跨区跨族的公益慈善事业，就是建立在无私奉献的基础上，体现了人性之美，故最能感动世界。把这种感情的力量凝聚起来，就能克服人性的弱点，打通人际之间所有的道路。

新仁学与当代新人文主义的兴起

在国际上，引导世界潮流的是西方文化，主要是社会达尔文主义、一神宗教原教旨主义、科学主义和自由主义，而四大主义在度过其辉煌年代之后已经弊病丛生，陷世界于灾难之中。社会达尔文主义带来的政治强权和军事霸权，造成连年战争、民族冲突、暴力恐怖，大量无辜百姓死于非命。一神宗教原教旨主义容易导致极端主义和宗教冲突，博爱的宗教变形为仇杀的宗教。科学主义使工具理性的科学取代了价值理性的信仰，智能主宰人性，开发出的核能量威胁到人类的生存。自由主义在推动市场竞争的同时，也制造出垄断资本、金融大鳄，加剧社会两极分化，并使人欲泛滥、道德衰败。

东西方有识之士已经觉悟到现有的思想学说不能引导世界走向和平与发展，必须建设体现当代文明的新人文主义，并使之成为主流思潮，世界的未来才有希望。人们看到儒学的精华正适合新人文主义的要求，于是把眼光投向了孔子和儒家。

在国内，经历了"文革"浩劫的国人，告别了"以阶级斗争为纲"的"苏式社会主义"和以"批孔"为口号的反传统文化的激进主义，走上了以中华文化为深厚基础的中国特色社会主义道路。但是由于"文革"造成人们巨大精神创伤的后遗症尚在，由于市场经济必然带来拜金主义的流行，由于长期反传统所形成的道德真空，在中国大地上出现了物质文明突飞猛进和精神文明滞后失落的局面，中华民族的文化生命未能顺畅发育流行，思想领域呈现混乱迷失的状态，严重影响到各项社会事业的发展。

这就使得思想文化的建设成为关系社会精神方向、关乎现代化事业全局的重大任务，而理想、信仰、高尚人生观的树立，又是思想文化建设的重中之重，因为它是重铸民族之魂的伟大工作。一个没有精神追求的民族是无法振兴的，一个没有自强不息、厚德载物精神的民族也称不上是中华民族。因此，当代越来越多的中国人认识到中华的崛起和文化的重建，必须依托优秀的中华文化，它是我们的精神家园和智慧源泉，而其中儒家文化资源的发掘和运用应是首要的工作。

当代新人文主义必须具备以下几项基本特质，才能引导世界潮流。首先，它能真正体现以人为本，把人的生命、幸福、尊严、全面发展（包括个体的与群体的）放在至上的位置，成为最高的价值取向，其他则"无以尚之"，因此它既不是物学，也不是神学，而是具有信仰高度的人学。其次，它能超越当代各种信仰的局限性，尤其能打破物质主义、极端主义、民族歧视的偏执与迷误，给"地球村"提供普遍伦理和新文明规则，使其逐渐成为21世纪人类的共识。第三，它能打通各种文明、各种信仰之间的联系渠道，彼此不再敌对而能和解，找到更多的共同语言，促成多元并举、和谐共生，因此它具有中和、理性的精神。以这三条标准衡量，新仁学是符合的，它应该能够为新人文主义的兴起作出重要贡献。

一、与当代人生困境的出路

当代社会生活的市场化、网络化、竞争化，使得人性中德性与欲求、德性与才智之间失衡，欲求与才智膨胀，德性萎缩，人际关系以利害为纽带，造就了越来越多的经济人、智能人、孤独人、野性人、两面人。与此同时，道德人、性情人、自在人、文明人大大减少。一些人拥有了更多的财富，精神上却觉得空虚，没有人生方向，幸福指数反而下降。一些人把心力才智用在争地位、争家产、争虚誉，却弄得关系紧张、亲情消失、怨声载道，受到舆论谴责，未必自我感觉良好。一些人把生活当作战场，把身边的人当作敌人，算尽机关、明争暗斗，巧扮各种身份应对人事关系，不择手段，以图升迁显扬，结果往往事与愿违，白白忙活一场，到头来为他人作嫁衣裳。这些都是由于没有健康的人生观而导致的迷失。

新仁学向人们提供一种情理兼具的人生信仰，其核心是成己成物（成就个人价值与社会事业），在成物中成己。做一个充满爱心的人，那么你也就生活在爱之中；做一个对社会有用的人，那么你的价值也扩大了。这种人生追求既难也容易：说它很难，是说爱心的范围是无限拓展的，要做到大爱非圣贤莫属，社会事业可以宏阔壮丽，只有大英雄才能成就大事业；说它容易，是说每个人都可从身边和眼前做起，从小事情上做起，力尽而止。要坚信"爱人者，人恒爱之"的真理，在相互关爱中生活的人是最幸福的，他生活得心安理得，愉悦自在。也要坚信"害人者，人恒害之"的真理，在相互损害中生活的人是最凄惨的，他生活在仇恨、防范、不宁之中。自爱与爱他、自利与利他在本质上是统一的，人的本性里就包含着他者的要素，排除他者的人性是残缺的、畸形的。为什么损人者往往以害己告终？因为他为自己增加了对手、创造了受惩罚的条件。因此，荀子说"仁义德行，常安之术也"，"污漫突盗，常危之术也"（《荀子·荣辱》）。

新仁学还要求人们摆正主体的人与身外之物的关系。荀子说："传曰：'君子役物，小人役于物。'"(《荀子·修身》)他提出了"己"(人)与"物"(权位、名利、财宝等)之间谁为主、谁为辅的关系问题，他的结论是要"重己役物"(《荀子·正名》)，学君子，役使身外之物为人(包括自己和他人)服务，而不是相反，不能让自己成为外物役使的工具或者用外物役使他人。外物并非不重要，在正常情况下，它们既是人生奋斗的成果，也是充实人生的因素，但绝对不是人生的目的，人的幸福才是最终目标。

我们常见到"人为财死"的现象，那是财迷心窍、利令智昏造成的。老子说："名与身孰亲？身与货孰多？"很明显，与名誉、财富相比，身体的安全与健康更重要，它是实现人生价值的基础。但对于这样一个简单的道理，许多人就是不明白，宁要虚名不要活命，宁要钱财不要脑袋。重要缘由之一是人性中私心太重、欲望太盛、道德太弱、缺乏理性自制力。所以老子提出人要"见素抱朴，少私寡欲"，私不能去而要少，欲不能无而要寡，这样在物质层面上人就可以做到"知足之足，常足矣"。否则不仅对个人有害，发生"甚爱必大费，多藏必厚亡"的后果；对于有权有势的人和集团来说，私欲膨胀、野心激荡，还能促其发动侵略战争，造成千万人的死亡，故老子严厉声讨贪欲的罪行："罪莫大于可欲，祸莫大于不知足，咎莫大于欲得。"我们从德日法西斯的罪恶、霸权主义的劣迹、金融寡头的贪婪中，都可以印证老子话语的真理性。

新仁学认为，在人性发育与人格养成中，理想状态是以养德为主，兼养情欲、才智与勇力，德性足以制约情欲使之适度，德性能够主导才智与勇力使之发挥正功能，这是摆脱人生困境、发展文明人性唯一的出路。人类若不在人性养德上下大工夫，现代高度文明是难以实现的。

当然，仁人仅有德性是不够的，还须有常情、智勇加以辅佐，才能践行仁德。有常情则合群兼善；有智勇则仁德切实。有人说：

做好人难，做老实人吃亏。新仁学认为，应然与实然不是一回事，该做好人和老实人，不该做坏人和虚假人，这是做人之道，立志如此，不论难易、不计得失，皆当为之。

然而仁人又不满足于良好动机，他还要思虑实际效果，把动机与效果统一起来。因此它提倡做一个有智慧、善于克服困难的好人。古人强调"仁且智"、"仁兼勇"是对的。仁者要有洞察力，不被假象迷惑；要有丰富的知识和专业能力，做好自身的事业；要不怕挫折，勇于担当，身体力行。可知做高标准的好人确实不易。

从社会常态看，只要存有一点恻隐之心，遵守底线道德，不去害人，即是好人，故好人易为。而谋划损人、巧取豪夺，铤而走险，即使暂时得手，亦担心东窗事发，惶惶不可终日，此为坏人，故坏人难当。天底下好人居多，坏人少见，理所当然。至于老实人在个人利益上吃亏，甚至受委屈，在所难免，未必就是坏事，只要有益于他人，无须斤斤计较，这乃是一种修养。

二、与当代市场经济的健康化

市场经济通过市场这只无形的手调节生产、交换、消费之间的关系，调动人们参与经济活动的积极性，经由利己主义的行为和自由竞争达到快速创造和积累社会财富的客观效果。因此发展市场经济是现代化事业的必由之路。发达的市场经济产生巨大的社会财富，为提高人们的物质和文化生活提供雄厚的物质基础，而这也正是新仁学追求的目标。

中国由自然经济型农业文明转向市场经济型工商文明乃是历史的进步和必然，不如此不能改变贫困落后、实现国富民殷，仁爱便是一句空话。但是市场不是万能的，若加以放纵而无制约，会给社会造成重大伤害。例如资本垄断和贪婪导致经济危机，贫富两极分化加剧社会矛盾，见利忘义泛滥破坏道德风尚，金钱崇拜扭曲人的品性。其结果不仅社会各界受损，市场经济自身也不能正常运转而成社会病害。

对于市场经济，我们要取其利而避其害。一是用社会管理宏观调控这只有形的手把市场纳入社会发展整体格局之中，使其在适当范围内发挥作用。二是用国际国内相关法律法规管理市场，体现公平竞争的原则，因此市场经济应是法制经济。三是用普遍伦理建设企业文化，培养有道德心的企业团队，因此市场经济应是道德经济。

儒学史上出现过董仲舒"正其谊不谋其利，明其道不计其功"(《汉书·董仲舒传》)的超功利主义思潮，也产生过宋明理学家"去人欲，存天理"的理欲对立论，但它并不是孔孟正统。孔子主张"博施济众"和富贵有义，孟子主张行"制民之产"的仁政和"与百工交易"的市场，荀子认为"好利恶害，是君子小人之所同也，若其所以求之之道则异矣"，又说："王者富民，霸者富士。"(《荀子·王制》)清初颜元明确主张"正其谊以谋其利，明其道而计其功"(颜元《四存编》)。儒家的主流传统是以义导利、义利统一的思想，但长期被理学所遮蔽，应使之重新显扬。

谭嗣同的仁学主张开放国门、发展工商、改善民生，正是孔孟真精神的新体现。贺麟先生指出，后期儒学(理学)讲义利之辨，而义利又以公私为界，这样的进路不能适应现代工商社会的发展。他引进西方合理的利己主义，确认个人应有的权利与幸福，主张义利、群己统一论，"趋向于一方面求人欲与天理的调和、求公与私的共济；而另一方面又更进一步去设法假人欲以行天理，假自私以济大公"(贺麟《文化与人生》)，因此他主张中国当代道德建设要依据合情、合理、合时的"三合"原则来进行。

中国自古就有"扶商惠工"之说，以士、农、工、商为"四民"。《国语》说："庶人工商，各守其业。"《春秋左传》说："务材训农，通商惠工。"管仲管理齐国，工商发达。子产经营郑国，鼓励和保护商业活动，智退秦师的弦高即是郑国大商人。中华很早就形成儒商文化传统，陶朱公范蠡和孔子的弟子子贡就是早期的儒商。后来的徽商、晋商，都能把文化与商业相结合而两得之。近代儒商张謇、胡雪岩，当代儒商陈嘉庚、李嘉诚、荣毅仁、王光英、汤恩佳、杨钊、蒋震等，能够把西方企业管理文化与儒家智慧结合起来，并获得成功。

儒商各有特色，而其共同点在于：第一，以义取利、诚信为本，企业享誉社会，创出知名品牌，由此而能长远发展；第二，敬业乐群、内部和谐，员工爱企如家，形成合力；第三，领导人有文化理想和社会责任，取之于社会用之于社会，热心于民族振兴、社会公益慈善事业。

当前中国市场经济的各种弊病的缘由在于市场大发展于"文革"之后，中华传统美德遭受重创，市场经济未能接续儒商传统，走上唯利是图的道路。但中华文化的根基还在，人们在实现初步富裕之后不满足于停留在物质生活层面，而普遍出现对精神文化的追求，向中华文化的回归。企业界人士对儒学和中华经典学习有强烈渴求，儒商队伍的重建是有希望的。

香港旭日集团董事长杨钊先生是著名"裤王"，他将西方严格科学的企业管理与中国儒佛道文化结合起来，成功创造出东方企业文化模式。其特点是：将企业发展的最终目标，从单纯追逐利润的最大化改变为把剩余的财富用于服务社会、利益大众的各项事业；将以物为中心的管理转变为以人为中心的管理，关爱职工生活与家庭，努力提高职工文化素养和主人意识，形成企业内部人际和谐关系；将企业之间生死竞争关系转变为互促共荣关系，竞争是温和的，包含着彼此扶助、共同繁荣的内涵。显然旭日集团的发展体现了儒学仁爱、人本、中和的精神，它打破了韦伯"儒学阻碍市场经济"的偏见，证明中华传统与现代化事业、与西方先进经验可以相结合，而且能够走出一条发展现代市场经济的新路。

现在中国大陆工商界成功人士中有越来越多的人关注中华文

化的人文精神,用以确立人生价值,建设新型企业文化,努力实现达则兼善天下的目标,他们代表着中国市场经济的方向。在这个过程中,新仁学可以发挥积极作用。

三、与当代国民教育的改革

古代儒家的"教育"是大概念,超出当代国民教育的范围,包括道德教化和学习修身,而且教育是终身的,不为行业和年龄所限。其目的:一是"化民成俗"(《礼记·学记》),改善社会风气;二是使人的社会品性如仁、义、礼、智、信等能得到健康发育,养成君子人格。孔子办私学,有教无类,不分行业阶层;以人文传习为主,"子以四教:文、行、忠、信";没有固定学制,学而优则仕,仕而优则学;学思并重,启发教学;听其言观其行,"言忠信,行笃敬";因材施教,鼓励各种人才成长;教学相长,师生对谈讲论。这些教育思想和实践符合人性发育、文明生长的规律,是中华民族文明昌盛、人才众多的重要保证。

以儒学为指导的中华教育在二千多年时间里是发达的和成功的,它使孔子的教育思想通过家族系统,到达多数家庭,使一个个家庭成为一个个学校;又创办众多家族和村社私塾,使更多的少年儿童接受中华经典熏陶;还致力于兴办地区性的民间书院,与官方学府相配合,传承中华主流文化,活跃当地的文化生活,培养更高级的人才,推动学术文化的发展。

传统教育的不足是在一定程度上与科举考试挂钩,增加了功利主义的成分,出现了唐代"帖经"、清代"八股"等弊病,在向政界输送有文化素养官员的同时,也使"读书做官论"广为流行,扭曲了教育使人"成己成物"的目标。

中国当代学校教育模式主要采自西方,其特点是大、中、小学相衔接,按现代学科门类分专业和设置课程,采用以课堂教学为主的教学方式,有确定学年制、毕业和升学制和学位授予制,教师资格要取得教育部门统一认可。百年大计，教育为先。当代学校教育培养了大批现代化建设事业专门人才，系统传承世界上各国科学家积累的科技知识成果，在城乡有力普及国民教育，其覆盖率空前广大，对于提高国民素质，使中国由落后国家变为先进国家，做出了巨大贡献。

然而它对西方教育的精华未能充分吸收，自身存在很多弊端，并且日益凸显其负面作用。其一，中小学教育更深地陷于应试教育泥潭，严重摧残青少年的身心健康；大学教育日益变成职业训练，由市场指挥，偏重知识技能传授，忽略道德人格养成，学生丧失人生理想，学习只为求取功利。

其二，重普世科学教学，轻中华经典陶冶；重英语水平提高，轻母语读写运用。多数学生对中华文化无知，对祖国缺乏深厚感情和责任心，一心向往出国学习和生活。

其三，大学参照类似工业工程监管方式实行以行政为主导的统一量化管理，用项目课题控制教学科研，教师处于"项目化生存状态"，学生按统一模式塑造，漠视自主性发挥，扼杀个性化发展。在教师队伍里出不了大师，在学生群体中也出不了各种偏才和特异之士。其结果是培养出相当数量的学生，一无道德魂，二无中国心，三无创造力。

其四，社会教育尚在起步，家庭教育严重畸形，加以独生子女居多，只养不教，溺爱娇纵，几成普遍现象，遂使青少年个人中心，不能吃苦任怨，心理脆弱，独立生活和创业能力低下。

青少年是祖国的未来，民族的希望。教育不进行重大改革，青少年的健康成长是没有保障的。

当代国民教育改革的重要工作，是在借鉴西方成功经验（如重视博雅和通识教育）的同时，认真继承和发扬中华教育优良传统，大力吸纳儒学元素，参照新仁学的理念，使教育回归生命培植这个总根上来，把生命的健硕成长、全面发展放在首位，扭转教育市场化的趋势，使教育真正成为生命教育。

第一，把中华经典特别是儒道经典正式纳入教学核心课程，让大中小学生接受经典系统训练，从中吸取哲学、伦理、历史、语言、文学的智慧，传承中华文化的基因，养成独立健全人格，促进文化生命的健康成长。经典的范围要适当扩大，除六经（《周易》《尚书》、"三礼"、《诗经》、"春秋三传"、《孝经》）、四书（《论语》《孟子》《大学》《中庸》）、四子（《老子》《庄子》《墨子》《荀子》）外，还应包括《史记》《唐诗三百首》《古文观止》等。为了确保教学质量，必须大力加强国学师资培养，让教育者先受教育。在中考与高考中，中华经典的题目应占较大比重。从儿童到大学生和研究生，经典阅读应成为风气，逐级加深对经典内涵的理解，并使之与学生修身待人结合起来。大学必须承担起传承中华文化的责任。同时，要适当阅读世界各大文明的经典代表作，使学生具有跨文化的国际视野。

第二，教育的重心由围绕着升学就业转变为围绕着德智体全面发展，把专业知识技能训练放在重要但非首要的位置上。为此，一要增加人文学科课程的比重，提高通识教育的地位。二要使教学活动走出课堂，走上社会和社区，要求小学生在家里关心父母亲人，为他们做好事；让中学、大学的学生多参加校内外志愿者活动，在公益慈善事业中培养扩展爱心。考核学生成绩不唯答卷分数，而把平时品德表现列入其中，中考、高考皆须把统一考试与平时成绩表现结合起来，真正择优录取，不再宣扬所谓"高考状元"。研究生录取更要全面考察其品格、学识和能力，在读研中重点培养他们的志向、独立思考能力和创新能力。用人机构也要全面考察高校毕业生的社会责任心、文化素养加专业能力，不应唯名校是优、唯高分是取。总之，要使应试指挥棒不灵、市场指挥棒不灵，素质教育才能落实。而品德好、素质高、能力强的全面发展、敬业乐群的人才的增多，恰恰最能适应社会发展和市场经济的需要，推动文明的进步。

第三，教育事业要官办与民办相结合，两条腿走路，多种形式兼备，发挥全社会办教育的积极性，这样才有利于生命教育的发展。现代发达国家的一条先进经验，就是私立大学多于国立大学而且名校也多，如美国的哈佛大学、英国的剑桥大学与牛津大学、日本的早稻田大学。民间办学较少政府统一规则约束，可以更自主地发挥民间资源的优势和民间人士的创造性，形成特色名校。我国古代的民间书院重视中华文化的传授和人文精神的培养，既有推动学术文化传布的功能，又有普及教育于民间、与地方文化相结合的特点，应加以借鉴。

现在各地众多新式书院正在兴起，有的成为教育体制内的特区、有的运行于现行体制边缘、有的独立运作于民间社会，多姿多彩，展现了中华文化的活力和民间文化的创造力，成为现今中国国民教育的重要补充。它们可以率先把生命仁学落实为生命教育，为教育革新做出示范。香港民间团体法住学会推行"喜耀生命教育"，已在中国广东、香港和新加坡开花结果。北京"四海孔子书院"在冯哲院长带领下，在民间探索新的青少年教育之路，以中外经典为核心课程，全面兼顾人格培养、智能开发、礼仪德育、才艺训练，提升学生生命内涵，强调立志、尊师、求学、践行，重建以中国文化为主体的教育体系，取得了很大成功。

第四，运用仁学精神重建家庭教育。当代中国，家族体制已经过时，但家庭将继续存在。家庭是人生的起点和儿童第一学校，父母是儿童第一教师，人的性格与习惯往往取决于童年时代。孝悌为仁之本，爱人起始于爱亲。培养孩子的爱心是家庭教育的第一要务，并从孝道做起。孝悌为仁之本，孝道是传统美德的基础，儿童懂得爱双亲才可能进而爱他人；懂得事双亲才可能进而事社会；懂得承双亲才可能进而承大业。然而当下家庭教育已经变形，青年父母只养不教，甘为"孝子"，造成孩子自我中心意识；期望过度，强迫训练，窒息孩子活泼生机；校家一线，作息监督，断绝孩子社交往来。如此家教，不啻"揠苗助长"、"牢笼天性"，欲求儿童身心健康，其何能得！

新仁学主张父母与子女在平等互爱中共同成长，儿童在感受父母深爱的同时，也能爱父母并学会用行动感恩；父母对孩子的关注点从全是生活转变为身心兼顾、性情发育；儿童爱心从小事做起，帮父母做点家务、给来访亲友让座倒茶、为穷困之人捐款捐物、为社区老弱病残服务、爱护动物花木等，都应受到鼓励；保护儿童的一片天然纯真，尊重他们的兴趣、感受和交往，给他们自由成长的空间；父母想要孩子成为文明君子，自己首先做好文明君子，身教重于言教，处处都是表率；家庭和谐温馨，孩子便舒畅快乐，家庭争吵破裂，孩子便痛楚抑郁，父母之责大矣，能不慎乎。

现在社会上培训班很多，只培训学生，不培训家长，是一大缺失。为了下一代的健康成长，社会应建立许多家长学校，请儿童教育专家讲课，请优秀家庭示范，帮助青年父母学习家教。如果千千万万个家庭都能成为一所所小的学校，儿童教育就有了根基，社会的未来就充满了希望。

四、与当代文明对话的开展

在"地球村"时代，文明对话是化解民族宗教冲突、实现世界和平与发展的重要途径。然而有识之士提倡文明对话数十年来，文明对话步履维艰，阻力重重，成效甚微，它对国际政治生活中连续不断的争斗、对抗、流血，似乎发挥不了多少化解的作用。于是有人认为还是亨廷顿的"文明冲突论"比较现实，而"文明对话论"不过是一种难以实现的空想而已。然而，现实的未必是合理的，合理的早晚会成为现实的。

民族、国家、集团、文化之间的激烈纷争已有数千年的历史，形成强大惯性。而"地球村"的真正形成，若从两大阵营对峙消失算起，不过二十余年，多数人尚未能清醒意识到"天下一家"、"同舟共济"的时代已经来临，人类事实上已经成为利益共同体。"文明冲突论"从远处说是优胜劣汰社会达尔文主义的延伸，从近处说是冷战思维的继续，都已经落后于时代的步伐。可是，代表少数人利益的强权政治集团在有意加剧文明冲突，它们所激起的民族宗教极端主义的报复又在火上浇油，多数人的不觉悟和被蒙蔽、被煽惑，又使得强权主义和极端主义有一定市场，不愿退出历史舞台。

第二次世界大战的惨烈、冷战时期核战争边缘的危险、多次局部战争的两败俱伤、"9·11"恐怖袭击的猛烈震撼、金融危机的全面冲击、地球生态的频频告急，都在不断敲打着有理性的人类的神经，向人们发出警报，提醒各国掌权者，赶快联合，消弭仇杀，否则大家都将陷于困境和灾难。所谓"国家利益高于一切"，是一种顽固的偏见和极端的意识，因为它无视别国的利益，其危害性在于以国家利益为借口去损害他国，最终不能不损害自身。强权国家迷信实力，以为"强力无敌"。然而以力服人，压而不服，反遭抗击，陷于泥潭。

明智者约瑟夫·奈提出"软实力"的概念，开始重视道义的力量，其骨子里仍保留着"实力"的影子，很难消除。孟子提出"仁者无敌"（《孟子·梁惠王上》），其真理性长期得不到认可。然而事实已经并将继续证明，以德行仁者才可以服天下，因为有德者多助，强暴者寡助，孟子的理念必将成为新世纪人类的共识。

新仁学认为，人类共同利益是高于一切的，只有在谋取人类共同繁荣发展和相互协调中，才能真正体现各个国家的根本利益；时代不再允许零和单赢，只可能互利共赢。在这方面，孔子和儒学的"天下一家"的人类观与中和之道，最能体现"地球村"时代的需要而成为一种先进的新人文主义旗帜。

文明对话的最大障碍是极端主义的流行，它包括国家强权主义、民族宗教极端主义、种族排外主义、意识形态冷战思维，它们的共同特点是好勇斗狠，强调对立面的你死我活、不可调和，并采取各种非人道的残酷手段置对手于死地，宁可伤害大批无辜善良的平民而在所不惜。事实证明，各国利益之间存在的差异、矛盾和摩擦，只有通过协商、合作来解决，而互补搭配是最好的途径。相反，若被极端主义所绑架，便会走上邪路。极端主义是真正的魔鬼，只要它掌控了政权、族权、教权，便会把民众拖入厮杀相残的深渊。因此要实现文明对话，必须抵制极端主义的传染，增强各界对它的免疫力，使它不能兴风作浪。

新仁学能够在对治极端主义和推动文明对话中发挥积极作用。第一，它的天下一家的情怀使它容易超出民族国家的界域，而在世界各地流传，并受到欢迎。第二，它向各种文明展示的不是某种特定的信仰，而是不同信仰之间相互协调、和谐共生的智慧，即"和而不同"的文明原则，而这正是各种信仰最缺乏的能力。儒家仁学是一种社会德教，它有教（道德教化）而无会（教会组织），没有通常教会那样严密的组织系统，它不以发展教徒而以传布仁和思想为己任，容易为各教所接受。第三，它把"爱人"作为文明最高价值取向，既可以与各种宗教包含的博爱教义相沟通，又可以避免宗教原教旨主义把爱神与爱人割裂的消极作用。第四，它的中和之道是一种最合乎情理的温和主义，不偏不党，无过不及，善于折中、妥协、兼顾、包容，在它的影响下能使各种主义都温和起来，从而彼此渐行渐近。我们可以设想，如果儒家温和主义不断向外辐射，逐渐使资本主义温和起来（不再走帝国主义老路）、使社会主义温和起来（放弃革命）、使有神论温和起来（不再唯我独尊）、使无神论温和起来（不以反宗教为宗旨），各国政权、族权、教权都能掌握在奉行温和主义的稳健派手里，文明对话便可顺利进行，太平世界就能逐步实现，极端主义纵然想兴风作浪，也由于越来越孤立而影响不了大局。让温和主义在世界上流行起来，那么文明的多样性和差异性便不会造成人类的分裂，只会使人类的文化百花争艳，多姿多彩。

儒家在历史上与佛教、道教对话并进而会通，实现了三教合流，积累了丰富的经验。三教之同，同在劝善，北周道安《二教论》说："三教虽殊，劝善义一。"这是一条重要的共识。今日世界，信仰多元，只要以善为念、以生为本，都可以走到一起，形成正义力量的联合。

五、与当代生态文明的建设

农业文明的生产力低下，但它与自然环境的关系是温情友好的，它是一种自发的循环经济，它的轻微污染可以随时被自然界消纳。西方工业文明在创造巨大物质财富和推动科技飞速发展的同时，也带来自然资源的过度开发和自然生态的严重破坏，已形成全球性危机，并且危机还在日益加剧。森林在消失，物种在速减，大气、土地、河流、海洋在污化，淡水在枯竭，气候在变暖，冰山在融化，自然灾害在递增。古人随时可以享受的蓝天白云、青山绿水，对于今天人类已是一种被追逐的高级奢侈品。还有核污染时刻在威胁着人们的健康。美丽的地球已经变得千疮百孔。西方有识之士为此而忧虑，于上世纪中叶提出生态学理论，强调维护自然生态对人类生存的重要性迫切性，可以说这是一种被迫的觉醒。

中国是发展中的大国，经济社会的连续快速发展是以资源的过度损耗和环境的巨大破坏为代价的，生态危机比发达国家要严重得多，可持续发展面临严峻的挑战。为了使发展与环境相协调，我们提出建设"资源节约型"和"环境友好型"社会，转变发展方式，大力发展绿色经济，建设生态文明。

科学家指出，地球已进入"人类纪"时代，人类的活动正在成为影响和改变地球的主导力量，做得不好会使地球生态发生灾变甚至溃变，不可逆转；做得好，可以通过有效治理逐步恢复生态平衡，但地球留给人类的时间已经不多了，人类必须猛醒。

新仁学可以为生态文明建设提供宝贵的思想资源。它的生态观称之为"天人之学"，"天"代表自然环境，"人"代表社会人生。天人之学的基本理念是"天人一体"，其可贵之处在于它不是生态危机下被迫的应对，而是发自人性内部的真情和体认，具有人类童年率性之美德。

首先，它主张人对天要有敬畏之心。孔子说："畏天命"，"唯天为大，唯尧则之"。大自然是人类的慈母，同时也是严父，它爱养人类，又能惩罚人类的过错，它的力量是无与伦比的，作为大自然的儿女的渺小人类，能不对之敬畏吗？人与自然的关系有三变：工业革命以来的口号是"人要做自然的主人"；上世纪中叶以来新的口号是"人要做自然的朋友"；现在儒家更新的口号是"人要做自然的儿女"。

第二，它主张人对天要有报恩之情。《礼记·郊特牲》说："万物本乎天，人本乎祖，此所以配上帝也。郊之祭也，大报本反始也。"古人祭天祀祖，其用意在报天祖之恩，使人不忘本初。今日之报恩，除了纪念活动，便是爱护自然、美化环境、育养生命。如植树造林，保护物种，滋养水土，改良沙漠，减少排放，低碳生活等。

第三，它主张一种大生命观。宇宙是一个大生命，人是宇宙生命的组成部分，迷失者人为阻断了人与天地万物的有机联系，而仁者感受到与物同体，万物不在身外，"莫非己也"，因此爱心自然而然地传递到动植物乃至草木瓦石上，而不忍其遭到损害。有此同体之爱，才能从根本上端正人类对自然的态度，它不是功利性的，而是天性的真诚流露，是本当如此。

第四，它主张人在自然面前应当有所作为，其作为不是"胜天"，而是"补天"。老子讲"辅万物之自然而不敢为"（《老子》第六十四章），提出一个"辅"字；《中庸》讲"赞天地之化育"，提出一个"赞"字，都是助天之义。自然界不是完美的，人有责任改良它，使之正常运转。张载进而提出"为天地立心"，自然界本来无心，人就是它的心，要自觉承担起对宇宙的责任，就是按自然规律办事，使自然界保持生态多元平衡，能够健康发育流行，这也就是《中庸》所说的"致中和，天地位焉，万物育焉"。

第五，它把"天人一体"的生态观落实到人与自然交往的行为上，提出许多切实可行的生态文明规则。例如孔子说："天何言哉，四时行焉，百物生焉。"主张"钓而不纲，弋不射宿"；孟子说："亲亲而仁民，仁民而爱物。"主张"数罟不入洿池"、"斧斤以时入山林"（《孟子·梁惠王上》），皆反对杀鸡取卵、竭泽而渔，体现对生态和资源的保护。荀子认为："万物各得其和以生，各得其养以成。"人应以清醒之心、顺应自然的规律来养生用物，而不可胡作妄为。

源自《吕氏春秋》十二纪纪首的《礼记·月令》，乃是一篇根据儒家"天人一体"思想从实践中总结出来的，政令与月令相结合的古代农事活动和保护生态的管理守则。如孟春之月，"天地和同，草木萌动"，"禁止伐木"，"毋杀孩虫、胎夭飞鸟"，"毋可以称兵"；仲春之月，"毋竭川泽，毋漉陂池，毋焚山林"；季春之月，"命野虞无伐桑柘"；孟夏之月，"毋起土功，毋发大众，毋伐大树"；季秋之月，"草木黄落，乃伐薪为炭"；孟冬之月，"乃命水虞渔师，收水泉池泽之赋，毋或敢侵削众庶兆民"；季冬之月，"乃毕山川之祀"，"命农计耦耕事，修耒耜，具田器"。古代政府机构专设"虞人"一职，掌管山泽、草木、鸟兽，禁止乱捕滥伐。上述具体规则有时代的局限性，但其强烈的生态意识与环境关怀是值得我们学习的。

生态文明建设是全社会的事，我们应当在会通中西生态哲学观的基础上，逐步建设生态经济学（论述经济发展与环境的关系）、生态政治学（论述国家管理、国际政治与生态的关系）、生态伦理学（论述道德向生态的拓展）、生态美学（论述审美与生态的关系）、生态教育学（论述国民生态意识和生态学人才的培养）等。新仁学认为，在工业文明之后兴起的更高级的文明将是生态文明，它借助并超越现有文明的成果，向大自然回归，其基本特征是经济社会发展与人性的提升与环境的优化同步进行，并形成良性互动，这真正是人类的福音。

儒家文化与社会主义核心价值观

牛廷涛（中国孔子基金会副秘书长，以下简称"牛"）：牟先生，您好！非常感谢您能在百忙之中接受我们的采访，这次采访的主题是"儒家文化与社会主义核心价值观"。2014年2月12日，《人民日报》、《光明日报》、《解放军报》、《中国青年报》等主流报纸和媒体正式公布了社会主义核心价值观的基本内容，即"富强、民主、文明、和谐，自由、平等、公正、法治，爱国、敬业、诚信、友善"，并在学术界引发了广泛的讨论。您作为一位研究中国哲学的资深学者，对于社会主义核心价值观基本内容的公布有什么看法？

牟钟鉴（以下简称"牟"）：社会主义核心价值观基本内容的公布是我党的重大举措，也是值得全社会关注的重要的事情。它的提出有一个过程，早在2012年11月召开的中国共产党第十八次全国代表大会上，它的雏形就已经提了出来。胡锦涛同志在十八大政治报告中指出，要加强社会主义核心价值体系建设，深入开展社会主义核心价值体系学习教育，用社会主义核心价值体系引领社会思潮、凝聚社会共识。"倡导富强、民主、文明、和谐，倡导自由、平等、公正、法治，倡导爱国、敬业、诚信、友善，积极培育社会主义核心价值观。"2013年12月，中共中央办公厅印发了《关于培育和践行社会主义核心价值观的意见》，就培育和践行社会主义核心价值观的指导思想、基本原则、基本要求等提出具体意见。2014年2月10日，由中共中央办公厅印发的《关于培育和践行社会主义核心价值观的意见》单行本正式出版发行。同年2月12日，用二十四个字高度概括的社会主义核心价值观的基本内容，在主流报纸和媒体正式发布。

回顾社会主义核心价值观基本内容的提出过程，我们可以看出，它是我党在经过长期的思考与酝酿，并广泛征求了社会各界的意见与建议后才正式提出来的，这是深思熟虑的结果，也是全国人民所期待已久的事情。

牛：您认为这二十四个字对社会主义核心价值观的基本内容概括得如何？

牟：2013年5月22日《人民日报》刊登了一篇文章，名为《深刻理解社会主义核心价值观的内涵和意义》，其中提到，社会主义核心价值观的基本内容可以分为三个部分："富强、民主、文明、和谐"，是我国社会主义现代化国家的建设目标，也是从价值目标层面对社会主义核心价值观基本理念的提炼。在社会主义核心价值观中居于最高层次，对其他层次的价值理念具有统领作用。

"自由、平等、公正、法治"，是对美好社会的生动表述，也是从社会层面对社会主义核心价值观基本理念的提炼。它反映了中国特色社会主义的基本属性，是我们党矢志不渝、长期实践的核心价值理念。

"爱国、敬业、诚信、友善"，是公民基本道德规范，是从个人行为层面对社会主义核心价值观基本理念的提炼。它覆盖社会道德生活的各个领域，是公民必须恪守的基本道德准则，也是评价公民道德行为选择的基本价值标准。

从总体上讲，这二十四个字的基本内容，实际上是在充分吸收社会主义基本理论与中国传统文化精华的基础上概括出来的，是时代精神与优秀传统文化相结合的结晶。

社会主义核心价值观与中国传统文化

牛：您刚才提到，社会主义核心价值观的基本内容充分吸收了中华优秀传统文化，您能不能就这一点详细谈一谈？

牟：这一点实际上是非常明显的。最近几年以来，习总书记有一系列关于中国传统文化的论述，充分显示了我们党和国家领导人对优秀中国传统文化的重视，而这二十四个字的社会主义核心价值观基本内容，也充分体现了这一点。

据《人民日报》2014年2月25日报道，中共中央政治局2月24日下午就培育和弘扬社会主义核心价值观、弘扬中华传统美德进行第十三次集体学习，习总书记发表了重要讲话，其中就提出了"培育和弘扬社会主义核心价值观必须立足中华优秀传统文化"。讲话中还指出，"要认真汲取中华优秀传统文化的思想精华和道德精髓，大力弘扬以爱国主义为核心的民族精神和以改革创新为核心的时代精神，深入挖掘和阐发中华优秀传统文化讲仁爱、重民本、守诚信、崇正义、尚和合、求大同的时代价值，使中华优秀传统文化成为涵养社会主义核心价值观的重要源泉"。习总书记提到的仁爱、民本、诚信、正义、和谐等，都是中国传统文化的根本精神。

牛：我们知道，中华传统文化内容丰富，博大精深，汉以前有儒、墨、道、法等诸子百家，汉以后又有儒、释、道三教鼎立，社会主义核心价值观的基本内容主要吸收了其中的哪些因素呢？

牟：虽然中国传统文化内容极为丰富，可以说是学派林立、思想多元，但无论汉以前还是汉以后，对中国传统文化影响最大的却是儒家。从某种意义上讲，儒家文化是中国传统文化的主体。

儒家文化有不同的形态，有先秦儒学、两汉经学、宋明理学乃至当代新儒学等，但孔子是儒家学说的创立者，他的思想对于中华民族成为牢固的文化共同体起了凝聚中心和导向的作用，正是从这一意义上，我提出"孔子是中华民族的精神导师"，这一说法能很好地概括孔子在中华传统文化中的地位。

今天，我们谈社会主义核心价值观，离不开儒家文化、离不开孔子精神。因此，我认为，以上二十四个字的社会主义核心价值观的基本内容，对孔子的精神吸纳得最多，习总书记提到的仁爱、民本、诚信、正义、和谐等，这都是孔子的思想。

社会主义核心价值观与儒家文化

牛：正如您所说的，您对孔子有高度的评价，称其为"中华民族的精神导师"，这一点我也非常赞同。但孔子对中华传统文化到底有哪些具体的贡献呢？

牟：孔子集五帝三代之大成，在整理阐释五经的基础上，创立仁礼之学，为中华民族的发展确立了仁和之道的人本主义精神方向，为社会人生提出普世道德价值标准，形成民族的文化血脉、基本性格和文化基因，故其在百家中脱颖而出，成为显学，尔后成为中华文化主导思想，形成中华民族的核心价值，即中国人所说的"道"：用两个字表述，是"仁和"；用三个词表述，是"仁义、民本、贵和"；用四句话表述，是"天人一体、仁爱忠恕、和而不同、礼义诚信"；用五个字表述，是"仁、义、礼、智、信"；用六短句表述，是"讲仁爱、重民本、守诚信、崇正义、尚和合、求大同"。

孔子把尧舜时代治国理政优良传统如"克明俊德"、"协和万邦"、"民惟邦本，本固邦宁"，和夏商周三代尤其周代的好传统如"皇天无亲，惟德是辅"、"明德慎罚"等继承下来，用仁和之学加以提高，又经过孟子、荀子和汉儒的加工，遂形成"五常"、"八德"的基本道德体系。"五常"，乃人生常道，人人须臾不能离。"八德"，是"五常"的扩展，而以忠孝为核心。

"五常八德"不同时期有不同解释，但本质属性是永恒的。表现在人生态度上，就是修己以安人，以天下为己任，富贵不能淫、贫贱不能移、威武不能屈。表现在治国理政上，就是导之以德、齐之以礼，为政以德，民生为本，正己正人，礼法合治，德主刑辅，用贤纳谏，廉洁奉公，政通人和，居安思危；表现在经济生活上，就是见利思义，诚信为本，富民均平，重农扶商，开源节流；表现在国防军事上，就是仁者无敌、义兵必胜，智勇双全，足食足兵民信，有文事者必有武备；表现在国际外交上，就是协和万邦，讲信修睦，礼尚往来，近悦远来，化干戈为玉帛；表现在文化和文艺上，就是和而不同，文以载道，尽善尽美；表现在民族宗教上，就是华夷一家，因俗而治，敬鬼神而远之，神道设教；表现在教育上，就是有教无类，因材施教，仁智勇兼修，学思并重，启发式教学，教学相长；表现在人与自然关系上，就是敬畏自然，天生人成，赞天地之化育，仁者与天地万物为一体；表现在社会理想上，就是小康大同，天下为公，选贤与能，四海一家。

牛：社会主义核心价值观有哪些是吸收了儒家文化或者说是孔子精神呢？

牟：若仔细分析一下，二十四个字的社会主义核心价值观基本内容几乎都与儒家文化或者说孔子的精神有关，只是有的关系直接一些，有的关系间接一些。在"富强、民主、文明、和谐"中，民主、和谐与儒家关系极为密切，民主与民本有内在的关联，文明是儒家一贯的追求，其话语见于《易传》。提倡和谐、以和为贵则一直是孔子或儒家的基本精神；在"自由、平等、公正、法治"中，平等、公正与儒家关系较为密切，孔子的"恕"道，强调尊重人、体谅人，颇具平等精神，他还第一次提出了"有教无类"的思想，实现了教育上的平等。儒家"五常"之道中的"义"，其基本的意义就是公正；在"爱国、敬业、诚信、友善"中，这四个方面都是儒家所提倡的，尤其是其中的诚信与友善，更是儒家根本精神的体现。孔子思想的核心是仁或仁爱，而爱人就要"成人之美"、"与人为善"，只有一个具有仁爱之心的人，才能真正以友善的态度来处理人与人、人与社会以及人与自然的关系。广义地说，公正、平等、诚信、和谐等都要建立在仁爱的基础上。

孔子仁爱精神的当代价值

牛：牟先生，您说得太好了，刚看到社会主义核心价值观的基本内容，我还在想，作为中国传统文化主体的儒家，最提倡仁爱的精神，怎么没有在里面体现出来呢？经过您的以上解释，我总算明白了。实际上，友善讲的就是仁爱，只是换了一种不同的说法，其实质是一样的。那么，您能不能谈一谈孔子仁爱精神的当代价值？

牟：我曾经把儒家仁学划分为仁爱之道、仁恕之道、仁和之道三个方面，下面就分别来谈一谈这三个方面的当代价值。

一、仁爱之道。孔子仁学的根本宗旨是"仁者爱人"，但孔子的仁爱与基督教的博爱不同，它不把爱人视作神的教诲，而归结为人的善性。人人生活在群体之中，彼此同情和关心是世代传承的文化本性，这种本性，儒家又称作"良知"。推行仁爱最切实可行的方法是从自己做起，发现和培育良知，自己拯救自己；从身边做起，由近及远，爱父母亲人，爱社会他人，爱天下人类，爱宇宙万物。

二、仁恕之道。孔子仁学的忠恕之道给儒家的仁爱信仰植入了平等、互尊的要素，从而具有了摆脱等级制度的力量，也能够超越文化征服的局限，为当今多元文化实现和谐共生提供最合理的文明路径。忠道就是"尽己之心"帮助他人，恕道就是以"推己之心"体贴他人。孔子讲过："己欲立而立人，己欲达而达人"，"己所不欲，勿施于人"。孔子仁学的现代价值在于，己所欲是欲他者自立，欲他者发达，而不把自己的价值观念和生活方式强加于人；强调将心比心、体谅人和尊重人，不赞成强迫的爱，而提倡互尊、自愿的爱，信仰的真爱靠感动别人来传播，正义的信仰应当有这种自信。

三、仁和之道。孔子仁学的"中和之道"体现了儒家处理社会矛盾的基本态度和风格。"中和之道"的基本要求是尊重多元、包容差异、行事稳健，它能保持和推动人类文化生态的多样性、丰富性、交融性的健康进程，可以避免文化威权和极端主义带来的灾难。

孔子的伟大不仅在于他为文明人确立了修仁德、安百姓的人生追求，为文明社会确立了行礼义、均贫富的理想，还在于他为文明人类确立了协和万邦、共致太平的目标，在族群和文化关系上提出具有普世价值的"和而不同"的文明原则。这是一种为当今人类所缺乏的伟大智慧，人类要想真正摆脱野蛮、避免互相残杀、全面步入文明，只有向伟大的孔子学习，用"和而不同"的文明原则协调彼此的关系，才能建立友爱的新型国际秩序，实现许多思想家提出的博爱的理想。

以上三个方面体现了建立在儒家仁爱基础上友善的原则，只有用友善的态度去处理人与人、人与社会、人与自然乃至国家与国家、宗教与宗教等之间的关系，才能最终保持人类的和谐共生与世界的和平发展。人类已经是命运共同体，而有些利益集团仍在损人互斗不已，危害着世界的和平与发展，儒家"友善、互尊、和谐"之道正是人类命运共同体所需要的普遍性道德原则。

牛：您刚才谈到了和谐，社会主义核心价值观基本内容中恰好就有和谐，那么，儒家的和谐精神具体体现在哪些方面呢？

牟：儒家思想的发展，贯串着一条红线，便是贵和的哲学，主张多样性事物之间应当和谐相处、互补共进，不应当对抗冲突、你死我活，人与人之间、人与自然之间皆当如此，因为宇宙和人类是一个整体，天下如一家、社会如一身，彼此痛痒相关、休戚与共。

多样性事物之间的差异和矛盾当然是普遍存在的，但对待和解决矛盾的态度与方式应当是包容的、文明的，即共生共处、合作两利。儒家赞成包含着多样性、协调性的"和"，反对单一化、一言堂的"同"，因为"同"不符合客观事物的本性，是行不通的，也会带来争斗和破坏。

《国语·郑语》说："夫和实生物，同则不继。"这是从发生学上肯定了"和"的哲学意义。春秋时期晏婴将"和"的哲学从烹调、音乐推到社会政治，认为君臣关系不仅是命令与服从，还应有不同意见，相异而相济，这就是"和"，由此才会有良好的政治。

到了孔子，总结以往"和同之辨"，明确提出"君子和而不同，小人同而不和"（《论语·子路》）的命题，"和而不同"于是成为一个社会文化的伟大原理。它的内涵至少具有以下要义：一、承认事物的多样性和差异性；二、承认每一种事物都有其特殊的属性和价值；三、人们之间要互相尊重；四、避免冲突与对抗，实行和平共处之道。"和而不同"的原则可以有多种体现，不同事物、不同意见有时可以并行不悖，有时可以相异相成，有时也可以相反相成。

因此，"和而不同"的理念是理性的、人道的、开放的、宽容的、平等的，因而与现代文明精神完全能够相通，它是一种大智慧，对人类社会的发展有重要指导意义。

孔子弟子有若说："礼之用，和为贵。"乐和同，礼别异，但别异之礼以和谐人群为贵，不是要割断不同族群之间的密切联系。《中庸》说："和也者，天下之达道也。"认为"和"是社会发展的普遍真理。它还说："君子和而不流"，"万物并育而不相害，道并行而不相悖"。"和"是有原则的，人们不能与歪风邪气同流合污，而各种健康的生命和文明的理念都可以共生共进。

《易传·乾卦·象传》提出："乾道变化，各正性命，保合太和，乃利贞。"认为阴阳之道在于使万物各尽其性、各得其所，从而相依共成一体，这就是"太和"的理想状态。它还提出"天下同归而殊途，一致而百虑"，坚信人类社会可以经由不同的道路最后走向大同世界，"同归"与"殊途"，"一致"与"百虑"是相辅相成的，这就把多样性与一体性统一起来了，从而形成宽容的文化战略，给予诸子百家以广阔的发展空间。其后宋儒提出"理一分殊"的思想，从哲学的高度概括了中华文化多元一体的格局。近代则有谭嗣同提出"仁以通为第一义",强调中外通、上下通、男女内外通、人我通,把经济、政治、文化的交流沟通作为实现国内外和谐发展的必由之路,这就是"通和"的思想。

近现代许多学者,在儒家"仁爱通和"思想指导下,提出"贯通古今、融合中西"的文化战略,这是孔子"和而不同"思想的当代发展,它说明中华民族有着兼收并蓄的气概和综合创新的能力,能够在开放中走和平发展的道路。

牛:那么,提倡与弘扬儒家的和谐精神,对于我们当前社会来说,又有什么价值呢?

牟:今天我们提倡儒家的贵和哲学,发扬孔子思想中的和谐精神,主要有以下几个方面的时代价值:

一、促进人与自然之间的和谐

儒家的宇宙观从一开始就是天人一体、宇宙一家的,它是一种早熟的生态哲学。儒家习称"自然"为"天",孔子赞美"唯天为大,唯尧则之";孟子提倡"亲亲而仁民,仁民而爱物";《易传》说"夫大人者,与天地合其德,与日月合其明,与四时合其序"(《易传·乾卦·文言》);《中庸》提出"可以赞天地之化育,则可以与天地参矣";程颢说"仁者以天地万物为一体,莫非我也"(《识仁篇》);张载认为"民吾同胞,物吾与也",人生的最高理想是"为天地立心,为生民立命,为往圣继绝学,为万世开太平"(《张子语录》);朱熹说"天便脱模是一个大底人,人便是一个小底天"(《朱子语类》);王阳明说"大人者,以天地万物为一体者也"。

总起来说,儒家的天人观是整体性的大生命观,宇宙是一个超型大生命,人是宇宙的产物,他应该像爱护母亲和家园一样爱护自然,像爱护兄弟姊妹一样爱护万物;要自觉担当"天地之心"的责任,做事天、补天的事,不做逆天、损天的事;人与自然不仅是朋友,而且是亲人,人对自然的依存度是很高的。我们如能培育和增进儒家这样的天人智慧和博爱情怀，必将大大促进我国生态环保事业的蓬勃发展，从而不仅造福于当代，而且延福于子孙后代。

二、促进国家与国家之间的和谐

儒家的人类观是天下一家。孔子认为"四海之内皆兄弟"，他所提出的"忠恕之道"与"和而不同"，不仅适用于一国一族之内，还要推之于国际、族际，成为世界普遍性人际原理。

现在最难也最迫切的事情是突破国家和民族的界限，把平等、宽容、互尊、互助实现于国家关系和民族关系之中，而实现这一突破的关键是强势国家和民族抛弃大民族主义观念，把弱势国家和民族真正当成亲人和兄弟，推己及人、将心比心，尊重别国别族对自己发展道路的独立选择。

儒家经典早就强调国家对外的方针要"讲信修睦"、"协和万邦"，如有冲突要"化干戈为玉帛"，实现和发展平等友好往来。儒家一向反对"以邻为壑"、"乘人之危"，认为"和则两利，分则两损"。儒家的这些思想在人类相互依存性空前增加的今天，更显现出它的真理性和价值。

儒家也看到国家、民族之间发展的不平衡性及大国强国的主导作用，但认为大国要得到尊重和安定天下，不能仅凭军事实力，还要拥有道义的力量，实行"以德行仁"的王道，则"得道多助"，天下心悦诚服；反之，实行霸道，一味以力欺人，则"失道寡助"（《孟子·公孙丑下》），导致众叛亲离。德、日法西斯的覆灭，当代霸权主义的碰壁，都在从反面证明儒家的世界和平之道才是光明之道。

三、促进社会各阶层关系的和谐

儒家在历史上受宗法制度的限制，在其礼学中有等级观念，表现出贵族意识，如强调君权、族权和夫权，这是应该加以剔除的。但儒家也有非常可贵的民本思想，虽然不能与当代民主思想等同，却应该视作在中国实现民主的重要资源。孙中山的三民主义就是古代民本主义和近代西方民主主义的结合。

孔子主张"为政以德"，其重要表现便是惠民富民，"博施于民而能济众"，"节用而爱人"（《论语·学而》）。孟子进一步提出"民为贵，社稷次之，君为轻"，要"保民而王"（《孟子·梁惠王上》），实行仁政，重视民生，为民兴利除害。荀子把君比为舟，把庶人比为水，"水则载舟，水则覆舟"（《荀子·王制》），故治国者要"平政爱民"（《荀子·王制》）。儒家经典《尚书》中早就提出"民惟邦本，本固邦宁"，把民众的信任看作国家政权的基础。历代凡是能重视民生民意的政权，便发达兴旺；反之，凡是虐民困民的政权，必然发生危机以至于灭亡。

儒家还很重视纳谏采风，以便实现政通人和。孟子说"唯大人为能格君心之非"（《孟子·离娄上》），提倡下对上的直言批评；并主张在用人时要尊重民意调查，"左右皆曰贤，未可也；诸大夫皆曰贤，未可也；国人皆曰贤，然后察之；见贤焉，然后用之"，撤换和惩处官员亦复如是，民之所好好之，民之所恶恶之，这样可以保证上下一心，社会和谐有序。

我们今天进行民主与法制建设有一个过程，要逐步扩大各阶层和广大民众参与政治活动的范围和程度，加强自下而上的民主监督。凡事皆要有助民生、顺应民意、广采民智，则政治文明会有较快的进步。在这个过程中，认真吸取先人的政治智慧是十分有益的。

四、促进不同文化之间的和谐

中国自古就是一个多民族共生互动的国家，古代文明是多元起源，又不断向中原地区汇聚，再从中原地区不断向四周辐射的反复进行的创造过程，它既是多元的，又有凝聚的中心。

作为中华民族集合核心的华夏族和后来的汉族，它本身就是多民族融合的产物。儒家推崇的圣人，许多是出身于少数民族，如舜生东夷，禹出西羌，周文、武源自西戎，只要能代表先进文化，便为中华民族共同尊崇。

费孝通先生把中华民族的格局称之为"多元一体"是十分精辟的。所谓"多元"，是指民族众多，文化各异；所谓"一体"，是指多种民族有共同的文化基础，有共同的族群认同，有共同的历史命运，相互渗透和依赖，不可分割。从古到今，各民族都为中华民族的统一和繁荣做出了贡献。

在文化上，由儒道互补，进到儒佛道三教鼎立与合流，形成中华民族传统文化的核心。三教文化以其强大的辐射力，影响到各民族的信仰和文化；各民族又以各自独特的信仰和文化丰富了中华民族的传统文化。由于儒家"厚德载物"的宽厚品格，中华民族不仅在历史上不断吸纳了众多的外来文化，使中国成为一个世界文明的重要交汇之地；而且近代中国落伍以来，中国人又以开放的心态到西方去寻找真理，努力学习各种先进文明。经过几百年的努力，现在中华步入迅速复兴之途，现代化事业取得巨大成功。中国成为东方传统优秀文化、西方现代文化和社会主义文化交相辉映的国家。

有中国特色的社会主义社会，在思想文化上绝不是一个清一色的社会，而是文化多元和谐的社会。在政治上坚持社会主义方向，维护国家法律法规的统一性和尊严；在文化上实行"百花齐放、百家争鸣"的方针，把主导性与多样性、先进性与广泛性结合起来，给各种民族特色文化和外来健康文化提供广大宽松的环境，使中国成为集人类文化瑰宝之大成的多姿多彩的"百花苑"和文明对话的胜地。而民族传统文化是根本，返本开新，综合创造，它不仅造福于中国，亦将造福于世界。

五、促进家庭内部的和谐

俗话说："家和万事兴。"家庭和谐是人生的幸福，也是社会和谐的要素。重视家庭和亲情是中国文化的传统，更是儒家的传统。儒家把婚姻家庭看作两性生命的结合与族群生命的延续；家庭作为整个国家民族的基本单位，又担当着培育人才、传承文化、稳定社会的功能，所以家庭的意义是重大的。

儒学的婚姻家庭观有许多精华，值得我们继承和发扬。其一是重视亲情，在两代人之间提倡父（母）慈子（女）孝，互相关爱。父母慈爱子女不仅出于天性，又有传统的深厚积累，看来无须提倡。子女孝顺父母是传统美德，但容易减弱和丧失，需要培养和提倡。现代社会中父母往往不缺吃穿，而缺少与子女的团聚，空巢家庭越来越多，老人的亲情得不到满足。一曲《常回家看看》得到社会热烈的欢迎，说明人们在呼唤孝道，尤其呼唤精神情感方面的孝道。

其二是重视夫妇之情，强调夫妇同体，百年好合，互敬互爱，互相忠诚，白头到老。朱熹说："夫妇和而家道成。"（张伯行《续近思录》）夫妻是家庭得以成立的基础，有夫妻然后有父子，家庭可以无子女，不能无夫妻。

现代社会受到时代潮流的冲击，夫妻关系越来越不牢固，离婚率不断攀升，婚外情经常发生，单亲家庭日益增多，造成许多社会问题。恋爱自主、感情第一、男女平等、离婚自由，这些都是社会进步的表现。但结婚草率、感情不专、离婚轻率，也不是好现象，不仅给双方带来痛苦，也给子女造成心灵创伤。

按照儒家传统观念，夫妻之间不唯有情，还有恩义，班昭《女诫》说："义以和亲，恩以好合"，"夫妇之道，参配阴阳，通达神明，信天地之弘义，人伦之大节也"，因此应当严肃对待。夫妻以情合，成立家庭，生育子女，便有恩义积累、便有责任在肩，不能由浅薄的感情变化去喜新厌旧。如果缺乏道德责任感和恩义之心，便不要成立家庭，否则一合一分，会给对方造成极大伤害。

牛：习总书记在山东讲话中提到了儒家的君子人格，您也在相关文章中多次强调，要培育和践行社会主义核心价值观，每个人都必须严格要求自己，养成儒家式的君子人格。您能不能就这一问题再谈一谈？

牟：习近平同志在山东讲话中说："儒家推崇君子人格，讲'君子喻于义'、'君子坦荡荡'、'君子成人之美'、'君子义以为质'、'故君子莫大于与人为善'等等。"这段话很重要。

孔子是至圣，是万世师表，如司马迁所云："虽不能至，然心向往之。"对于多数人而言，比较现实的做人目标应当如孔子所倡导的那样，争做新时代的君子，而不要做小人。君子是有德者，既有益于社会和他人，也使自己过得有尊严、有意义。

根据孔子论君子人格的言论，我概括为"君子六德"：一要有仁义，立人之基。"君子以仁存心"、"君子义以为上"，即心地善良、关心别人，而且行为端正、见利思义，如孟子所说："居仁由义。"心要有温度，不要变冷，更不能变黑。

二要有涵养，美人之性。"君子尊德性而道问学"（《中庸》），"君子道者三，我无能焉：仁者不忧，知者不惑，勇者不惧"（《论语·宪问》），"文质彬彬，然后君子"（《论语·雍也》），即要以修身为本、知书达理、人格健全、忠厚待人、气质高雅、行事有度。

三要有操守，挺人之脊。"君子和而不流"、"临大节而不可夺，君子人也"（《论语·泰伯》），即要坚守正道、是非分明、矢志不移、不与歪风邪气同流合污。

四要有容量，扩人之胸。"君子和而不同"、"君子尊贤而容众"、"君子以厚德载物"，即要心胸宽阔、尊重他人、讲究恕道、包容多样。

五要有坦诚，存人之真。"君子坦荡荡"、"君子必诚其意"，即要诚信做人、表里如一、直道而行、光明磊落。

六要有担当，尽人之责。"君子以自强不息"、"仁以为己任"，即要有责任心和使命感、立志远大、勇挑重担，为中华民族伟大复兴做出贡献。

儒家思想与中国宗教的特色
——牟钟鉴先生访问记

时间：2012年5月6日
参与者：中央民族大学教授牟钟鉴（以下简称"牟"）
　　　　北京大学哲学系教授干春松（以下简称"干"）

我走近儒学之路

一、北大求学的人与事

干：我记得您是冯友兰先生的学生吧？您在中国哲学和中国宗教研究领域均有很大的建树，与您长期跟随冯友兰先生、任继愈先生等前辈学习有很大的关系吧？

牟：1962年我读中国哲学史方向研究生，那一年这一方向就招两个学生，一个是金春峰、一个是我，就我们两个人。冯先生是中国哲学史教研室主任，负责给我们两个做指导。所以在这个意义上，冯先生是我的老师。但是具体分到指导论文，是任继愈先生指导的。

干：任先生？

牟：任先生具体指导我研究生论文。

干：您是哪年到哪年在北大学习？

牟：我在北大本科是从1957年到1962年，哲学本科是五年制，后来改为四年了。研究生是从1962年到1965年，正好是"文化大革命"前夕，所以我在北大是八年的时间。

干：那时候任先生还在北大？

牟：还在北大。

干：他是哪年到的？

牟：他一直在北大做教授，后来到1964年。毛泽东1963年有一个关于要研究宗教的批示，这个批示表扬了任继愈。这你们知道吧？

干：我知道。

牟：这个批示说，世界三大宗教基督教、佛教、伊斯兰教影响着广大人口，而我们却没有知识（这是毛泽东说的，我觉得"我们"是指中国共产党，当时对宗教没有知识），国内没有一个马克思主义领导的研究机构，不批判神学就写不好哲学史、文学史和世界史。并说任继愈几篇研究佛教的文章"有如凤毛麟角"。有了这个批示以后，1964年任继愈就受命组织成立世界宗教研究所，这是除了宗教界的研究机构以外，在社会科学领域成立的第一个宗教研究机构。1964年宗教所筹备处成立以后，任继愈做研究所的常务副所长，他的工作重心就开始转移了。

干：原来所长是谁？

牟：所长是陆平，原来研究所设在北大，但陆平不管具体事务。

干：陆平是北京大学的书记吧？

牟：不是，他是校长，顶替马寅初校长。我1957年到北大念书的时候，马寅初是校长。1958年陆平就来做校长了。当时的书记叫江隆基，后来去了兰州大学。任继愈在筹备宗教所以后，工作重心发生了转移，用很多的精力从事宗教所的建设，但是他的北大教授的名义没有变化，还仍然在主编《中国哲学史》。到1964年宗教所成立以后，从各方面招人，通过组织部、宣传部调了一些骨干，形成一个五人领导核心，其中除了任继愈以外，还调来一个书记叫阎铁，是天津宗教局的一个处长。还有郭朋。

干：郭朋我知道。我在社科院工作的那个阶段，郭先生还经常出版著作。

牟：还有赵复三。

干：这个名字就更熟悉了，20世纪80年代还担任过中国社科院的副院长。

牟：当过社科院的副秘书长。还有黄心川。这个班子实际上是以北大哲学系东方哲学教研室作为主要班底，整个转移到研究所了。成员还有金宜久、戴康生、谢雨春、乐峰，老先生朱谦之也跟着过来了，然后从外面调来一些人，这样就形成一个以五人为核心的群体。当时调进来的有北大哲学系、历史系，还有外地大学外语系的一批毕业生，因为搞世界宗教需要外语人才。主要引进哲学、历史学、外语这三个专业的本科毕业生，像杨曾文、李富华、吴云贵都是第一批。这样在"文化大革命"前夕，组成了大约有三十个人的研究所，并转到中国科学院哲学社会科学部，是整个学部人数最少的所。宗教所成立以后，实际上没有做什么具体工作，因为当时忙于搞"四清"，没有大规模开展研究工作，接着就是"文化大革命"。

干：我的理解就是说，1964年成立的时候，宗教所是归北大领导的？

牟：它是归北大的，开始就在北大里边。

干：然后，1965年以后划到哲学社会科学部？

牟：我去的时候已经是第二批。

干：您是毕业以后就去了？

牟：我毕业了以后等分配，等了半年，给北大干了一点事情，做一点党委委托我们的事，然后到了1966年4月我去所里报到，5月"文化大革命"开始了。那时候我们一起去的三个研究生，其中有高宣扬。

干：后来去法国的那个？

牟：对，还有李冀诚，是中央民族学院研究班的，研究藏传佛教的。三人报到后就遇上"文化大革命"，所以宗教所正式开始工作，是改革开放以后。

干：就说从1966年4月您去报到，到1976年实际上没有从事研究工作，而是一直在搞运动，或者说被搞运动。

牟：一般讲是"文革"十年。但是我们不到十年便开始做点业务工作了。1966年去的时候，搞"文化大革命"，什么业务都搞不了，这是肯定的。1969年到1972年下放到河南信阳地区的息县，原春秋时期的息国，去了息县的一个干校，一边劳动、一边搞清查"五一六"运动。这一段历史，如果你想了解，目前唯一公开出版的就是钱锺书的夫人杨绛写的《干校六记》。

干：我读过，钱锺书先生搓麻绳给我印象很深。

牟：那就是我们的干校。

干：俞平伯先生也在那里，是吧？

牟：全都是老先生，全都赶下去了。钱锺书是邮差，我们很羡慕他，不挨整，也不用去参加运动。其他一些老先生都下去了，文学所、哲学所一些老先生也都下去了。后来老学者分批先返回北京。到1972年夏，学部全体人员都回到北京了，周总理做了指示要学部回来。回来以后继续搞运动，也不允许你写东西，但是你底下可以偷着写。大多数人做"逍遥派"，所谓"逍遥"就是什么也不说也不做，只拿工资不干活，实际上很苦闷。到1974年，当时正好吕大吉先生从中央民族学院调到世界宗教研究所，1975年我们开始编《马克思恩格斯列宁斯大林论宗教》，吕大吉是编书主持人，我在所的党支部给予支持。

所以严格地讲，不是十年，运动从1966年到1974年，八年以后，提早两年开始进入业务，是我们主动地、自觉地开始工作，不是被布置什么工作。当时我们把马克思、恩格斯、列宁、斯大林的全集，以及他们相关的论文，一些比较专业性的论文和语录，都做了一个全面的调查，编了一本《马克思恩格斯列宁斯大林论宗教》。

干：这书后来出版了，但我不知道是你们编的。

牟：中国社会科学出版社出版的。

干：就是你们做的？

牟：就是我们做的，1975年就开始做，1979年正式出版，后来有很多其他人做的关于马列经典论宗教资料集都是以我们这本书为基础，后来有好几本。我们应该是耽误了八年的时间，但是这段时间，从今天来看，好处是使我们成熟，这是一种积累了，虽然是个灾难，但是也会转化为一种精神财富。

干：我想回过来问一下，您是1962年至1965年在北大读研究生，之前您在北大上本科。我们现在也经常跟学生聊天，他们总的感觉你们那个时代出的人才也多，不光是北大，人大也是，1956、1957年等那些年代上学的学生特别有能力。您觉得那时候北大的教育，除了名师荟萃外，从本科生教学或者说包括带研究生的那些老先生，您觉得有什么特别值得现在的教育学习的地方吗？

牟：我们1957级有个特殊性，就是高考的录取人数是最低的。

干：1956年是二十五万。

牟：1956年是一个小高峰，1957年是一个低谷，是十万零七人，全国招生十万零七人，最低的。到1958年突然又多了，尤其工农子弟也多了。应该说1957年这一年的质量比较好，都是挑来挑去，尖子比较多，这是一个客观的原因，就是学生质量高。再一个，从不好的方面来说，我们一入学就遇到"反右"斗争，主战场已经收兵了，但是还有延续，我们年级不划右派，我上一届1956级的同学，他们有一个班三十三人划了十一个右派，我们不划，但是年级里有一个右派，是因养病退班退到我们年级的，我们还批判他。

干：他跟叶秀山先生他们是一届。

牟：不是，叶秀山很早，楼宇烈是1955级，方立天是1956级，我是1957级，是这样的。所以从这方面来讲，赶上"反右"和"大跃进"，整个比较"左"的思潮越来越盛，这是一个不好的方面，是干扰我们学习的一大困难。我们要下乡，1958年我们都下放大兴县芦城村，直到现在芦城老百姓都记得我们北大学生，因为那时候我们下去同吃、同住、同劳动。那时开门办学，要搞教育革命，这是不好的方面。也不是说完全不好吧，和农村农民有接触，建立起深厚情谊，只是学习时间少了。

另一方面，我感觉北大有一个传统，不论搞什么运动，这个传统根除很难，就是有一种比较自由、独立思考的传统，学术上比较活跃，读书风气很盛。这个学术传统根深蒂固，就是五四运动提倡的科学民主，还有独立自由。再加上老先生都在，而且这些老先生都是一流学术大师。如果说北大和人大有什么不同，我们承认人大马列研究很强，北大优势是中西哲学史。当时全国的哲学系都停办了，把一些老先生都调到北大了，当时北大哲学系有二十七八个教授，只有人民大学成立了哲学系，而以马列为主。全国有名的西方哲学史、中国哲学史教授都在北大哲学系。像西方哲学的洪谦、张世英、任华、熊伟、齐良骥等都在我们那儿。中国哲学就是冯友兰、黄子通、任继愈、张岱年、朱伯崑等。中哲还有朱谦之，他是从广州中山大学调来的。

这些老先生，虽然公开的舆论说他们是资产阶级专家，要我们注意划清界限，但是他们的著作、他们的讲课，对我们还是有很大的影响，我们自觉不自觉地受他们熏陶。这些老先生在解放初期是思想改造的对象，是不能讲课的。但是1956年学术空气相对宽松，后来又赶上三年困难，老先生可以陆续开课了，这是我们1956级、1957级同学比较幸运的地方。听冯友兰讲课，讲大课，我赶上了。我跟方立天这两届赶上了，一年的课程从头听到尾。

二、亲近中国哲学和儒学

干：就听中国哲学史课？

牟：中国哲学史以外，西方哲学史也开课，像任华、熊伟、张世英，我们也都听。不过这门西哲史不是一个人讲，好多人分段讲。还有形式逻辑、美学、自然辩证法等。

干：中国哲学史是冯先生一个人讲吗？

牟：他一个人从头讲到尾，所以很幸运。

干：后来您对中国哲学感兴趣，跟这有很大关系？

牟：对，和冯先生有非常大的关系。再一个读研究生，为什么我愿意考中国哲学史方向呢？我在北大受影响最大的不是任先生，而是冯先生。他的书我早都看了，《中国哲学史》《贞元六书》都看了，还有《新理学》，对我影响还是比较大的。

干：我很好奇，因为我上学的时候是方立天教我们中国哲学史，也是教了我们一年以后，我就想考中国哲学史专业的研究生。我现在也想不清，冯先生是哪些方面影响到您的？因为西哲也很抢手，虽然不是一个人教下来的。但是现在听起来，每个老师都很出类拔萃。

牟：我从个人的情感和认同的角度来讲，马哲，我就是像吃药一样地在接受。

干：吃药？

牟：吃药一样地接受，我必须要接受。马哲原著当时是一本一本讲，那是主课，有许多东西我得拼命去跟，去接受。马哲的书我感觉政治性比较强，我这个人的特点是关心政治，但是我不热心政治。我觉得马哲里面我能接受的就是唯物史观和辩证法，列宁的哲学党性原则我怎么也想不通。我觉得西哲能给我智慧，但是从文化情感来讲，也得保持一点距离。西方哲学给了我不少的智慧，我觉得特别是古希腊、罗马的哲学，和近代的理性主义、经验主义，我还是有一定的兴趣。

但是问题就在于，我们当时讲这些内容的时候，都必须是要持批判态度，特别是近现代哲学要批判，马克思主义以后的哲学没有好的，因为马克思主义已经完成了哲学的根本革命，在这以前还有可取的，对黑格尔还是肯定他的一部分内容，因为马克思主义辩证法来自于他，但是对康德是否定的。可是我对康德比对黑格尔的兴趣还大一些，觉得他对人的认识能力的批判对我还是有启示的。

不过总感觉有一点距离，一旦接触中国哲学，就觉得很亲近。

牟：主要是有亲近感？

牟：我考虑这可能就是文化基因吧。

干：您是山东人？

牟：我是山东人，我家烟台离孔子出生地比较远一点，但是毕竟还是孔子家乡嘛。而且我们的家乡道德礼教的影响很深入，这些在民间的影响要超过当时的鲁国。我家是个小康之家，我爷爷是一个慈善家。

干：慈善家？

牟：他当时在烟台电灯公司做高级职员，就是会计。每个月五十大洋，但是不置房子，不置地，都救济穷人。我们家土改时划上中农和我爷爷有关系，如果再买很多的地，我们家的成分就是地主了。

干：如果那样，你就没有资格上大学了。

牟：贫下中农对我爷爷的印象非常好。他去世以后，都来哭，都来吊唁，所以我们很感恩我爷爷，我爷爷对我影响很大。

我父母是忠厚传家远，诗书继世长。我父亲有文化，但不是很高的文化，是民间儒者，写了很多认同孔子儒学的文章，是很忠厚的一个人。我母亲是典型的贤妻良母，今年一百岁。她是我的第一个老师，用传统道德教育我，用仁义礼智信教我怎么做人，怎么孝敬长辈，怎么诚信待人。我们兄弟姐妹七个从来没吵过架，对我父母亲都非常孝顺，就这么长大的，所以这就是传统文化。

解放初期到1957年，我在烟台二中读书，当时二中已经是省重点中学，老师的质量非常高。解放初期的教育不是应试教育，而是德智体全面发展，烟台二中活泼得很，没有那么多的压力，我是在这样一个环境成长的。

还有一个机缘，1956年高中二年级的时候，有一课本叫《文学》，这个课本是冯钟芸（任继愈先生的夫人）等一批专家编的，以她为主（这课本到1958年的时候被批判为厚古薄今而被取消了）。这课本从《诗经》开始，一篇一篇往下读到《孔雀东南飞》，读到唐诗宋词，老师教给我们背，还有吟咏。老师告诉我们，什么叫吟？就像唱一样的，有韵律节奏，老师很会讲，这样我对古典打了一点基础，也比较熟悉。这都是自己喜欢中国哲学的一些原因。

那么后来在北大接触冯先生的课，看他的书，也听许多老教授的课，但我觉得影响我的主要是冯先生。张岱年先生也给我们讲宋明理学，但他讲的是选修课，时间短。那会儿他是摘帽右派了，摘帽还是右派，但是可以讲课。这样慢慢地对中国哲学兴趣就比较大了。后来大学毕业就要考这个专业的研究生。

三、诸位导师的熏陶

干：那个时候，冯先生的抽象继承法提出来了吗？

牟：提出来了，他1957年差一点因为这个提法被划作右派，但那时候我还没有上北大。1957年春天他在哲学史研讨会上提出来的。

现在想冯先生给我的影响在哪里？我觉得有几点：一个是传统文化不能都否定，要有分析，其中有一部分是带规律性的、原理性的东西，是可以继承的，被称为"抽象继承法"。当时以批判否定为主，我觉得冯先生更有道理，要保留好的传统。另外他提出来，哲学不是给你应用的，而是用来提高精神境界的。

干：后来我看《中国哲学简史》还是哪本书里面用了"无用"和"大用"的说法。

牟：对，哲学以其无用而成其大用。我也是觉得，我喜欢哲学，是觉得它有一种智慧，这种智慧叫大智慧，不是小智慧，可以使你的眼界开阔，看问题的时候提高你的层次。这又正好和毛泽东的一个说法联系起来了，毛泽东说哲学是自然科学和社会科学的概括和总结。我在高中的时候，文理两方面的课学得都不错，是烟台二中的三好学生，我觉得我有条件学哲学。这在当时是我自己的选择。那时我们大部分同学，或者是绝大部分人都想学理工，因为学会数理化，走遍天下都不怕。我是自愿选择哲学，而且选北大哲学系，当时对哲学了解一点，也不是特别多。我觉得我挺喜欢探讨这一方面的问题，正好冯先生说哲学是对人类精神生活的反思，这对我影响很大。

人活着有几种方式，一种是浑浑噩噩，就是冯先生讲的自然境界；还有一种功利境界，为了个人名利；再有一种是道德境界，追求利他；最高是天地境界。冯先生让我觉得，你要一边走一边要回头看，能使你永远保持一个比较清醒的状态，能让你找到更有意义的一种生活。同样都在生活，每个人对生活的理解不一样，当我理解得更深一点以后，我可以过得更有意义、更自觉一点。他谈古人，尽管也戴了一些帽子，也引了一些经典，但是我一听孔子如何发现了"人"，孟子如何"道性善"，我想他们不是那么简单地只为剥削阶级服务。

干：冯先生上课的时候，因为我印象中他视力也不好，他上课有什么特别的？

牟：冯先生讲课说实在的，并不是口才很好。他和张先生讲课有一个共同特点，两个人都有一点口吃，而且他印的内部讲稿的质量较差。那份讲稿我现在找不到了，丢掉了，就是内部的《中国哲学史》，用一种很粗糙的纸，因为当时三年困难，用粗糙的纸印的，铅印的。

干：还不是《中国哲学史新编》的内容吧？

牟：都是纸很黑的小本，内容比较系统。

干：内容跟《新编》也还不一样？

牟：不一样。是从头到尾完整的《中国哲学史》。他讲课的时候，基本上非常平和、非常有节奏，没有大的抑扬顿挫起伏，但他是大思想家，所以内容上讲得很精辟、深入浅出，不会让你听不懂，这是冯先生上课的特点。我最欣赏他的文章，你可以不赞成，但是让你看得懂，而且抓住要领，能抓住要害的东西。

同时还有一点，他讲课经常穿插一些幽默的故事，一会儿来一个，一会儿又来一个，比如西南联大怎么回事，或者举一个什么例子，给大家提提精神。例如他说一个人会点石成金，一个学生不要他点成的金子，说我要您会点石的手指头。这很生动地说明方法比知识更重要。那会儿冯先生在阶梯教室讲课，因为冯友兰的名气很大，多年不讲了，第一次讲课时阶梯教室后面都站着人，两旁没有座位只好都站着，还有外地的、外校的都来听冯友兰讲，而且是从头到尾听。

干：我后来问过我们人民大学的很多老师，他们也经常跑到北大听课，有不少人去。

牟：那会儿北大有一个特点，就是没有那么多清规戒律，你来听就听，你不想听也没人管，也不点名。张先生也有点口吃，但也能抓住你，要是喜欢学术的，他能很容易把深层本质的东西给你说出来，至少有几个主要的概念、主要的理念让你印象深刻。

讲课口才最好的是谁呢？就是朱光潜。我在读研究生的时候，从头到尾听他讲西方美学史。老先生讲课没有能超过他的，他讲的时候基本上不看稿子，他有稿子但不看，出口成章、逻辑性极强。他又是搞美学的，比较生动、形象、透彻，非常好。他的讲课录音整理成文字，稍微改一下就可以出版。他是兼职于哲学系和东语系，两个系的兼职教授，只有朱光潜。

北大哲学系老师讲得好的，还有张世英老师，现在还健在，九十多了。张世英口才非常好，讲得非常清晰、逻辑性很强。像任华，有一些口音，也有一点拖泥带水，没有张世英先生好。张先生讲的是黑格尔哲学，给我印象最深的就是他。

讲原理这块儿，冯定讲唯物史观很精辟，但不久就因得罪康生而挨整了。黄枬森讲课不是多么生动，但是他逻辑推演，特别给我们讲黑格尔的逻辑学，一步步推，这是我第一次接受抽象的逻辑思维的训练。还有一个老师我觉得也不错，就是汪子嵩，汪子嵩不讲古希腊哲学，那时候也不让他讲。

干：他那时候还没去《人民日报》吧？

牟：没有，他后来离开北大，去了《人民日报》。

干：他有江浙口音。

牟：他有江浙口音，但是大家非常喜欢听他讲课。很有口才，就是口音重一点，你必须得仔细，把握那几个调不准的音。他给我们讲的是毛泽东哲学思想。

干：他讲的是毛泽东哲学思想？

牟：他讲得很好，大概就这几个人给我印象很深。还有几个，我觉得一般。

干：您后来上了中哲的研究生，还有金春峰，跟老师学是你们到老师家里去上课？

牟：冯友兰家里我们隔三岔五去，每次他给我们讲一点。都讲什么呢？有两个字是冯先生对我们反复讲的。他当时对我们要求是两条，第一条要按部就班、循序渐进，不要急，但也不要停。你知道为什么？因为学校要搞运动，一会儿下乡搞"四清"了，一会儿又搞批判了，冯先生针对这种情况，提醒我们要坚持学习计划和节奏。另一条是学习要"涵泳"。涵泳，原意是水中潜泳，后来朱熹发挥到做学问上，就是要进到学问里面去，并能自由穿行。冯先生要我们顺着古代思想家的思路想一遍，把思想家的本义弄清楚，不要刚接触就搞批判。这也有针对性，因为那会儿是强调理论先行，先树立批判意识再去读书，强调学习任何古代思想家必须要有一个明确的立场、观点和方法，具体说就是前苏联日丹诺夫关于哲学史是唯物主义与唯心主义斗争并不断发展壮大的历史的那个模式，必须用这个模式去批判地学习。冯先生要求我们顺着古代思想家的思路来想一遍，想清楚、弄清楚了古代思想家思想的内在逻辑，然后再作评论，他叫涵泳，这也是有针对性的。后来"涵泳"成为我的为学指针，使我受用一生。

干：那时候社会上已有很多批冯先生的文章吗？

牟：有很多。

干：有哪些老师来批？

牟：笔锋最厉害的，有人民大学的孙长江、北大的汤一介，他们合起来批，还有方克立。理论界批冯的领军人物就是关锋。

干：您觉得那些批评对冯先生有影响吗？我去台湾胡适纪念馆参观的时候，里面有一部分是胡适在讲大陆批他的文章及其感受。我想知道，冯先生看了那么多人写的批自己的文章，很多都是他认识的人，比方说学生在报纸上写批评他的文章，您觉得他心里是高兴还是不高兴？

牟：第一，他没有像胡适那样感到兴奋，胡适已经远在美国，有点落魄，大陆批判胡适，美国人反而会重视他，台湾也会重视他，所以他反倒兴高采烈。冯先生没有，他不是有意要把自己树立成一个对立面，他不是这样的，他要坚持自己，不得不挨批判。

第二，他也不显得特别紧张，不是压力很大，张皇失措或者显得非常悲愤，都没有，他很平静。这早在他预料之中，他就是要坚持自己的一些观点，他知道在那种情况下必然会遭到批判，所以他不是十分的在意，他基本没有感觉受到伤害。批判多了以后，也就习惯了。所以我觉得冯先生是一个儒道互补的人，他有儒家的情怀，所以要写要说，有使命感；还有道家的心胸，对困苦泰然自若处之。

干：他的境界，我就觉得是一个儒道互补的学者，不光只是儒家的。

牟：他做人处事——不管他的论文里边怎么写——是儒道互补的典型。尽人事，不消极，但也顺其自然，他是这样的一个人，自我调节能力很强，不然他不会熬过多次批判运动和"文革"，活这么大岁数，他是中国人文学科学者挨批判最多的、挨批判时间最久的、被批判的文章也是最多的，你们可以去调研，没有超过他的。

不过关锋、陈伯达，当时都是炙手可热的政界所谓的理论家，他们的批判还是和一般的批判不一样，让人压力很大。1958年，我们哲学系讨论哲学系的培养目标是什么，那时候开始"左"了，提出我们大学培养普通劳动者、有文化的普通劳动者，因为毛泽东说过这话，你别想高人一等，大学生就是普通劳动者。冯先生就说不对，冯先生说我认为应该培养哲学理论工作者，不然办哲学系干什么？下乡不就完了吗？所以他就写一篇《树立一个对立面》，提出一种认识，和毛泽东的认识看起来是矛盾的，但实际上他讲的是教育阶段，毛泽东讲的是人的认识公式：实践—理论—实践，他提出的是理论—实践—理论。在学习这个阶段，首先要接受间接经验，你不能上来就实践，先学理论，再下去实践，然后再回到理论，他认为学问应该这么做，培养的是哲学理论工作者。他不敢说培养哲学家，那时候谁敢讲"家"？一讲"家"，就是"成名成家"，就要拔你资产阶级白旗了。

"文革"开始的时候，冯先生住过牛棚，劳动改造，后来回了家，只要求不再把他抓到牛棚里去折磨他，因为他身体实在不行了。仅仅只有文章批判，我觉得对他来讲没有太大的影响。那时关锋、方克立的批判文章影响不大，他还给方克立写了一篇文章回应他。他老是平心静气地讲道理。

干：这个事我跟方老师聊过，跟汤一介先生也聊过。他们说当时是政治风气的问题。第二，他们的批评，因为他们不都还是小孩吗？像方老师那个时候还很小，他说也是接受了马列以后，是真想跟冯先生念叨念叨，但是他也说，冯先生后来给他回应，他没想到，他觉得冯先生还很……

牟：温和。冯先生我认为，当然没跟我说，他自认为他的马列水平比那些人要高，他是真心实意地这么认为。冯先生后来不是说，他在民国的时候就接受了唯物史观，用生活方式来解释思想文化，他接受了它的合理成分，但不是完全的马列主义者。在新中国成立后，他认真地学，他认为他理解的他就应用，他认为批判他的那些人太政治化了、太教条了，他反倒不放在心上，不是说他是反马列，不是，所以他心里有底，他认真地去做。

当然他的观点是不是都对，我还不敢说。但是从学术层面上接受，去理解，不过于太政治化，这是冯先生的特点。但是那些人都说他是新瓶装旧酒、说他贴马列标签，他骨子里是一个资产阶级专家，唯心论，怎么都不承认他的理论里有马列的东西，有真诚的东西，不承认。

干：您读研究生的时候要写硕士论文吗？

牟：写。我写的是郭象。

干：郭象？那就是做玄学，是吧？

牟：因为当时是任先生具体指导我。

干：导师是派的，还是您自己选的？

牟：好像是他们分配的。我就听他们说过，金春峰原来做过中学教导主任，有经验，可以更好地和资产阶级专家相处。任继愈是党员教授，我比较年轻，由任先生指导。我和金春峰差四五岁。

干：他比你大，经得起"资产阶级腐蚀"。

牟：年轻就会抵御能力比较差。任先生也是隔三岔五地给我指导，但是他基本上不讲，我提问题他回答。他比较忙，那时候他在中央党校负责编《中国哲学史》，他偶尔才回来，我到中关村去看他，回答我一些问题，基本上是这样。他主要强调两条，第一条要用马克思主义立场、观点来研究中国哲学史，他再三强调这一点；第二点他强调，理论和资料要统一，他说这是北大的传统——这确实是北大的传统。北大和社科院哲学所、文学所都比较重视资料，一些大学者都是文献学大家，甚至可以说是活字典。北大像冯友兰和那代年轻一点的学人都对"四书五经"以及各种资料滚瓜烂熟。但是他说北大的特点是，不仅重视资料也重视理论。像冯友兰不仅是哲学史家，也是一个哲学家，张岱年本身也很重视理论的思考，所以任先生说要注意理论和历史、观点和资料要结合。他谈的主要是这两点，具体的他谈得很少，他不太愿意讲太细。任先生那时的思想——他入党时也是——应该说在很多方面，他抛弃了汤用彤先生的思想，他是汤先生的学生——他觉得很多东西过时了，要接受新的东西。当时正好接受前苏联的东西，所以他的话，在今天来讲，稍"左"一点。

研究生的学习可以说，在学理上，给我最大启发的是冯先生，而在知识上给我帮助最大的是朱伯崑先生。当时朱伯崑还是讲师。我、金春峰，还有几位进修教师，四五个人在一起，在朱先生家里，朱先生每个星期给我们讲半天中国哲学史史料，从先秦一直讲到近代。我非常惊讶，他才四十岁左右，我不知道他什么时候读的书，各种资料全在他脑子里头。我很吃惊，因为我和他岁数只差十几岁，那时候我二十三四岁，而朱先生三十多岁就学问博洽，他什么时候读的书？一本一本地讲，讲起来简直滚瓜烂熟。所以我觉得朱先生给我的知识是最多的，他讲课常忘了时间，说：哎呀，一点钟了，才想起来该吃午饭了。每个星期都讲一次。

干：它不是门正式的课吗？

牟：就是给我们中国哲学史研究生上的史料课，但是以辅导的名义，不是正式开的课。

干：我后来听北大很多老师说，包括陈来也说过，说很大程度上朱先生的水平被低估了，但他也还是被认为特别重要的学者，但是相比冯先生和张先生在学术界的地位，朱先生似乎不特别突出。

牟：稍微低一点。

干：对，但是他的水平其实也是相当高的。

牟：他的主要代表著作，我认为就是《易学哲学史》，它是易学研究的义理派发展的一个高峰，当代的高峰，达到了哲学的新高度。而且我觉得这是名著。我昨天下午还推荐把该书列到"中华当代学术名著丛书"中去。我说一定要把朱先生的著作——该丛书要求只收不在世的学者的著作——列入。

还有一个说法是陈来的说法。说我们哲学系中国哲学史有三代领导核心，第一代冯友兰，第二代张岱年，第三代朱伯崑，朱伯崑之后再没有核心了。这是风趣的说法，有点诙谐，但是朱先生的地位，在张先生去世以后就是北大中哲史的宗师。

干：蒙培元先生也是冯先生的弟子吧，蒙培元先生上学比您晚吧？

牟：他比我晚一年。他是冯先生的弟子。后来朱先生希望我参加易学研究的一些活动，他不是搞国际易学院吗？搞得也不错。我就跟朱先生讲，我对易学兴趣不是很大，我又没有怎么研究，我不参加行不行？他说行行行，你就别参加了。余敦康参加了，他后来写了好几本关于易学的著作。

干：到1978年以后，就是您到儒教研究室以后，我们上学的时候就觉得儒教研究室特别重要的在于，你们编写了《中国哲学发展史》，您肯定是参与了？

牟：我参与了。

干：包括孔繁先生参与编辑的《孔子研究》(中国孔子基金会会刊)也是那个时候出版的。儒教室是当时特别重要的，是世界宗教研究所的一个研究室，但是事实上大家心目中儒教室更多是做中国哲学研究的，是一个特别重要的机构，或者说一个群体。

牟：还有孔繁、余敦康，这是老一点的，还有年轻一点的。

干：然后你们跟着任先生编写《中国哲学发展史》？

牟：对，从20世纪70年代末到80年代中期，我们主要精力都投在里边。

干：那时候，因为四卷本——我们上学的时候用了《中国哲学史》四卷本，白皮的——后来编写《中国哲学发展史》是任务，还是你们自己想做四卷本的升级版？

牟：这是任先生的意见。儒教室成立晚一点，不是一成立就申报，而是过了一段时间，我记不清楚了。世界宗教研究所恢复以后，他当了所长——他原来是常务副所长——做了正所长以后，他就要编两部书，一部《中国佛教史》，以他为主，有杜继文、杨曾文等参加；再是重新写一部《中国哲学发展史》，有孔繁、余敦康和我，还有更年轻一些像李申、李明友，外面还请了周继旨、阎韬等。

任先生的意思是说，那四卷本是教科书，他不满意，他要编写一部学术性的，而不是教科书式的，一部要重新梳理中国哲学史的书，这时他的观点很明确。因此编写这部书的时候，我觉得我们花的力气很大。那时候任先生明确对我和余敦康说，你们别的什么都不能干，包括和外界联络，因为我们那会儿正中年，人家经常请我们搞点活动什么的，任先生都批评，说凡是来请的，我来替你们交涉，怎么怎么不行。出国也没有我们的份，任先生经常出去，海外请他推介中年学者出国访问，他绝不找我们，因为要让我们安心地编写这部《中国哲学发展史》。

写得最多的是我和余敦康。我们两个人在前三卷，写了大约三分之一左右。从掌握第一手资料开始，读原典，重新写，不光是理念上、结构上调整，所有都从头来。而且我的压力最大，你知道为什么吗？因为毕竟孔繁、余敦康的资历比我老，他们也比较成熟，因此凡是哲学史上最有代表性的人物与经典，他们都拿走了，孔孟、老庄都没有我的份。我写的都是过去没人写过的新的领域，原始思维以前谁写过？我得写，就是哲学史前史，在老庄以前；还有三教关系，也没人写；还有像列子，我当时写《列子》与《列子注》，过去基本没人编写过。

另外，还要写道教。以前哲学史排斥宗教，只提及很少的佛教。道教几乎没有，偶尔提一下，现在要叫我从头把道教哲学写进去。还有《墨经》,《墨子》很难读，尤其《墨经》特别难，我到国家图书馆找到了十几种民国年间研究墨学的著作，都拿来一句句对着读。那时候人真老实，不像现在有时马虎，最后大部分读懂了，但是还有不懂的。我没有高亨的本领，高亨的《墨经校诠》把《墨经》每一句都解释了，我很佩服他。这样的经历，使我得以开拓我的学术新领域，并获得治学的经验，对我是极大的磨练。

所以，《中国哲学发展史》是完全不同于那四卷本的，学术性比较强，我觉得对它的评价还有些不够的。这是改革开放不久写的，尽管在理论框架上有很多历史的痕迹，但在内涵上，我觉得是远远超出老的哲学史。

干：这个评价，是因为跟这套书没出齐有关系，现在出齐了吗？

牟：这原因就比较复杂了。我跟余敦康对任先生的儒教说不认同，我们就退出来了。因为在学术观点上，你要是与主编不一致就很痛苦，我们又不可能违心，每个人的观点都可以不一样。余敦康写到第三卷，我写到第四卷。第五卷直接涉及宋明新儒学是不是宗教的问题，不能回避，我不赞成理学是宗教，所以第四卷以后，我就没参加。任先生并未指斥我们这几个学生，而是认可了。据说后几卷稿子都有了，计划编写七卷，任先生又请了一些人编写，后来不知道怎么的，出版社也没见出版，我也不了解里面的原因，估计是任先生对书稿不满意，未交到人民出版社。

另外，任先生对于写作指导思想上有两个方面值得注意，一是要突出地方性文化，比如燕齐文化、三晋文化、齐鲁文化。他说要把这些特点突出出来，各个学派表面上是学术的派别，背后其实有着地区文化的差异性。

再就是强调三教关系，三教合流，这也是我关注的问题，儒释道三教关系是任先生最早强调的。他要我从汉末就开始关注三教之间的关系。我后来一直关注。

干：您后来能提出的重要观点如宗法性宗教传统，跟那个时候的基础有关系吗？

牟：有一点关系。我就是从写道教开始，比较正规地进入宗教学术领域。以前我是不愿意搞宗教的，我是学哲学出身，我搞什么宗教？但是分到宗教所怎么办？我又搞了一段时间的无神论。当时我们无神论学会的领导，北京是牙含章和任继愈，具体事情我来做；南京是孙叔平，具体事情是王友三做，这样我和王友三搞无神论学会，开过两次会，一次在南京，一次在武汉。后来我觉得无神论没法搞了，因为无神论是对有神论的否定，没有宗教史发达。我就写道教史，慢慢地对宗教有兴趣了，后来几乎就抛不开了，甚至觉得比对哲学还有趣。因为它有哲学，但是还有更多的东西。我后来就这样进了民大，由于宗教与民族关系密切，我就更加关注宗教学了。

干：您是哪一年来民大的？

牟：1987年底，我在社科院二十二年，后来一直在民族大学，就这么简单，两大阶段。

宗法性传统宗教是中国最大的宗教

一、敬天法祖是宗教，儒学是人文哲学

干：到了民大，主要做宗教研究？

牟：来民大以后，已经是做宗教为主了，也兼儒学研究和中华经典教学。我的宗教史怎么打的基础呢？是当时吕大吉的学术团队在写《宗教学通论》，其中"中国历史上的宗教"这一章让我来写。他说我给你个优惠——因为当时我心脏不好——我们可以去北戴河疗养，但是你得给我写一份稿子。写一份稿子，就几万字，要把中国宗教史都写进去，谈何容易？我那年确实疗养了一段，后来回来就给他写了。从那以后，又接受了河北教育出版社《中华文明史》有关宗教史的写作任务，写了几十万字。几十万字，就打了一个底。后来又拿国家项目，研究中国人的传统信仰，然后就想写一部《中国宗教通史》。因为当时已有的著作很少，其中有的书太简略，有的是几大宗教分写最后拼在一起，我们不满意。有一部是香港陈佳荣写的《中国宗教史》，他写得较为简单。早年有王治心写的《中国宗教思想史大纲》，是本小册子。这样的话，我一个人忙不过来，我就找张践，我们两个人又用了四五年，在《中华文明史》的基础上又做了一些加工扩充。因为《中华文明史》有要求，有个范围，你不能出格，你写宗教文化，就不能太多地写到别的领域，互相交叉。我们自己写就可以适当放开，这样写了一部一百万字的《中国宗教通史》，2000年出版。

干：那部书好像得了很多奖？

牟：这部书获第三届中国高校人文社会科学研究优秀成果奖宗教学一等奖。后来一些学校采用作为教材，特别是研究生用得比较多，因为到现在综合性的具有规模的中国宗教通史就这一本。今天看来，那一百万字怎么能涵盖中国宗教的全部内容？但它毕竟梳理了一个大的脉络，把各种主要宗教综合编写在里边，有我们自己的设计，其中就是中国宗法性宗教的问题。我和任先生有一个共同认识，中国人的信仰特别是知识界是以儒学为主，佛、道为辅的。中国人主要的道德信仰是什么？是儒学。儒学是不是宗教？任先生认为是宗教，而且任先生的观点背后还有一个预设，儒教既然是宗教，而宗教是人民的鸦片，因此才可以被否定。所以对任先生的基本观点，有些人不了解。任先生认为儒学主要是阻碍现代化的，他是要把它清理掉的。把儒教这个帽子戴上去，便于清理。我最了解任先生，他很多的文章、录音是我整理的。在整理过程中我就不赞成，然后尽量给他淡化一点、调整一下，他的观点我很了解。后来我觉得儒学呢，不管你否定不否定它，它是人文主义的，当然有宗教性。按照一般的理解，人们对宗教概念的定义会有不同，但是宗教毕竟会有一个彼岸的追求，没有这个，怎么叫宗教？

干：我真是想跟您讨教这个问题，因为我自己也比较关心儒教的问题。我读你们这些书，尤其是讲宗法性宗教传统，我觉得很受启发。我想问几个比较粗浅的问题。第一，在您看来，您刚才用了宗教性的概念，就是说儒家思想有宗教性。

牟：宗教性和宗教不是一回事。

干：另外跟您的名字很靠的牟宗三先生，他也强调儒家的宗教性。您不同意儒家是宗教，是一种宗法性宗教传统？简略地说，不是儒教。

牟：不是儒教。

干：像以前利玛窦这些人进来，耶稣会士对儒家是不是宗教的时候，纠结之处是敬天和祖宗崇拜。您将儒家说成是宗法性宗教传统，是试图解决这个问题吗？

牟：是这样的。任先生的儒教观点我不赞成。当然"宗教"概念也是西方传过来的，原来没有，原来中国有一个接近的概念叫"神道"，我觉得意思上有点接近宗教。佛教里面用的"宗教"是另外的含义，不一样。但是你今天要强调主体性，未必就一定要舍弃这个概念。西方有很多的概念，今天已经普化为我们现在的习惯性语言了，离开这些语言也不行，也不用去改。如果用西方的宗教概念，其合理的、得到普遍认同的便是宗教应有一个基本的特性，就是把世界二重化，当然这不是教徒的观点，是我们教外的看法。教徒会觉得在人间的世界之外有一个神的世界，不同的宗教怎么描述它是千差万别，但是会有一个彼岸的观点。一定要有彼岸的观点，才是宗教。没有神灵崇拜，没有彼岸不成为宗教，我认为这是本性的。

那么孔子呢，不回答死后的问题："未能事人，焉能事鬼"，"未知生，焉知死"（《论语·先进》）。他也不说有鬼神没有，他只是持怀疑态度。我们现在有人说他是不愿意讲鬼神，他是强调怎么做人，怎么治国安邦，今生今世怎样成为君子或者圣贤。

为什么说儒家有宗教性呢？尤其在中国，人文和神道并不是两不相干或者对立的，而是互相联系在一起的。比如孔子保留了天命的观点，他相信天命。但是天命不是天的命令，不是天有意志，而是一种命运之天，是命运之天加道德之天，有一些道德的含义，这个价值的根源性他还保留着，所以孔子讲畏天命。

再一个，孔子讲敬鬼神而远之，对当时的宗教，他要保持距离，所以他不是宗教家，但是他敬，就是说对别人的信仰，他采取尊重的态度。另外他的弟子讲"慎终追远，民德归厚"（《论语·学而》），这就肯定当时的祖先崇拜有道德教化的社会作用。所以我认为孔子的思想可称作温和的宗教观、温和的人文主义，但他本身不是宗教的，只是他不反宗教。这就决定了历代的王朝，对宗教的态度是温和的，不是战斗式的，是从孔子传下来的。

假如说把儒家说成儒教，按照今天的观点说儒家是宗教，我觉得不是一般的问题，而是从根本上没有把握儒家思想的人文主义的本质。董仲舒要把儒家宗教化，但没成功。后来也有成功的，是在局部地区，或者海外，给它套上了一个宗教的形态，实际上我和汤恩佳（香港孔教学院院长）接触、和崔根德（韩国成均馆馆长）接触，他们都认为孔子是人不是神，孔子思想集中于教大家怎么做人。但是他们说为什么必须使儒家成为一个宗教的团体呢？因为在香港和韩国的儒家生活的社会，周围都是宗教团体，你没有相应的宗教形态，就不能和他们平起平坐，也不能有那种动员力和号召力。所以他们要把它变成一个宗教，是由于这个原因。中国历史上说儒释道三教，这里的"教"是道德教化之教，不是后来的宗教神道之教。

中国有没有自己的大宗教？难道中国人除了人文的儒学，就找不到自己原本的宗教信仰了吗？其实是有的，但被忽略了，它就是敬天法祖，简单地说就这四字，还有社稷、鬼神崇拜在内，这是中国人的基础性信仰，几乎全民的。敬天法祖什么时候有的？早在儒家以前的三代就有了，和作为一个学派的儒家相比而言，其诞生要早得多，而且它自己单独形成一个传统，就是神道礼教的传统，和儒家的人学的传统是并行发展、彼此交叉的，但不是一回事。儒学有起有伏的时候，敬天法祖的一套祭祀和观念是相对独立发展的，并不受儒学起伏的影响。它依靠什么呢？政祭合一、族祭合一。皇帝是奉天承运，用祭天祖来论证政权的合法性。它也是家族社会的传统信仰：天、地、君、亲、师。中国民众的信仰是敬天法祖，知识阶层的信仰倾向于儒学，宗教与人文并行又互补，共同维系着中华民族的主要信仰与价值追求。我称敬天法祖为宗法性传统宗教，是因为它体现了历史上宗法等级社会的传统，皇帝是天之子，上天与帝王是父子关系；远祖与近祖崇拜都与宗法制的结构和延续紧密相连。

中国人的信仰是混杂的，有很多因素的。各地的家族、宗族、家庭，都按时来祭祖，既祭远祖，又祭近祖，同时又崇拜和祭祀社稷，即土地神、五谷神，以及其他的神，包括五岳四渎在内。我认为敬天法祖教的特点，第一是基础性的，什么意思？就是你敬天法祖，你可以同时又是其他的教徒，它不排斥。你是佛教徒，你是伊斯兰教徒，但是你必须认可我敬天法祖，你至少不能反对。所以清代时天主教罗马教廷反对敬天法祖，对不起，就被驱逐出去了，因为它违背了中国人的基础信仰。第二，它没有教会，它是靠家族的宗法制度来维系，兼有祭祀的功能。它不需要单独有一个教堂，这是宗法性宗教的一个特点。那么它和儒学有没有关系？当然有关系。儒家的主流是认同敬天法祖——儒家确实有一部分人反对天命祖灵，主张无神论，像荀子。荀子也主张敬天法祖，但是他在理论上认为没有神，没有天神，认为天是自然之天，是不为尧存、不为桀亡的一个客观的自然之天。王充也有这样的观点——但是儒家主流的一些人还是认同敬天法祖，并且给敬天法祖在制度建设上做出很多的论证。像历代的《礼志》、早期的《礼记》和后来的《礼乐志》,很多都是儒家学者写的。但是他们不愿为敬天法祖构建神学,只是看作一种礼制和道德教化的方式,认为可以"神道设教",有助于儒学的传布,但它不是儒学的题中应有之义。儒家学者的主要兴趣在于构造相对独立的伦理型人学理论体系,来阐释儒家的基本理念,例如内圣外王之道,所以我觉得一定要区别。

这不是我发明的观点。利玛窦就有类似的观点,我觉得他可能知道学与教有区别,但是他还不特别清楚。最清楚的是谁呢?马坚,字子实。马坚是北大研究伊斯兰教的很有名的一位回族学者,他翻译的《古兰经》,现在仍通行。他是云南沙甸人,在埃及爱资哈尔大学留学的时候,他写了一篇文章,说有很多人搞错了,"孔教并不是宗教,因为孔子并未自称先知,同时他又没有显示奇迹",孔子只是圣人受到尊敬,而中国先民传下来的宗教"并非孔子所发明","这种宗教所崇拜的对象有三:上天,神祇,祖灵"(《中国回教概观》)。马坚在20世纪30年代就明确区分了中国传统宗教与孔子儒学,说这是两个不同的系统,有关系,但不能合一。这是一种超越俗见的科学认知,我觉得非常好。敬天法祖教有大量的文献记载,先秦的"三礼"经典、历代《礼乐志》或《礼志》所记"五礼"(吉、凶、军、宾、嘉)中首列吉礼,吉礼就是讲如何进行宗教祭祀,首先讲的是怎么祭天、怎么祭祖,有一套完整制度。但这被近现代搞宗教史的学者们忽略了。

这种忽略的出现也是有原因的,就是它本身没有一套与信仰紧密结合的理论,一直没有形成神学体系。在理论层面一直比较简单,只在制度文化上不断修订,主要是规格、方式、仪式的调整。因此,敬天法祖教要靠儒家给予支持,给予礼制文化层面的解释。天坛祭天、地坛祭地、太庙祭祖,是皇家祀典。北京有明清两代皇室祭祀的祭坛,左宗庙(太庙,即今劳动人民文化宫)、右社稷(即今中山公园)成为重要文化遗存,南郊有天坛、北郊有地坛、城东有日坛、城西有月坛，还有先农坛等。有一位台湾的学者问我，清朝的太庙在哪儿？他们不知道劳动人民文化宫就是太庙。我的意思是，不是说儒学与宗法性宗教彼此没有关系，两者虽异，又可互补。儒学带有宗教性，但不能等同宗教。天神即是老百姓说的老天爷，人们看不见它，但是人们能感受到它，相信它能赏善罚恶。到今天人们的日常用语中有"人在做，天在看"，这就是典型的中国人的"天"的观念，老天爷高高在上，冥冥之中在监视你，因此人做事情，不要觉得很秘密，别人不知道，老天爷知道。

对祖先呢？当然是要敬祖了，因为祖先有灵可以保佑自身，这个观点普通老百姓都有，不过这些年被批判得越来越淡化了。

干：我感觉，对这个观点，您经过了很长时间的思考。

牟：是的，我现在基本不改变。

干：关于儒教的观念，继承任继愈先生的说法的是李申的观点，他也算你们宗教所毕业的。他有一个观点，我也看过他的《中国儒教史》上、下两卷本，后来他在人大出版社还出版了一本《儒教简史》……

牟：他出过《中国儒教史》《中国儒教通论》，我跟你坦白地讲，我一个字都没看。我觉得我不需要看。因为他是将任先生的儒教说极端化而已。比如说，任先生认为先秦儒学不是宗教，宋明以后儒家变成儒教。孔子不是儒教，董仲舒做一次改造没成功，到宋明理学才改造成功。所以在任先生的心目中，理学史就是宗教史。因为成为儒教史，中国理学史就没有了，就都是宗教史了。这个观点我当然不赞成。李申为了迎合任先生的观点，而做了进一步的扩大。因为我听人介绍，他的书里把敬天法祖全都包括在里边，从三代以来就是儒教，混淆了礼教与儒学，扩大了儒教的范围，完全绝对化地发展了任先生的思想。现在有的学者把上古三代的神学礼教都说成是儒教的发展形态，这是不符合历史的，不要忘了儒学是孔子创立的。我们可以说礼教很早就有了，儒学是礼教发展到一定阶段的形态，不能倒过来说。

干：将敬天法祖作为一个独立于儒家的信仰系统，这与任继愈先生的观点发生了根本的分歧。刚才您说，敬天法祖是在周朝时就已经有了，儒家形成以前就已经有了，然后您说后来中国的礼乐制度里面，像"二十四史"里面都有《礼乐志》。有些我也翻过，因为它们讲得太具体，所以我也不一定仔细看。但是我的感觉，是等到儒家形成以后，它把以前的敬天法祖的传统都纳入到它自己的信仰体系里面，所以能不能说敬天法祖到汉代之后就不独立了，而成为儒家信仰的一个内在组成部分？原来的那些基础性的宗教也好，什么也好，都被纳入到儒学的系统里面去了，这个过程是否也可以称为是宗教化过程？

牟：拿进去也不是不可以。我现在有这样一个观点，你把儒学放大叫大儒学，或者整个叫儒教，那么汉以后就有宗教、有儒学。但是儒学只是认可和重视敬天法祖，却不用神灵崇拜来改造自己的理论，不往宗教化而往人文化方向发展。你看历来儒学有代表性的哲学家，他们的哲学体系不是建立在敬天法祖的基础上。你仔细看，儒学有自己一套哲学核心概念，无论是理学、心学，还是气学，它们的核心理念都与天神祖灵没有直接关系。儒学与敬天法祖的基础不同，儒学再发展，它的主流一直是以人为本，必须围绕着人性论吸引人，特别是人性善，来建立自己的理论。当然它一直保留天命观念，但只保留而已，并不做文章。而敬天法祖作为一个宗教性的信仰，是建立在神道的基础上，如果没有天神祖灵，就没有意义了，即它承认而且必须非常明确地承认有一个天神可以赏善罚恶，祖灵可以保佑。否则的话，它就是一般的文化生活了。你要去看朱熹等理学家怎么讲鬼神乃"二气（阴阳）之良能"，可以看出，宋明的理学家也好，心学家也好，在讲到鬼神问题、讲到意志之天、讲到祖先神灵的时候，都采取模糊的态度，绝不明确地肯定天有意志、鬼神能有灵异，绝不把有神论作为儒学的一个有机组成，甚至是基础，他们绝不会这样做。他们的基础在于人性论，在性善说，在修身齐家然后治国平天下上。所以，我觉得这两者的基础不同。

但是中国人的思想信仰就是有"混血儿"的特点。西方的人文和宗教经常是对立的，非常尖锐；尽管会互相吸收，但二者对立往往比较尖锐，互相欺负。中国不是，中国是你中有我，我中有你，这是一个常态。儒释道之间也是互相包容的，但不能据此说儒与道已是一家。所以"三教合一说"我一直不赞成，我认为三教是合流而不是合一。它们没有合一，各家还是各家。基本的东西并不合一，但互相包含。西方有一个宗教学家，美国人，和我同岁，叫保罗·尼特，他写了一本《一个地球　多种宗教》，就认为中国人是"信仰的混血儿"。一个人可以同时信三个、四个宗教都没有问题，西方人在这点上是绝对不行的。西方人在同一宗教里信了一个教派就不能信另一个教派，不能做宗教的混血儿。天主教和基督教、伊斯兰教绝不能同时兼信。中国人在儒佛道三教中同时信三教或两教的人比比皆是，民间更是普遍，并不去分别神是哪个教门的，只要能避祸消灾、保佑安宁，都可以祭拜。而且，纯粹无神论者在中国几乎没有，无神论也可以吸收很多宗教的因素。因此，儒者敬天法祖、有神论者认同儒学是常态，这是中国人的一大特点。

二、中国文化的三教六家说

干：说实在的，我父母他们的信仰就很复杂，是多重性的。

牟：我觉得很简单，这就是中国的传统。我说说我现在的人生态度，总体上政治信仰上我是一个坚定的社会主义者，主张社会主义共同富裕和人民群众当家做主，反对贫富悬殊和等级压迫，而在人生态度上我是儒道互补、孔老互补的，也适当吸收一些佛、道的智慧，如看得开、放得下，性命双修，自然清静。

很多中国人的特点是没有宗教徒的正式身份，而有各种宗教观点，多数是这个状态。因此，儒家的学者带有某些有神论的观点，这是非常正常的，但是儒家的理论体系的核心成分绝对不是敬天法祖，而敬天法祖是民间和官方上下移植下来的，它单独传承，不受儒家学派的直接影响。皇帝天坛祭天、太庙祭祖，儒臣当然也帮忙，但是儒家学者主要在搞自己的理论体系，关注安邦治国，基本就是这个状况。

假如说你有一个大儒学的概念——我认为中国的三教其实是六家。哪六家？如果是大儒学的概念，它的文化可称为礼文化，内部既有宗教又有哲学，那么这个教是敬天法祖，学就是儒学；道文化包含道家和道教，道家就是老庄——它是哲学，教就是道教——全真和正一，也有教有学。老子是道法自然，庄子讲生死是气化，但是道教不同，道教认为有三清神，认为人可以长生不死，这是老庄都没有的。道家和后来的道教是两部分，又互相不可完全分隔；佛教文化可称为禅文化，包括佛学和佛教，有很多人分不清。佛学已经成为哲学，它不是将释迦牟尼看成神，而是代表着一种觉悟、一种人生态度、一种人生智慧。所以章太炎说佛教是无神论，没有错，他指的是佛教哲学。但是不能说佛教整个都是无神论。普通老百姓还有很多的佛教徒，当然要去拜佛，当然认为佛有神灵，可以保佑自己和家人，否则他们去烧香拜佛干什么？所以是六家，三教六家，从这个意义上可以这样来讲，互相之间既不同又依赖。

干："三教六家"这个说法有意思。

牟：我们可以吸收西方的，但是绝对要从我们自己的传统出发，来表现我们的特点。中西方有很大的差异性。我们长期以来，可以说这一百年里，正好——三十多年是民国，近三十年建国（包括十年"文化大革命"），改革开放三十多年，加在一起差不多是一百年——前六十年，我们的学术丧失了主体性，前三十年是西方模式，新中国成立后三十年是苏联模式，没有我们的主体性，我们是用他们的模式，他们的"框架"来套，找我们的材料来充实它，作为其例证，没有我们自己的框架。"文化大革命"是倒退，理论、史学高度政治化，根本上没有学术，是苏联模式的极端化，只有"以阶级斗争为纲"，那就不用说了。后三十年，慢慢地我们的主体性在苏醒，现在正在这个过程之中，慢慢地我们要找到我们自己。

我们中国人有自己的特点。我们应该从我们实际出发，用我们的模式来研究我们的宗教史、哲学史，找到我们的特点，现在才开始。关于中国宗教史的模式，我就提出一个观点叫"多元通和"，它也是中华文化史的模式。我认为亚伯拉罕体系三大一神教（犹太教、基督教、伊斯兰教）之间是一元分化模式，三教是渐行渐远。我们是多元通和模式，三教以及四教、五教渐行渐近。中国多种宗教关系的主旋律是和谐，我们没有宗教战争，没有宗教裁判所，所以我们一定要找到自己。要有世界眼光，但要有中国意识、中国理念，这是陈来讲的，我也很赞成。主体性一定要有，任何一个民族的文化、学术都有其主体性，没有一个民族没有。如果没有，那就成为了文化殖民地，这和宗教平等不是一回事，宗教平等是在法律面前讲，而各民族都应有自己的主体信仰。

讲世界眼光，就一定要开放。我上中学、大学正好赶上新中国成立后的三十年，我在北大读书的时候，一天到晚灌输要研究中国哲学史就要奉日丹诺夫定义为金科玉律，哲学史是唯物主义产生、发展、不断和唯心主义作斗争的历史，唯物论与唯心论斗争、辩证法与形而上学斗争……这是那时候我们研究任何哲学史的一个基本出发点。由此套用到中国哲学上，孔孟老庄程朱陆王都可以划为唯心论而被否定。任先生主编的《中国哲学史》，应该说很有功劳，但基本上是这个框架下的一个最高水平的产物。可以说"文革"以前，整个中国哲学史的研究成果就集中体现在任继愈的《中国哲学史》里，其他的根本没有突破。因为不可能突破，这是一个时代造成的。

后来慢慢地，改革开放以后萧萐父、李锦全编的《中国哲学史》应该说是有所突破，但是我认为毕竟只是在原来的基础上更活一点，更丰富一点，也没有根本性突破。《中国哲学发展史》有一定的突破，我认为有一定的突破，这个大家可以去谈。现在比较大的突破就是郭齐勇和冯达文写的《中国哲学史》，我觉得在框架系统上有一些根本性的改变，按照中国哲学史发展的学派特点写，比较突出中国哲学史发展，有所突破。原来的哲学史写作还有一个问题，是用宇宙观、认识论、辩证法、历史观四大块儿来套，就把我们中国哲学最重要的内容套没了。我认为中国哲学讲人生论、人格论、讲怎么做人，所以中国哲学和西方哲学不同，西方把哲学当作改善人的认识能力，来认识世界、改造世界的一个武器，所以西方哲学侧重本体论、知识论。而中国哲学侧重让你怎么成就一个完美的人格，一个有意义的人生，所以叫生命的哲学。它必须和你自己的人生态度要结合，而不是一个专业式的知识系统。

那么西方文化有没有面对人生这个问题？有，它给了宗教，交给基督教去解决。哲学不解决这些，哲学只解决知识论的问题，所以冯友兰看不起西方哲学，他认为西方哲学研究的是枝节问题，没找到根本。而中国哲学就抓住根本，人怎么成熟？怎么成长？生命怎么成长？我觉得这个问题被宇宙观、知识论的框架套没了。现在大家慢慢地认识到了，我感觉比较好的就是，除了咱们大陆以外，还有港台学者，如香港法住学会的霍韬晦，他把中国生命哲学落实为生命教育，我觉得他做的还是很不错的。

干：他是唐君毅的学生。

牟：他是唐君毅的学生，他特别强调生命哲学和生命成长。所以他现在搞"喜耀生命"教育。他曾带着学生到大陆来，到曲阜感受孔子人格，称为生命之旅。他对西方的模式有很深刻的批判，认为西方的人生是平面化的。你别看它有民主、自由、平等、博爱这些东西，但是整个社会被什么掌控？被市场经济和资本贪欲，被科学主义、功利主义等控制了，人都被功利化了。人把精神、灵魂、生命扁平化了，他认为这不是一个人正常成长应该走的路，所以他提倡生命教育三十多年。

无论宗教史还哲学史研究，我觉得中国人都应该走出自己一条路来。现在你看郭齐勇，他给了我很多的书，他在探索，我觉得他在中国哲学创新上很有成就，他比较典型。包括陈来，都在探索一条新的路子。他们主张中西结合，但是强调中国特色、中国主体。

干：我觉得您的《中国宗教通史》其实也可以看作是宗教研究的"主体性"的产物。

牟：《中国宗教通史》出版以后，我们在这个基础上，又编写了四卷本的《中国宗教与中国文化》，后来张立文教授推荐给吴玉章人文社科成果奖，得了一等奖。这部书由吕大吉主持，我单独写了其中一卷，与吕大吉合写了一卷，该书讨论了中国宗教、中国文化，就是要用中国文化史来证明宗教是文化，不仅仅是意识形态，其中也涉及到哲学史的问题。我有一个观点，我认为中国哲学史应该写成中国思想史。我不太赞成以前那些中国哲学史，不能人为地用西方的模式造出一个中国哲学史，割裂了很多人的思想。像荀子取一部分，孔子取一部分，老子稍微好一点，因为黑格尔承认他的思想中有哲学。实际上孔子、荀子他们都是一个个的思想家，中国更多的是思想家。所以应该把它写成思想史，不要写成哲学史。中国没有西方那样的传统深厚并独立发展的哲学史，而有丰厚的思想史。

儒家是什么？儒学是什么？既是哲学又是宗教，又是思想，它是个综合的东西。但是我们现在没有办法了，因为不讲哲学，你怎么跟西方对话？怎么接轨？现在是不得已，但是冯友兰也知道单讲所谓哲学的局限性，冯友兰写《中国哲学史新编》，写到最后的时候，他就不止写哲学，而是社会、文化、政治都写了，到后几卷已经变成思想史了。所以我觉得要多写思想史，侯外庐编写过《中国思想史》，但他的框架本身有局限性。我很赞成以后就开一门课叫中国思想史。

干：葛兆光写了《中国思想史》，有很多新的想法。

牟：葛兆光写了一部，正在开拓。中国哲学合法性问题，前一段也有讨论，我觉得归根结底就是在中西文化交流对接过程中发生的问题，似乎我们要到西学中去取得合法性，这本身就是弱势的表现。哪些理念我们可以吸收，哪些理念我们中国要补充，要对等的，还有中国主体的体现，这个探究过程相当艰难的，不可避免地会产生一些问题，不可避免。

但如果不吸收西方，中国哲学要重生也不可能。必须再次给中国哲学输入新鲜血液，完全保守也不行。现在的一些大思想家都是中西融合。西方文化能激活中国文化的生命，在比较中使人们对自己的传统看得更清楚。我们要像张岱年先生所说的进行"综合创新"，多拿出一些有新意、有时代气息的成果，为当代提供有生命力的历史智慧，还可参与世界文明对话。毫无疑问，我不是一个保守主义者。有人称我是文化保守主义者，我不承认，我是文化改良主义者。我不喜欢用"保守"这个词，尽管文化保守不是政治保守，我也不喜欢。我对中华思想文化有坚守，也有改良，也在努力创新。

儒学与儒教问题争论的思考

时间：2012年5月30日

参与者：中央民族大学教授牟钟鉴（以下简称"牟"）

《儒教年鉴》编辑部董学美（以下简称"董"）

儒学与儒教的由来与当下

董：牟教授您好，非常感谢您抽出宝贵的时间来接受《儒教年鉴》的采访。说到儒教，就不得不提到上个世纪以来，由任继愈先生发起的有关儒学是否是宗教的争论，这场争论中，我们看到一个很有意思的现象，就是参与这场论争的学者，大都是研究中国哲学的，那么，您作为一个专门的宗教学老前辈，您是怎样看待这场论争的？

牟：这场争论我很清楚，因为任先生是我的老师，他主编的那套《中国哲学发展史》，我参与了的。任先生对儒学前期评述的那些观点，我是同意的。但是后来他提出，儒教从宋明理学开始形成，我就不同意了，我也不赞成简单否定宗教，所以我就退出了写作组，"吾爱吾师，吾更爱真理"嘛！我始终不能把朱熹看成是一个宗教家。任先生"儒教说"的用意是要否定它，因为"宗教是人民的鸦片"，所以儒教作为宗教需要扫除，它是现代化的障碍。他后来观点也发生了一些变化，对儒学有所肯定。其实，他一直在寻找一种全民性的主导中国传统社会的宗教，他没找着。但是我认为，我找到了，就是宗法性传统宗教，或称为尊天敬祖教。

一、儒学不是宗教

我不同意儒学是宗教，原因是它缺少一个彼岸世界的追求，而落脚在现实人生；另外，如果说成是宗教，不符合儒学的基本精神，即人道为本的精神。从历史上看，儒学不是古代宗教传统的继续，恰恰是从三代宗教的传统摆脱出来的一种人文主义思潮，用仁学的人本精神改造了传统的神学。你要说成是宗教，我觉得不容易准确把握儒家精神、人文精神，所以我不赞成这样一个说法。当然我更不赞成由此而来否定儒学，把它与现代化对立起来。海外有人主张儒教说是想把它提高，认为儒学成为宗教，才达到了超越性的层次，出发点与任先生正相反。如果把儒学说成是宗教，就容易和神学混淆，不容易把握它的精神实质。我觉得最好把它理解成人学，这样就好把握它，也符合儒学是怎么产生的，它是从三代的宗教文化中提升出来的。春秋战国形成一种新的人文思潮，就是百家争鸣，儒家、道家就是这个思潮主要的两个学派，这是我不赞成儒教说的一个理由。

二、儒教说的利与弊

再一个呢，如果你把它作为宗教来看待，你要建立一套组织，需要一个团体，对不对？宗教都得有团体、有组织，而且要进行相应的宗教活动，你怎么办？谁来当教主？教权怎么行施？你是不是要祭拜？因为宗教都有祭祀活动。你是把孔子作为神来祭祀呢，你还是把孔子作为一个伟大的哲人？他是很伟大，但他不是神，不能赏善罚恶，那你怎么办呢？面临这样一些问题，也不好解决。在历史上也有人做这个尝试，最典型的就是康有为嘛。但是康有为说我们这个教和西方不同，叫人道教，他们叫神道教。人道教它本身有一个矛盾，你既然承认它是人道，你又说它是宗教，这样一来的话，实际上我感觉到，主张建立儒教的人是要给予儒学一个宗教的形式，一个形态，而不是把它变成神学。

董：那您怎么看待这种包括康有为在内的想要建立一个儒教的行为啊？

牟：我觉得这个做法自有他的理由。我接触过香港孔教学院的院长汤恩佳，我对他很熟悉。还有韩国的儒教会，他们原来的会长叫崔根德，我也认识。一谈到孔子，他们认为他还是人，不是神，不过很伟大，谈到建儒教团体的宗旨是什么，目的是什么，回答说还是学习怎么做人，怎么有道德，不讲来世得救啊，上天堂啊下地狱啊，不讲这些。那么，我就问，既然如此，为什么非要有一个宗教的形式呢？他们有这样一个回答，就是说，在那些地区啊，尤其在离开中国大陆的周边环境，都认为宗教是最正当合法的，有很大的影响力，如果你不做成一个宗教团体，你就很难和其他宗教平起平坐。因为儒学本身比较松散，它没有自己统一的组织，这样的话很容易散掉的。通过组织凝聚儒学的信徒、儒家的信徒，然后激发他们的热情，有一种祭拜的仪式，然后和其他的宗教，争取一个平等的地位，和它们对话，也可以在社会上发挥作用，他们是从这个角度出发。他们并不是要改造儒学，变成一个神学，他们和康有为的思想是一样的。

康有为的孔教说，有人理解错了，说他是复古，他不是复古，他恰恰参考了西方近现代的社会形态，即现代国家都有一个政权，有一个大教，两者既分立又互相配合。政权是世俗的，但它必须有一个教来掌握整个社会的精神生活，来支撑它的道德。中国没有了教，特别是帝制社会瓦解了之后。因此，他当时的想法，是要通过建立孔教，来掌握中国的文教事业，由它来统摄。所以他是给儒学一个形态，宗教的形态，要有教会，独立出来，层层都有人来掌握。他说，一个国家如果没有一个精神领域凝聚的力量的话，这个国家就散掉了。他是参考了西方的，所以，虽然我自己并不认为儒学是宗教，但是我对康有为的努力是给予积极评价的。

儒教也好，孔教也好，只要是正面的，我都抱一个同情的态度，我并不是认为他们这个工作毫无意义。我只是说，从实质上来讲，儒学是人学，我要坚持这一点。当然，儒学是温和的人文主义，不反神道，而要纳神道入人道，保留一定的宗教性，如天命思想、慎终追远等，其目的是为了更好地实行道德教化。

至于说是不是一定要通过建立一个儒教或者孔教，才能复兴儒学呢，这就仁者见仁、智者见智了。因为它有好处，也有缺点。它的好处就是，使人带有某种宗教感情，可以激发一种敬畏之心，人需要某种程度的崇拜，来约束自己的社会行为，使自己有一个精神的依托。我觉得它能起到一定的作用，这是可以的。汤恩佳的孔教学院，实际上就是康有为的孔教学院在大陆办不了，他的弟子慢慢转移到香港，然后传下来的。所以它在海外及周边地区能够存在，有它的理由。中国香港孔教会是香港六大宗教之一。在韩国，儒教会是作为正式宗教团体登记的，它有它的合理性，但是也带来问题。

问题在哪里呢，我觉得，主要有两个。一个就是容易把儒教狭窄化，就是说它成为宗教团体以后把自己圈住了。实际上儒学的社会功能是全民性质的，它要进入学校。现在政教分离，教育和宗教分离，你把它变成宗教以后，它就进不了学校了，它被狭窄化了，就变成这一个团体内部的信仰问题了。至于有人提倡政治儒学，要用新儒学主导今日政治意识形态，那不仅与社会主义发生冲突，而且使儒学走上歧途，不能做，行不通。而儒学本质上是社会德教，为各领域提供基本道德规范，应与权力和财富保持距离。它不仅仅是一个学派，或者是教派，它应该是一种普世的道德文化，它其中有一部分也有时代性，但是相当一部分是属于超时代的，甚至是超民族的，更超越各个团体的，带有全民性的东西。

现在儒学正在走向世界，因为它提出了很多理念，你说是属于哪一家哪一派的，它不是。你说"和而不同"，整个世界的文明关系规则，就必须"和而不同"，你脱离这个再找一条更好的，你找不到，只能是更坏的，就是"同而不和"，"同而不和"就是"同而相斗"嘛。所以这样一些理念的普世性，使得人人都应成为一个儒者，并不影响你同时又是一个基督教徒或伊斯兰教徒，但是我觉得至少作为中国人，你应该认同儒家的"五常八德"。所以，我始终觉得"三纲"过时了，但"五常"是人生常道，我说"三纲"不能留，"五常"不能丢，"八德"都要有。"五常八德"你现在能离开吗？仁义礼智信，孝悌忠信礼义廉耻，社会是离不开的。凡是中国人，都应该认同儒家这一系列基本的精神、这一些基本的理念。儒家提倡孝道，"孝弟也者，其为仁之本与"（《论语·学而》)，敬爱父母是出发点，但是儒家提出来不仅如此，还要推己及人，由近及远，"老吾老以及人之老，幼吾幼以及人之幼"，然后爱到邻里，爱到社会，然后再爱到天下，"泛爱众而亲仁"。这种孝道难道仅仅是儒教团体内部的事儿吗？这是全民的事儿，都应该提倡，是不是？"仁"就是"仁者爱人"，每个人都应该有爱心，而且儒家这个爱心，和一些西方宗教的博爱，有宽窄之别。现在有一些民族和宗教是要人爱自己这个民族，仇恨其他的民族；我爱上帝，也爱人如己，但是如果你不爱上帝，我可以把你看成是异端，原教旨主义把他教看成是异端，所以在历史上有宗教战争。我们没有，儒家讲"四海之内皆兄弟"，不分民族的、不分国家的，一体皆爱，是吧？而且要"辅万物之自然"、"赞天地之化育"，就是说万物也得爱，天人一体。后来儒家再三地发挥，要爱人及物，要爱动物植物，甚至是无生命的东西，一片瓦，一块石头，你也不要去破坏它。这不是哪个团体的问题，而是普世的事物，所以我觉得把儒学变成一个宗教团体啊，把它狭窄了，容易有局限性。

还有一个缺点，就是现在有一些宗教团体及一些政党，它有它的主义，那么，一旦建立了一个组织之后，它就有它的教权、党权。它的教权、党权假如说不能体现它的教义与主义，不能体现它的理想，怎么办？就发生矛盾。宗教教权要求它有组织性、纪律性，很麻烦。掌握教权的是人，人都有缺点。

董：在传统的儒家里面，它没有这个问题吗？

牟：没有这个问题，因为它自己没有单独的组织。国家有教育机构，唐朝以后有科举制度。当时确实有功利性的一面，要考试，要去读一些儒家的经典。元朝以后用"四书"取士，你不读经就不行。但儒学各个学派的传布是开放的，很自由，我认同程朱我就读他们的书，我不赞成我就读陆王的书也可以。它并没有一个组织上的硬性的规定和限制，当然它的书院也有一些规则，但是那些规则都是为了更有序地运作，你可以走，你可以来，是流动性的。孔子教育人是这个特点，他的学生"仕而优则学，学而优则仕"，你学了一段去做官，做了几年官也可以回来再学，是终身的学习。孔子既不强制学生来学，也不设置门槛，有教无类。而作为宗教团体的儒教一旦建立起来，虽能够起到弘扬儒家思想的作用，但会有一些弊病。要复兴儒学，可以有各种方式。有的可以建立学派，有的建立教派，对不对？一部分人搞儒教，只要做得好，社会作用好，是可以的，千万不要内部搞你争我夺。过去教会的内部就出现很多弊病，一旦出现争权夺利，再去宣传儒家的思想就没有力量了。体制以外有很多书院，有儿童读经，民间也有很多孔教的、儒学的团体，我觉得大家可以各种方式来共同努力。

三、敬天法祖与儒学的并立与互补

任先生早期的文章，有的是我整理的，我知道他的想法。我认为任先生确实在找中国固有的大宗教，除了佛教、道教、基督教、伊斯兰教以外，中国有没有自己的一个大的宗教？任先生找到的是儒学。我也不否认儒学在中国起的作用相当于基督教在西方起的作用，它的社会功能毫无疑问与之类似。在广义教化的"教"的意义上，儒学确实是最大的教，但它又不是真正的宗教。怎么办呢？我觉得我找到了，那就是敬天法祖。

敬天法祖教在儒学以前、在三代早就有了，就是敬崇老天爷和祖先，那是实实在在的宗教，因为天神是最高神灵，人祖是先人灵魂的继续，天祖存在于超世的彼岸世界，这是宗教的基本特质。但它没有一个教团，而且它很宽容。你敬天法祖，你同时可以是别的教徒。我称敬天法祖为基础性信仰，具有全民性质。但是它和儒学是两条线，儒学有它的学统，它比较晚，几乎不受这个教统的影响。敬天法祖有它的教统，它依靠的力量：一是靠政权系统，皇帝在天坛祭天，在太庙祭祖，而不同等级有不同祭祀规格；一是靠家族宗族系统，祭天地君亲师和远祖近祖，遍及城乡。教统与学统互相有交叉，但不是一回事儿。儒学发展不依赖敬天法祖教，敬天法祖教的传承也不受儒家学派的制约。当然它有一套礼仪的规定，需要学者加以阐释和创新，谁来做呢？由很多儒者来做，就是礼学，所以敬天法祖教与儒学又有某种交叉。

董：您刚刚也说，这个敬天法祖传统性宗教的操作，是依靠儒者来完成的，那么，对于您这个敬天法祖的宗教，我可不可以认为它就是儒教呢？

牟：从严格意义上讲，它不是儒教，因为它不是儒家提倡出来的，它的根更加深远，三代之前早就有了，它不是孔子创造的。不过我现在有一个新的想法，如果从广泛意义上提出一个大儒学概念，它包含两部分，一部分就是敬天法祖，就是宗教的教统；另一部分包括学统下面的各个学派，以经学为核心。经学是到汉代才有的，汉代有今文经学、有古文经学。到了魏晋的时候，我们称为玄学经学。唐宋以后到明清，有理学、心学，还有气学。近代康有为的今文经学，还有章太炎的古文经学，一直发展下来的。现在有当代新儒家。这是一条线，儒学作为哲学，或者作为"人文的思想"，是学统的线。另外一条线是敬天法祖的教统，主要体现为制度文化和礼俗文化。两者是人文和宗教的交叉，是和而不同的关系，不能混为一谈，因此我不赞成把朱熹说成是宗教家。

董：嗯，所以我觉得有关儒学是否宗教的争论，是不是有个概念上的谬误，就是儒学它肯定是一种学问，不然也不叫儒学。最起码也应该说儒教不是宗教，这个才没有矛盾嘛！

牟：你可以用今天的话语，把敬天法祖说成是一种宗教，而实际上它的产生和儒学没有关系。但是从更根本来讲，两者都是礼文化，儒学是从人文的角度把礼文化提升，孔夫子多了一个"仁"，把它提升了。而社会继续保持礼文化宗教祭祀，这样的传统一直保留着。

董：我觉得在某种程度上是对这个"礼教"，就是您说的这个敬天法祖的宗教做一个论证。比如说孔子的"仁"是在对这一套系统做论证，所以儒学和儒教的关系，是不是就像佛学和佛教的这种关系？

牟：所以我就又提出"三教六家"说。佛学呢，严格意义上讲，在中国的佛学，已经不是宗教了，它已经成为一种人生智慧，用来解除人类烦恼的，有超越精神的一种智慧，或者一种哲学。所以佛学更多的偏向一种哲学，它不是宗教，佛学家并不相信释迦牟尼是神，而说他是大觉悟者，让你解脱烦恼。章太炎说佛学是无神论，但是他只说对了一半儿，普通老百姓和普通佛教徒却离不开宗教，把释迦牟尼看成神，四大菩萨也是神，观世音大慈大悲、能救苦救难，没有这个信念不能解决普通老百姓的人生困惑。所以我觉得佛学和佛教实际上同时并存，又互相纠结，分又分不开。

还有道，道家和道教，开始的老庄道家，讲道法自然，没有道教，老子和庄子都是哲学家。后来有了道教以后，把老子变成了太上老君，变成了道德天尊，成为教主，又把《道德经》变成《道藏》的首经，把它宗教化了。但道家和道教又有共同点，它们都以"道"为宗旨，为归依，都"尊道贵德"、"清静无为"。两者又不同，如生死观不同。老子、庄子都认为生死顺其自然，没有讲长生不老。老子书里讲"死而不亡者寿"，他是说人都有死，"不亡"是精神不亡。你看《老子》《庄子》，基本的人生态度是生死气化。可是道教讲长生不老。另一个是道家强调"相濡以沫，不如相忘于江湖"，不赞成人际之间太过密的来往；而道教呢，一定要组织团体，所以它成为宗教。老子不讲神，讲"道法自然"，而道在"象帝之先"。道是一个自然性的本源，不是有意志的。可是道教是多神教，"三清四御"等，其神灵在数百以上。所以道家和道教有区别又有联系的。这就是三教六家。

董：还有就是儒学跟敬天法祖教？

牟：对，它们是礼文化，佛教是禅文化，道教是道文化。这三大传统——礼文化、道文化、禅文化，三者内部是一种宗教对应、一种哲学。这都是今天用的概念，在古代中国，它从来没有像西方那样人文和宗教之间张力很强，在中国两者界限很模糊，但还是有所区别。

董：您刚刚说现在儒教的提法，会把它狭窄化，这种情况一方面是提倡儒教导致的，另外一个原因是不是也和中国在现代化背景下，没有宗教传统也有关系？如果大家都有宗教的概念，那是不是就会没有这个问题了？

牟：对儒教，我并不是要否定它。这些提倡儒教的人，他们可能感觉到中国在现代化的过程中面临着文化危机，现在就是信仰危机、道德危机吧？还有主体性危机，现在文化主体性丧失，怎么办？在这个过程中我们搞了市场经济，市场经济确实解放了生产力，但是也释放了人本性里的贪欲，因此形成一种强大的冲击力，这是我们搞市场经济的人没有想到的，它已经冲击到社会生活的方方面面了，社会严重功利化。很多人很焦虑，老百姓也不满意，觉得没有精神的追求，感受不到幸福。尔虞我诈、拜金主义、假冒伪劣，现在吃的食品都不安全，每个人都受到危害，所以现在重新呼唤道德。在这个形势下，有一部分人觉得要结成一个团体，用一种道德的力量、精神的力量，来抗衡这个冲击，来形成对这个功利社会的一种制约。

我认为儒教有一定的合理性，因为它结成一个团体，有一定的力量。儒家很松散，原来它有科举制度、有官僚体系，国家提倡经学的系统。现在，儒学是"皮之不存，毛将焉附"啊，现在这个载体没有了，有人说它是游魂，就是游荡的精神，于是有人觉得有个团体就比较好。但是，中国人历来习惯了松散的状态，儒家的教育就是每个家庭都是一个学校，书院也比较松散，习惯了这样一种状态。汉族知识分子习惯于到儒道两家寻求安身立命，而汉族老百姓则信各种宗教，但这些宗教规模都很小，地方性的。汉族老百姓有千千百百种宗教，像龙王、土地、妈祖、保生大帝等。但是汉族知识分子历来宗教观念比较淡薄，不习惯建立宗教团体。

儒学复兴是全社会的事业

董：那是不是现在这种没有传统社会基础的情况下，像这种宗教的团体——儒教的团体，是不是会填充以前宗法性传统宗教这块儿所发挥的作用？

牟：但我看来，蒋庆等先生的注意力不在宗法性宗教上。我看到很多地方在重新建立祠堂，民间的、家族的、乡里的，重新在祭祖、祭天，尤其是南方恢复得很多，北方差一点。

董：是，我们家那边就有很多人都在修族谱。

牟：嗯，我觉得这个力量可能是最大的，靠学者组织一个团体来推动，和他们相比，可以说是微乎其微的。所以，中国人敬天法祖的恢复在民间。我是山东烟台郊区人，家乡现在只有基督教在发展，其他的庙宇，还有祭祖等，基本上通过历史的批判、改革，都扫掉了。只是有一些年纪稍微大一点的人续族谱，我就给他们以支持。祭祀活动可能得依靠地方上自发地起来推动，地方有这个深厚的传统，重建宗教性民俗文化对民间的精神生活、文化生活是有好处的。否则的话，乡村就失掉了联络的文化纽带。原来有人民公社，有生产队，有支部，有政权层层管理。现在形势不同了，只剩下市场了，造成人心松散、道德败坏。如果能恢复敬天法祖，就有一点儿凝聚力，给人一点精神的寄托，对于改善社会风气是有好处的。通过祭祖，可以加强孝道，促进家庭和谐、乡里和谐。

董：那就像您刚刚说的，您家乡那儿，以前的农村可能都被城市化了，以前的敬天法祖的传统在乡村社会里就很自然的，但是现在城市化以后，它还能发挥作用吗？

牟：现在这是一件非常麻烦的事情，社会学家正在研究，我也看了一些文章。我自己回乡到处看看。以前乡村是熟人社会，而现在逐渐演成陌生人社会、流动社会，陌生人社会是流动社会造成的，因为现在是市场经济，大规模的流动。尤其是离大中城市比较近的农村有大量外地的打工者，城中心区房子比较贵，他们就到郊区来租房子。像我的家乡，原来离市中心二十里地，现在基本上城市化了，还有一点儿平房几乎都出租了，当地的人都上楼了，然后把老房子就租给外地人。我们村子里面，由于人口流动的结果，可以说有一半的人是外地人，我妹妹住的村子离城里更近，一大半儿是外地人，完全打乱了原来的宗族系统、乡社系统，原有的乡里格局完全没有了，这是一个新问题。这也是为什么我们家乡的祠堂建立不起来的一个原因，互相之间都是陌生人，就像我们现在城里的小区一样，互相都不串门的。要重新建立一个小区组织，不是宗法的了，因为它不是同姓，不是血缘，现在叫社区，叫居委会，用这种方式来重新建立。它不可能供一个共同的祖宗啊。但家庭不会消失，原来说要消灭家庭，永远不可能，人类永远不可能消灭家庭。

董：家庭只是变小了。

牟：对，现在是小型家庭，叫核心家庭，原来的大家庭现在没有了。这就是一个很新的挑战，怎么办？五大宗教可以起作用，但是祭祖难。为什么宗教可以起作用？因为宗教可以把不同宗族的人、不同地区的人以共同的信仰组织到一起，这个信仰是指佛教啊、道教啊、基督教啊，它们就起作用了。我们家乡，基督教徒就经常聚会，不一定是当地的人，只要是参加基督教的人就可以。

董：那这样的话，儒家的前景岂不是很堪忧？

牟：在乡村，现在南方的祠堂恢复得比较多，这说明那些地方宗族在一定的程度上还占有很大的优势。在我们家乡，我把希望寄托在学校。我认为在古代，在很早以前，有乡校，或者私塾，或者书院，都建在地方。书院在地方上成为当地的文化中心，传播儒家的思想。现在小学、中学的老师，和当地一些退休了的干部，或者经常回家的一些文化人，和一些企业家，和各行各业的人结合起来，重新建立一个地方性的地区性的文化中心。

董：但是在现在，至少，在近期的话，像这种学校啊，文化人啊发挥作用，只能靠自发，可能还是比较有限。

牟：嗯，但今后慢慢会变好。以前有当地的绅士、乡贤，还有一些老师，一些退休的官员在做地方文化事业。过去的官员退休之后基本都不留在城里的，过去那些达官贵人，官阶很高的都回到祖籍村里去，给地方办一些事情，办学校啊，推动文化建设啊，过去是这样的，现在全部打乱了。所以这个力量，我觉得要整合，需要一段儿时间，民间是有这种需要的。我们村子里现在就有一些相应的文化活动，他们吸收一些退休的，城里的，甚至是打工的，但打工的比较少。打工者有时候把他的父母长辈带到那儿，他们没事做，也被吸收进去进行文化活动。所以乡村的文化建设究竟该怎么做，这是一个新课题。

流动社会造成陌生人社会，这是一个问题。中国社会还有一个问题就是，现在有一批新穷人，新的穷人，据说有两亿五千万之多，就是第二代打工者。他们进到大城市，不想回农村，也没干过农活，也有一点点文化，这些人的诉求又比他们上一辈要强烈得多，要求也高，而到了大城市，又融不进城市文化圈，出现了很多问题。费孝通先生提出要大搞小城镇建设，不要都挤到大城市，把小的城市、小的县、小的镇建立起来。房子也比较宽松，空气也好，环境也好，节奏也合适。还有一部分农村，特别贫困，没有什么改变，青壮年都走了，只留下妇女、老人、孩子，被空壳化了。我觉得人口要分散，小城镇把这些人吸引去，不要都涌到大城市里。基层的建设，社区的建设，应该是今后社会建设的一个重点。

至于说到儒家，我觉得你不一定是一个儒家团体，不一定是一个宗族，只要你认识到儒家的基本道德规范是具有普世性的，你去推动，都是可以的。佛教和道教，在历史上都是儒家的功臣，他们以神道的方式来宣传儒家的伦理。所以儒家应该是全民的，社会上下各阶层都来推动。你看历来的宗教，佛教还有道教，它们的宗教道德基本认同儒家，再加上神道设教，强化了道德。

董：那就是说，在乡村，儒家以后有可能的一种形式，以学校来恢复和发展。那在城市呢？

牟：在城市，我觉得比在农村要好办一点，至少城市的学校多，文化人多。像北京这么多大学，研究机构也很多，有一个很大的学者群体，所以它就有力量来做普及，学者来做推动。还有一个重要的推动力量是企业家。将来儒学会附到企业家身上，叫儒商。越来越多的人致富以后，有更高的精神追求，开始关注传统文化，第一位关注的是儒学。我接触过一些儒商，当他们修养到一定程度的时候，主动捐资办一些学校，办一些文化事业。中国新的民间书院，现在已经有一千所了，主要工作是传布中华文化。听说现在全国有几千万儿童，在体制外读经。北京四海孔子书院就在开拓民间办学、以中华经典为主课的新路。社会贤达，还有一些儒商，都在推动儒学的复兴，将来不是没有出路。他们感到儒家的思想博大精深，符合现代文明，就会想出办法来进行推动。我们应该对各方践行儒学的人们表示敬意，他们做的事情，我就做不了，因为我也就是一个学者，在书斋里写点儿东西，而写的文章大部分都是给学者看的。我的思考达不到社会的基层。所以，我很佩服那些在民间普及儒学思想的朋友。关键是内涵，你只要是抓住了儒家的精神内涵，怎么普及都行，以什么方式普及是第二位的，普及的方式可多种多样。

儒释道三教的道德教化功能

董：您在文章里提到，儒教是教化之教，不是宗教之教。但是在古代，总是儒释道三教并称，儒教的教如果是教化之教，那么，佛教和道教的教是不是也是教化之教呢？

牟：人们也是在教化意义上说佛教和道教的，因为在古代，中国人从唐以后就开始讲三教——儒释道，它们不是今天发明的，不管它们是宗教信仰还是人文学说，第一位的是道德教化。这和西方不一样，西方的宗教，第一位的是对神的崇拜，第一位的是要爱上帝，是要信上帝。而在中国，历史上第一位的是看你的道德功能怎么样，管你是什么信仰都得劝善，都得行善积德，所以一看到三教就认为是道德教化。实际上它们之间是有区别的，如佛教称儒学为"世教"，自称"方外之教"，这就是入世与出世的差异；但人们的着眼点是教化，所以叫它们三教。儒教是在道德教化的意义上的称谓，不是在我们今天"宗教"的意义上的称谓。今天我们一讲"教"，就是宗教。你是在哪个意义上说的"教"，你得说清楚，因为现在受西方的影响很大，你不能不分。将来还面临一个问题，你要不要登记啊？宗教局同不同意你作为一个宗教团体来登记？

董：那您觉得宗教局应不应该给儒教登记啊？

牟：儒教要申请的话，如果宗教局不批，民政部也可以批。在港台有很多社团，它不太强调宗教性，而强调它是社团法人，当然你得遵守它的社团法。民间信仰的情况杂而多端，不一定都要成立一个全国性的组织，我觉得地方分散管理就行了，你到地方上民政部门去登记就合法了。现在不是有宗教三色市场理论吗？红色、黑色和灰色，红色是合法的，黑色是非法的，灰色是模糊的，既不取缔也不在你管理的视野之内。我觉得将来可以作区分，有一部分它很明确的是宗教，宗教局可以承认，或地方宗教局承认；有一部分文化性比较强的，可以作为文化团体，港台都有一些经验，我们不妨去学习。

董：那么，我觉得那些推动儒教的人，是不是也不需要那么强调它的宗教性啊，而是只需要做这样的工作就可以了？

牟：我不知道他们要怎么运作。我是觉得只要民政部门同意你这个团体是合法的，你去做就行了。当然你不去登记，也没人取缔你，现在比以前宽松多了，人家也就认为你是个学术团体。学术团体实际上也得登记啊，你只要涉及到了社会的共同生活，就要求你登记的。如果纯粹是个学派，那就不用登记。比如说只要几个人，观点一致，在一起探讨学问。现在不是提倡小政府大社会吗，社会这一块在将来要很好地发育，在新的流动社会情况下，除了偏远地区，在东部地区，我觉得都要跨越宗族，不得不跨越。社区建设这一块至关重要。社区不妨请一些学者去讲一讲，社区的领导也学一点中华经典，掌握些中华文化，然后把中华文化的各种资源开发出来，运用到社区的工作里去，让它们丰富多彩。

董：如果这样发展的话，儒家的一些理论是不是也就要做一些相应的调整呢？

牟：是。一部分人的工作就是普及，使儒学生活化。还有一部分人，就是儒家学者，要推出新的带有创新性的儒家学说。必须要转化，必须要创新，不能把宋明理学直接搬过来。因为情况不同了，有了中西文化融合的大背景。老一辈的学者已经在做了，我们要继承。冯友兰先生的新理学，贺麟先生的新心学，还有张岱年先生的新气学，都要传承创新。张先生主要是把唯物史观和历代的气学结合，冯先生把新实在论和宋明理学结合，贺麟先生是把康德、黑格尔的一些思想和陆王心学相结合，还有港台新儒家牟宗三、唐君毅和徐复观这些人，都是融合中西。我们大陆的儒家学者，应该推出一些新的学说，起到对传统儒学提高的作用，要吸收西方的一些营养，做一些创新。没有学术创新就没有一个中轴。对古代经典，要进一步钻研得透彻一点，历代的儒学也要吸收。当代新儒家接近今天现实，一定要继承这份遗产，然后再想办法超越他们。

　　董：您提到的那个宗法性传统宗教，是为了研究方便才如此称呼这个概念，要是在古代，它应该怎样称呼？

　　牟：在古代，"二十四史"里有一个"礼志"，或者"礼乐志"，有五礼，其中第一个是吉礼，吉礼就是中国的宗法性宗教，祭天祭祖祭社稷，"二十四史"都有记载。最早《史记》里叫"封禅书"，《汉书》叫做"郊祀志"，《后汉书》叫做"祭祀志"，后来的史书叫做"礼志"、"礼乐志"。所以有人说，不妨叫礼教。宗法性宗教只是我个人的提法。

　　董：您这样称呼的话，把它的特点可能更突出了。

　　牟：对，它和宗法性社会宗法文化是相结合的，所以才称为宗法性宗教。我也不反对用礼教，只是"礼教"和五四时期批判的旧"礼教"要区别。以"礼"为教就是礼教，古代就是靠礼来教化社会。"仁"是由学者阐发出来，是"礼"的灵魂，要灌输到"礼仪"里面去。但是一般老百姓还是要靠礼，从小按礼的规范成长。"吉凶军宾嘉"，通称五礼。今天婚礼再像当初也不可能，需要调整一下，还可继续。我们现在讲文明礼貌，主要指礼仪。宗法性宗教叫礼教也可以，第一位是敬天、第二位是法祖、第三位就是社稷，即农业祭祀，再就是山川日月鬼神之祭。

　　董：礼是挺重要的，现在读经典的这些孩子和没有读过经典的孩子，在行为举止上差别特别大。您对我们《儒教年鉴》的工作，有什么期待？

牟：从儒教的角度，你们把相关的儒家团体、活动、报告、访谈、文献、论著目录、争鸣、大事记等整理出来，收集在一起，正式出版，还要做年鉴。这不是一般的研究，而是跟踪考察一种重要的新的社会现象、文化现象，展示时代的一种发展路向，是很有意义的。我自己也从中受益很多。我与彭永捷教授较熟，我一向对他是很尊重的，他做了很多事情。在中青年学者里面，他是很优秀的，他很有作为，有儒家气象。用儒家的精神做儒学的事业，我一直提倡这个，愿我们共勉。祝《儒教年鉴》办得出色！

中西文化主要特征之比较

中华文化和欧洲北美为代表的西方文化，是世界多元文化中最具对应互补性的两极。按照钱穆先生《中国文化史导论》的解释，不同的自然环境和生活方式形成不同的文化类型。西方是商业民族，故流动进取，其文化特性为"征伐的"、"侵略的"。中国是农耕民族，故静定保守，其文化特性常见为"和平的"，中国又是古代唯一的大型农业国，因此文化绵延四五千年之久，堪为农业文化、和平文化发展最有成绩之唯一标准。我们还可以再加上一句：长期的家族社会与农业文明相配合，造就了中华独特的追求安宁、友善、和谐、伦理的文化。而这种文化与中华民族生活在亚洲大陆温带半封闭半开放、自成一体的广袤肥沃大地上是密切相关的，也要归功于古邦国时代从黄帝到尧舜等英雄祖先勇于创造百物以利苍生的胸怀与勤奋，开启了中华"克明俊德"、"平章百姓"、"民惟邦本"、"协和万邦"的崇德、重民、贵和文明的早熟和博深。尔后便是夏商周三代尤其周公制礼作乐而兴起的德导礼齐的好传统，如："皇天无亲，惟德是辅"、"民之所欲，天必从之"、"怀保小民"（《尚书·无逸》)、"敬明乃罚"（《尚书·康诰》)、"明恕而行，要之以礼"，其精神方向是把敬天与保民结合起来，以德为先，礼主刑辅。孔子祖述尧舜，宪章文武，集五帝三代之大成，用仁和之学实现了中华民族道德理性的自觉，经过孟子仁义并举、荀子以礼行仁和汉代表彰六经，遂形成中华民族以人为本的"五常"、"八德"的主导性道德体系和核心价值，其中"仁义"为灵魂，"忠孝"为基石。社会体制不论如何变动，社会道德的基本内涵一直延续下来，成为中华文化的基因，进入中华民族的血脉。

当代中国，由于西方文化的猛烈冲击和思想渗洗，中华文化的基因发生一定程度变异，但未被取代，已渡过衰变期，正在重生，将由于有旧质退出和新质进入而展现其空前的生机和普世价值。从比较文化学角度看，中西文化各自走了不同的道路，形成一系列对应性的差异。

中华是人本主义，西方是神本主义

中华思想核心是儒道佛三教，而以儒学为主导，道、佛皆受其滋养。儒学是东方伦理型人学，而非宗教神学。孔孟之道是阐述如何修身齐家治国平天下的学问，即如何做人和处世，简单地说就是要做有仁义、有涵养的有德君子，进而担当起治国安邦的责任，孔子称之为"修己以安百姓"（《论语·宪问》）、"博施于民而能济众"。对于来世与鬼神，孔子儒学采取"敬鬼神而远之"（《论语·雍也》）和"神道设教"（《周易》）的态度，即不热心于神道（古代宗教），同时也主张发挥神道推动道德教化的作用。从孔子"未能事人，焉能事鬼"、"未知生，焉知死"和"不语怪、力、乱、神"（《论语·述而》）的话语中可知，他以今生今世立身行事为重，对来世和彼岸采取存而不论的态度。对于敬天祭祖的传统信仰，他认为人应当对天道、祖宗保有敬诚之心，故曰"畏天命"（《论语·季氏》）、"祭神如神在"（《论语·八佾》）、"祭思敬，丧思哀"（《论语·子张》）、"慎终追远，民德归厚矣"。孔子虽不是宗教家，也不是无神论者，而是主张保存神道，使之为人道服务。在孔子之后的儒者，有的偏向无神论如荀子，有的偏向有神论如董仲舒，但都以仁礼之学为核心，又都肯定神道设教的作用。至于张载气学、程朱理学、陆王心学都围绕人的心性问题而各自建构体系，并不热心神学。张载云："鬼神者，二气之良能也。"（《正蒙·太和》）朱熹云：

"鬼神不过阴阳消长而已","鬼神事自是第二著","且就日用紧切处做工夫"(《朱子语类》)。王阳明云:"我的灵明,便是天地鬼神的主宰。"(《传习录下》)王夫之云:"盖鬼神者,君子不能谓其无,而不可与天下明其有","不能谓其无,《六经》有微辞焉,郊庙有精意焉"(《读通鉴论》)。

孔子儒学的温和人本主义不仅体现在对他人信神的包容,而且背后有深刻的人文哲理,即人需要神道又不能溺于神道。如敬天可以使人不妄为,祭祖能够培养孝道,其宗教祭祀意义在于报本返初,不忘天祖恩德,因此"祭者,教之本也已"(《礼记·祭统》)。归根到底,行神道是为了弘扬人道,人始终是关注的中心。如果迷信神道,损毁人道,以神役人,那就是主次颠倒、南辕北辙了。天命是人力无法改变的,但人应当也能够在生命成长和博施济众上发挥主观能动作用,即"成己成物",这正是儒家人生论关注的重心。孔子、孟子坚信人的本性里就有向善的种子,不需要向外寻找,故孔子说"我欲仁,斯仁至矣",孟子说"人皆有不忍人之心"(《孟子·公孙丑上》),"存其心,养其性,所以事天也"。儒家把主要精力用于人性的修养及其向外的扩充,将其视为"事天"的途径,人性通于天道,天道护佑有德,都是为了人和人的社会走向文明,同时用神道补充人道、辅助人道。熊十力对儒家人文精神有生动的概括:"尊生而不可溺寂,彰有而不可耽空,健动而不可颓废,率性而无事绝欲","无宗教之迷,无离群、遗世、绝物等过失,亦不至沦溺于物欲而丧其灵性生活"(《体用论》)。

佛教道教有弥补儒学缺乏来世、彼岸的不足,以满足民众对超越命运与生死的精神需求。佛教的六道轮回、因果报应,道教的起死回生、炼养致寿,对人们有很大吸引力,开拓出自身的生存空间。但在儒家强劲人本主义影响下,佛、道二教越来越具有人本主义色彩。中国佛教发展出佛性本有、净土在心、顿悟成佛的禅宗,从此,在"入世中出世"的人间佛教成为主流。老庄道家以天道立人道，倡导"以百姓心为心"（《老子》第四十九章）。及至道教，虽以长生成仙为宗旨，而必落实到"以识心见性、除情去欲、忍耻含垢、苦己利人为宗"（《郝宗师道行碑》）的养生济世事业上，以尊重生命、爱护生命、优化生命的"生本主义"为最高价值追求。在中华文化中，儒为主导，佛、道为辅翼，这个格局稳定维持了二千多年。中国人普遍信天神，也有很多人信孔圣、信佛、信仙，但认为天佑善人，人皆可为尧舜、人皆可成佛、人皆可成仙，在神与人之间没有不可逾越的鸿沟，只要积德行善都可超凡入圣，主动权在人手里。

中国民间宗教发达，民众离不开宗教，但其信仰杂而多端、地方性差异很大，而且高度世俗化。它使多神崇拜与日常生产生活、人生礼仪、节日庆典相结合，无事不登三宝殿，有求诸神皆烧香，宗教祭祀直接服务于人间现实的需要，处处展示着人本主义精神，为此可以多教兼信，成为"信仰的混血儿"。民间诸神中很多是历史名人、有功德于百姓者，人们立庙祭祀以表达感恩且盼望能保护地方安宁、消灾来福，人与神之间是比较亲近的。

西方人的主要信仰是基督教，相信上帝是绝对唯一神，全知全能、尽善尽美，相信圣父、圣子、圣灵三位一体，创生宇宙，主宰人间；人有原罪，只有皈依耶稣基督才能得到拯救。中世纪的欧洲曾是基督教的一统天下，11世纪基督教分化为罗马公教、东正教，16世纪宗教改革运动中出现基督新教。在启蒙运动之后的现代化进程中，西方国家实行政教分离，基督教逐渐退出政治权力运作、退出国民教育和科学研究。但基督教至今仍是美国和欧洲国家的道德基石和文化底色，上帝代表最高真理的信念是不可动摇的，"基督以外无拯救"仍是主流意识（保罗·尼特《全球责任与基督信仰》）。即使西方人认为具有普世价值的民主、自由、人权、法治、理性，也与基督教信仰有着内在的血缘关系，也就是说，人性是为己和邪恶的，必然相残互斗，上帝引导人类订立契约，保证社会生活有正常秩序。启蒙运动致力于摆脱基督教神学的束缚，提倡自由、理性和科学，极大地解放了生产力和人的思想，推动了现代化进程。看起来它是从神本主义转到了人本主义，西方文化走向改变了。可是基督教在社会道德生活领域仍然有雄厚根基。

美国人有很深的基督教情结，即白种的盎格鲁－撒克逊新教徒，自认为是上帝拣选的民族，有义务用基督教拯救全人类，所以要输出价值观，充当世界警察。在美国国内，社会道德仍由基督教作为主要精神支柱，社区生活处处存在着教会的身影，公益慈善事业大都由基督教会担当。在西欧，具有正式基督教徒身份的人减少了，但基督教仍以公民宗教的形态影响着社会大众，道德与宗教仍不可分割。对于多数西方人而言，没有宗教的道德是不能想象的，人性恶已成为集体潜意识，人性需要上帝的威权和基督的拯救才能去恶从善。当代西方人本主义以无神论激烈反对宗教神学，但它崇拜最高唯一真理上帝的思维方式没有变，只是在把"神本"变成"人本"的同时，又把"人本"变成"己本"，自我成了新的"上帝"，资本释放了贪欲，人性没有解放，而是异化为财富、权力、野心的俘虏，人仍然被金钱拜物教控制着，这既不是真正的宗教神学，也不是真正的人本主义，需要加以反思改造。

中华是道在万物，西方是理念绝对

中华文化以孔子儒学和老子道学互补为主脉。孔子讲"志于道"（《论语·述而》）、"朝闻道，夕死可矣"（《论语·里仁》）、"人能弘道，非道弘人"（《论语·卫灵公》）。其所谓"道"主要指向社会正常发展的基本规律和治国理政的基本法则，与之相对应的是"器"，即具体事物。《易传》云："形而上者谓之道，形而下者谓之器。"这里的"形而上"指超乎具体形象，看不见摸不着，但不脱离"形而下"的事物，"道"内在于"器"之中，需要人去发掘、洞察。儒家的治国之道主要是从尧舜和夏商周三代的治乱兴衰历史经验教训中总结提炼出来的，如"导之以德，齐之以礼"、"政者，正也"（《论语·颜渊》）、"选贤与能"（《礼记·礼运》）等。宋明道学家提出"天理"的核心概念，乃是结合"天道"与"人道"而成的，强调"天理不外于人情"，做事情要合情合理，天理并非终极实体，而是生活常道。

老子讲的"大道"看起来是超言绝象的，但它不是脱离万物、高高在上的一个绝对终极存在物，而是宇宙生命的不息的生机和能量，它就在万物生命之中，故曰"万物恃之以生而不辞"（《老子》第三十四章），"绵绵若存，用之不勤"（《老子》第六章），万物得道则生，失道则死；它不是造物主与宇宙主宰，故曰"生而不有，为而不恃，长而不宰"（《老子》第五十一章），"衣养万物而不为主"；它体现万物存在和发展的规律，潜存于万物运动之中，故曰"道者，万物之奥"，"道常无为而无不为"（《老子》第三十七章）；它没有意志，不发号施令，只顺应万物本性而行之，故曰"道法自然"，它就像水一样，"水善利万物而不争"（《老子》第八章）。中国人认为"道不远人"（《中庸》），把它视为真理、理性、善美的代名词，以求道、悟道、弘道为人生追求。当然，道教崇拜"大道"，并将之神化为"三清"等高位神，但高位神不是绝对唯一神。道教诸神皆有其阶位和管辖的领域，不是无所不能的。如"三清"神各居不同的天境，"四御"神与"三官大帝"各有自己的统属和分工。道教是多神教，而且强调人通过修炼，逐级向神仙提升，故曰"积善成仙"、"功德成神"，许多神仙是由人修习而成的。

西方文化从古希腊起就用形式思维追求一个超乎万事万物之上的"绝对"。柏拉图提出"理念"说，认为在现实世界背后有一个理念世界；前者是个别、相对、变动、偶然、暂时、有缺陷的，后者是普遍、绝对、静止、必然、永恒、完美的；"理念"是事物的"共相"，先验于事物，是事物存在的根据；宇宙创造者以"绝对理念"

创造了宇宙。柏拉图主义是西方哲学史上影响最大的哲学体系，现代英国哲学家怀特海不无夸张地说：全部西方哲学史不过是为柏拉图的思想作注脚。他的"绝对理念"成为基督教论证绝对唯一神上帝的重要理论基石，又推动了作为西方主流哲学理性主义的发展（参看张志伟主编《西方哲学史》）。基督教的"上帝"是绝对的、永恒的，永远代表着真善美，永远高于人间和万事万物，信仰者必须无条件加以崇奉。三位一体的耶稣是人类救赎的唯一引路人，他要求人的美德是顺从。德国古典哲学家康德认为知识的内容是经验的，而知识的形式是先天的，由此论证了理性的普遍必然性。康德对于自然和道德有敬畏之心，他虽然把上帝请出道德领域，却用"绝对命令"取代了上帝的位置，未能使道德回归现实生活。黑格尔在柏拉图哲学基础上提出"绝对观念"，把它作为世界的本质，它在发展中经历了逻辑阶段、自然阶段、精神阶段，最后返回自身，它与"绝对理念"、"上帝"是同一的，只不过有一个辩证发展过程（参看《中国大百科全书》）。在西方主流意识中，人们必须崇拜一个绝对的唯一的终极存在，作为信仰的支撑。

中华是德性文化，西方是智性文化

作为中华思想文化主体的儒家本质上是一种社会德教，即道德教化之道，其重心在用善德引导人们做人处世，不断推动社会文明的进步。

孔子的志向是"修己以安人"（《论语·宪问》）、"老者安之，朋友信之，少者怀之"（《论语·公冶长》），其学说的精华在于以仁爱为人性之基质，提倡经由忠恕之道将爱心从敬爱父母推广到泛爱众人、博爱万物，使社会走向太平。《大学》把德教系统化了，开宗明义："《大学》之道，在明明德，在亲民，在止于至善。"大人之学在于把古圣贤的光明之德彰显出来，普及于民间，使社会臻于道德完美的境地。为此，要从修身做起，社会上下"壹是皆以修身为本"，进而齐家、治国、平天下；由自身道德修养为起点，以家庭和美为中介，以社会安宁太平为目标的"成己成物"的进路，成为孔子儒学一以贯之的价值追求。就个人而言，要具有"三达德"即仁、智、勇的君子人格，而以仁德为主导。就家庭而言，要父慈子孝、夫和妻柔、兄友弟恭、敬老爱幼，而以孝道为根基。就国家而言，要君义臣忠、君仁民安、为政以德、以民为本、礼主刑辅。就社会而言，要以"五常"和"八德"为基本道德规范，建设文明礼貌的礼义之邦。就世界而言，要"天下为公"、"天人一体"、"为万世开太平"。

儒家的道德体系，把仁爱分疏为忠恕之道，它的恕道讲"己所不欲，勿施于人"，讲将心比心，如孟子所说："老吾老，以及人之老；幼吾幼，以及人之幼。"这种推己及人、设身处地、换位思考，是儒家道德的特色，也是它的精华，由此个人之间、家庭之间、阶层之间、民族之间、国家之间就可以相互理解、相互体谅、相互尊重了；它提倡的爱就不再是族群内部的单向度的爱，而是与他族互尊的爱，从而避免了"己所欲，施于人"的强迫的爱所导致的怨恨。为什么强权主义者打杀弱小民族而自我感觉良好？就是因为他们把自身的快意建立在别人痛苦的基础上，毫无推己及人之心，不仅不顾及甚至不理会他者的感受，他们最缺的就是恕道。

儒家也讲政治、讲经济、讲军事，但重点不在讲它们运作方式的设计，而在为这些领域提供所应遵守的基本道德。如政治道德的"民惟邦本，本固邦宁"，经济道德的"见利思义，取之以道"，军事道德的"仁者无敌"、"哀兵必胜"等。儒家也看重智性的培养，"智"为"五常"之一，但"智"是由"仁"德制约的，按照孟子的说法——"是非之心，智也"，智就是知仁知义。智性不得脱离道德而独立发展。在儒家影响下，中国人从个人私德、家庭道德到政治道德、社会公德，都以"五常"、"八德"为基石。受这种道德文化的熏陶，中国的军事思想，如《孙子》、《尉缭子》，以及老子、孔子、孟子论兵，不仅没有穷兵黩武的主张和单纯军事观点，而且都首先是反战的，其次是讲义兵和不战而胜，最后才讲用兵之道。老子就讲"兵者，不祥之器"（《老子》第三十一章），孔子则谓"远人不服，则修文德以来之"（《论语·季氏》），孟子提出"以德服人"（《孟子·公孙丑上》），孙子强调"不战而屈人之兵"和"上兵伐谋"（《孙子兵法·谋攻》），都重道义、反霸道。

道教的出现和壮大，佛教的传入与发展，都没有改变这一格局，而是在宗教道德上认同儒家，并用神道的信仰加强中华传统道德的感染力，再适度作些补充，具有鲜明道德宗教特质。如道教讲求仙"要当以忠孝和顺仁信为本"（葛洪《抱朴子·对俗》），佛教以"诸恶莫作，众善奉行，自净其意"为佛教定义，用"五常"解说"五戒"，以"孝"为百戒之先。伊斯兰教的中国化过程体现了伊斯兰教与儒家道德的融合。

中华的德性文化造就了礼义之邦，同时抑制了智性的独立发育，是中国近现代自然科学落后的重要文化根源。当代中国社会，由于长期反传统，又因实行市场经济而受到功利主义的强烈冲击，出现严重道德滑坡，道德重建成为文明建设面临的艰巨任务。但中华德性文化根基深厚，只要人们有自觉、有毅力，可以很快建成新的礼义之邦。

"哲学"一词出自古希腊文，即爱智慧，内涵偏重心智论。西方文化从一开始就重视人的智性发育成长，经过历史长河的曲折流淌，逐渐形成雄厚的智性文化传统。

古希腊思想巨人苏格拉底认为，人人具有潜在的德性，需要在理性知识指导下才能显现出来，因此提出"美德即知识"（《古希腊罗马哲学》）的命题，已有归德为知的倾向。亚里士多德集古希腊哲学之大成，其哲学的重心在探讨科学知识的体系、对象、因果、分类以及获得正确知识的工具和方法，创建了以归纳和推理为特点的逻辑学，为后来自然科学的发展奠定了思维方式基础。欧洲中世纪虽然是基督教神学统治思想领域，但其智性文化特色仍然存留。如经院哲学家托马斯·阿奎那就主张理性哲学为宗教神学服务，他用五种推理方式证明"上帝存在"：第一，宇宙运动必有第一推动者，即是上帝；第二，事物因果关系必有第一作用因，即是上帝；第三，有生有灭的事物要以不生不灭的必然存在者为前提，即是上帝；第四，不完美的事物必有一个最真、最善、最美的存在为前提，即是上帝；第五，事物运动的目标性必有一个最高指挥者，即是上帝。英国唯物主义和近代实验科学的始祖培根，提出"知识就是力量，力量就是知识"的名言，推崇经验和归纳的重要性，开创了自然哲学。近代哲学和唯理论的创始人笛卡尔，以"我思故我在"的命题建立起以知识为内涵的哲学体系，它的根基是形而上学，躯干是物理学，枝叶是伦理学和医学、机械学等自然科学。尔后有斯宾诺莎的"实体即自然"、洛克的"两种性质"、莱布尼茨的"单子论"、休谟的"怀疑论"。再后来是法国启蒙运动思想家孟德斯鸠、伏尔泰、卢梭、拉美特利、爱尔维修、狄德罗、霍尔巴赫等人，都推崇理性和科学的力量，把伦理道德纳入知识体系。以康德、黑格尔为代表的德国古典哲学具有高度思辨性，建立起在自然科学之上的形而上学，把人类的理性思维能力发展到极致（梯利《西方哲学史》）。

总体而言，西方的哲学史或思想史以本体论、知识论为中心，其近代哲学使智性文化高度理论化，从而大大提升了人类认识和改造世界的能力，推动了工业革命和实验科学、应用技术的飞速发展，创造出巨大的物质财富，改变了整个世界。同时人的德性萎缩，宗教道德正面约束力大大下降，工具理性压倒价值理性，往往成为资本的用具，于是发生两次世界大战、长期的冷战、连续的局部战争，使人类向野蛮倒退，并面临生态危机、核武器威胁、集团对抗、民族宗教冲突的种种严峻挑战。当代人工智能技术的发展也给人类提出难题：它可否成为新的战争武器？智能人是否有一天会控制人类？大批量克隆人是应该的吗？于是科技伦理的建构就成为一项人们关注的重要工作。科技能造福人类，但没有道德的科技是可怕的。

中华是家国本位，西方是个人本位

中华文明早期发育进路就与西方文明早期古希腊不同，后者建立城邦国家（内部实行民主制）取代了以血缘为纽带的氏族社会，而中华早期由氏族社会经邦国到宗法等级社会，血缘纽带转为男性父权制被保留下来，以周代最典型。秦汉以后，国家行政管理实行郡县制，但社会系统依然是宗法等级家族制度，以男性血缘关系的亲疏与承接作为财产、权力分配的依据，家庭和家族是社会最深厚的基石，整个国家是一个以皇权为主导的"大家庭"，"国"与"家"总连在一起，虽有等级性，更有互依性，中国人视家国为命运共同体，形成强烈的家国意识，把"亲亲"与"尊尊"结合起来。

儒家重视个人修身与个人尊严，有明确的个体性自我意识，尤其孟子提倡士君子独立人格，不畏权势，有大丈夫气概，唯道是从，不赞成愚忠愚孝。但儒家人格论重点不在突显个人权利和自由，而在强调个人的社会责任和担当，因此儒家的"以人为本"，本质上是社群主义而不是个人主义。孔子主张以家庭伦理孝道为基始，扩充为政治伦理与社会伦理，故回答齐景公问政时曰："君君、臣臣、父父、子子。"又引《书》曰："'孝乎惟孝，友于兄弟，施于有政。'是亦为政。"（《论语·为政》）孟子曰："天下之本在国，国之本在家，家之本在身。"（《孟子·离娄上》）"尧舜之道，孝悌而已矣。"（《孟子·告子下》）孟子提出五伦，成为中国社会主流道德规范："父子有亲，君臣有义，夫妇有别，长幼有叙，朋友有信。"《孝经》曰："君子之事亲孝，故忠可移于君。"汉以后讲"以孝治天下"，就在于家国是同构一体的，国家是血缘加文化的命运共同体。荀子认为人与动物的区别在于"人能群",名分礼义用来调节人际关系,建立群体正常秩序。他重视礼制建设,提出:"礼有三本:天地者,生之本也;先祖者,类之本也;君师者,治之本也。"他把天地、先祖、君师融为一体,提升为礼文化之本源,为中国礼制作了哲学论证,充实了儒家制度文化内涵。

受儒学熏陶,中国人尊天法祖、崇尚忠孝、依恋家庭、看重友朋,成为民族传统。在民族危难时刻,中国人的家国本位就表现为保家卫国的精神和行动,如抗日战争时期,中华民族到了最危险的关头,全民族团结起来用血肉组成新的长城,奋力抵抗日寇侵略,终于取得最后胜利。时至今日,尽管宗法等级制已解体,西方个人至上、功利为重的价值观也流行多年,而中国人的家国情怀依然很深:爱国主义是最能凝聚人心的精神信仰,在涉及国家民族尊严的事情上中国人向来态度鲜明;人们以献身民族复兴事业为荣,海外游子也时刻关心国家民族的发展;在外地工作的人都惦念双亲妻小,履行着养家责任,每逢春节倍思亲,全国出现回家探亲的返乡热潮,这在别国是见不到的。老庄道家与儒家的不同:儒家重人文化成、道家重返璞归真,儒家呈阳刚、道家呈阴柔,儒家"道中庸"、道家"极高明",因而形成互补。中国家国本位文化中,有着个人本位文化与之相反相成:儒家重群体责任和事业,道家重个体幸福和自由。老子重生贵养,庄子追求精神逍遥,都要摆脱礼教的束缚,给个体生命开拓出独立自在的空间。儒道互补的结果,使中国人在群体本位中容纳了个体意识,并孕育出隐士阶层和批判礼教、倡导个性自由的思想派别,如明后期泰州学派高扬主体精神和李贽的"童心说"。

西方思想的源头古希腊哲学强调个体。德谟克利特提出"原子论",用以解释宇宙物质的基本构成,而原子是单个的粒子,聚而为物,散而为虚。亚里士多德的"实体"指个别的事物,它是真实的永恒不变的万物的基础和本质。文艺复兴以后,斯宾诺莎提出"实体自因"说，强调实体的自存、独立和永恒。霍布斯认为人的自我保存是人的天性，也是人的"自然权利"，这种自然状态必然造成人与人之间的争斗，因此才需要有"自然法"和"社会契约"，这与中国的荀子有类似处。莱布尼茨提出"单子论"，认为构成一切存在的基础是独立的、能动的、不可分割的精神"单子"，它有知觉；最高的完满的单子是上帝，上帝创造其他一切单子，乃是宇宙的终极因。法国启蒙时期思想家卢梭认为"人是生而自由的"，但伴随着社会的进步和私有制的发展，社会不平等加剧，民众成为奴隶，他要找到一种合理的社会契约，建立民主共和国，用代表"公意"的法律治国。爱尔维修认为人的本性是"自爱"，就是趋利避害：自私为己，不可改变；人的爱他人的美德目的是为了维护自己的利益，没有自利就没有美德，个人利益至上是一条普遍永恒的规律。他也认为应有公共利益，但私利是最真实具体的。这种个人主义哲学具有代表性，对后世影响很大（参看《中国大百科全书》）。

事实上，基督教教义教理早就在说人人为自己，上帝为大家；人有原罪，本性是自私的，需要皈依基督才能得救。基督教有宗教戒律，第一条是崇拜唯一的上帝，然后是孝敬父母、不杀人、不奸淫、不偷盗、不作假见证、不贪恋别人的妻子财产等，在条文上与中国儒、佛、道有相近处，但均以上帝正义论（神正论）为前提。耶稣宣称："我就是道路、真理、生命。"（《圣经·约翰福音》）他是位自我中心的救世主。欧洲启蒙思想家主流人性论与基督教人性论是相同的，均可归为性恶论，不过基督教用上帝信仰引导世人弃恶从善，启蒙思想家则主张依靠契约和法治来约束个人主义。近代由于实行政教分离和教育与宗教相分离，宗教的道德影响力下降，同时法律诉讼的繁琐化和滥用、家庭的瓦解，加速了个人主义的发展，在资本贪欲的推动下，个人成为最高的心灵权威，横行天下。尼采在宣布"上帝已经死去"的同时，提出"超人哲学"，释放人的"权力意志"，"砸乱一切价值"。这一哲学后来被德国法西斯所利用，虽然它也激发了许多力求开新的学人的创造性思维。亨廷顿是当代美国思想家，他在《我们是谁？》一书中说："美国的核心文化向来是，而且至今仍然主要是17—18世纪创建美国社会的那些定居者的文化"，"在这一文化的基础之上，定居者约于18—19世纪建立了'美国信念'，其原则是自由、平等、个人主义、代议制政府和私有财产制"。他认为这是美国民族认同的基石，在大多数美国人眼里它也应该是人类的未来。

前文提到，中华家国本位文化中有个人的空间，不仅表现在老庄道家提倡保身养生、心灵自由，即是儒家也不单讲个人的责任和义务，还讲个人的利益与愿望。孔子、孟子都肯定个人的正当情欲，即"富与贵，是人之所欲也"（《孔子·里仁》），只是要得之以道，"发乎情，止乎礼义"（《毛诗序》）。还有先秦韩非主张人际关系利益论、肯定非道德主义；杨朱提倡唯我论与享乐主义；荀子主张性恶论。宋以后，儒家功利学派李觏、陈亮、叶适、颜元主张义利统一论，反对重义轻利；明代李贽提出"人皆有私"（《童心说》）的主张；颜钧则谓"人之好贪财色，皆自性生"（《颜钧集》）。可是这些重个人利益的观点或者是家国本位文化的补充，或者只为部分人士所认同，或者被主流社会目为异端，未能得到充分发展。而主流意识是把个人当作社会关系的纽结，当作家国中的一员，要在群体关系中确定个人的位置，因而扬"公"而抑"私"。

西方文化在宣扬个人主义的同时也很重视社会公共生活规则，讲求公民道德规范，认为宪法神圣，法律至贵。因此，个人主义并未导致社会一盘散沙，反而在和平情况下社会生活是比较有序的，以此保证市场经济的正常运转和宪法法律的有效实施。但是，从基督教到当代人文主义，人的个体性独立存在都是西方文化深层的意识。基督教的"十戒"是上帝与先知摩西订立的盟约，并非来自人间群体生活的内在需要。近现代西方的宪法和各种法律，本质上是"契约"，即人和人之间为了避免在"自然状态"的互相争斗中导致两败俱伤而签订的妥协性的行为协议，不得不将部分个人权利转让给共同体，以保证所有公民个人权利、自由都能得到保障，并不是发自人们互爱的本性。所以西方的个人主义是根深蒂固的社会意识，但它不能无限膨胀，必须接受基督教道德和宪法法律的约束。西方列强的大民族主义是个人主义的放大，当它受资本的驱动向海外扩张时，它丢掉了基督教的"爱人如己"，而保留"上帝拣选的民族有责任拯救全人类"的情结，同时它摆脱了国内宪法法律的约束，而回到自然状态的丛林规则，即弱肉强食的生物本性，导致殖民主义和霸权主义。

中华是多元通和，西方是二元对立

中西方在思维方式上进路不同，差异很大，形成各自具有鲜明特色的思想传统和行为方式。

费孝通指出：中华民族的格局是多元一体。各民族多元起源，其多元文化不断向中原地区汇聚，又不断从中原地区向四周辐射，往返积累，遂形成融合型的人口众多的华夏族（后称为汉族）和围绕在它周边或杂居其中的众多少数民族。在民族冲突、迁徙、融合过程中，融合是主流，各民族的宗教信仰和风俗习惯不是彼此对立、互相取代，而是彼此汇合、互相摄纳，形成多元通和模式。

中华在思维方式上从一开始就具有包容多元、和而不同的特色。早在中国原始时代，众多图腾综合成"龙"与"凤"两大神灵艺术形象，远祖崇拜发展出五帝（黄帝、颛顼、帝喾、尧、舜）英雄信仰，都是组合而非独尊。即便是至上神"天"，也没有绝对唯一性，而是自然力量、社会力量的总体代表，它没有至高无上的权威，却"唯德是辅"、"民之所欲，天必从之"，根据民众的意愿来赏善罚恶。在思想史上，儒家、道家共同遵奉的《周易》，其《易经》成于殷周之际，其《易传》成于战国时期，认为宇宙万物由阴与阳两大元素互补交感而形成，"一阴一阳之谓道"（《系辞传》），"立天之道曰阴与阳，立地之道曰柔与刚，立人之道曰仁与义，兼三才而两之"（《说卦传》），故"刚柔相推而生变化"（《系辞传》）。阴阳五行论，是中国人解释宇宙多样性及其运动的哲学基础。西周末年史伯提出"和实生物，同则不继"，认为新生事物是"和"即多样性元素相融而产生的，只有单一元素的事物即"同"不会有持续发展的生命力。春秋时期齐国思想家晏婴在论述君臣关系时强调不能一言堂，要有不同意见的互补才会形成生动活泼局面，犹如多种原料烹调成美食，多样音律相济形成乐章，所以君臣之间要"和"，不能是唯君命是从的"同"（《左传》昭公二十年）。此后，阴阳互动与多元和合成为中国人惯常的思维方式。孔子正式提出"君子和而不同，小人同而不和"、"君子周而不比"（《论语·为政》）、"（君子）群而不党"（《论语·卫灵公》），强调为人处世要包容多样、互相尊重、相辅相成，而不要排除异己、结党营私。当然，包容并不意味着不讲原则，要以行仁义之道为前提，不能与非仁非义之行妥协，故《中庸》又说："君子和而不流。"即有道德的人不随波逐流，更不能与恶势力同流合污。《易传》说："天下同归而殊途，一致而百虑。"认为普天之下的文化向来是多样性的，发展途径不同，思想观念有异，而最终目标都将走向世界大同。《中庸》对事物与真理的多样性有明确表述："万物并育而不相害，道并行而不相悖。"人应当像大地一样"厚德载物"（《易传·坤卦·象传》），保护世界事物与文化的多姿多彩。老子又补充说，看起来相反的事物，实际上可以互补，故曰："有无相生，难易相成，长短相形，高下相倾，音声相和，前后相随。"（《老子》第二章）这是永恒的真理。

这种多样性和谐的思维，成为历代国家文化政策的指导原则，故中国文化后来形成儒、佛、道三家鼎立与合作，每一家内部又有人文与宗教的互补，人们视为常态。儒、佛、道三家之间有摩擦、争论、冲突，但主流是渐行渐近、互相吸收，没有发生宗教战争，没有出现宗教裁判所，和谐是主旋律。佛教的中国化是世界上异质文化和平融会最成功的典范。在儒家内部有人本主义儒学和尊天敬祖宗教的互补；在佛家内部有人本佛学哲学和崇拜佛菩萨宗教的互补；在道家内部有老庄哲学和多神道教的互补。在三家之外，有伊斯兰教、基督教、犹太教、琐罗亚斯德教等外来宗教的进入，只要爱国守法、劝人为善，在中国都有合法存在的空间。近代以来，中国先进人物鉴于国家落后，纷纷向西方寻找真理，大力引进自由主义与社会主义，以图中国独立富强，表现出更大的包容性和海纳百川的胸怀。哲学家冯友兰在抗日胜利后所撰《国立西南联合大学纪念碑碑文》中提出"同无妨异，异不害同；五色交辉，相得益彰；八音合奏，终和且平"，其新的同异论深得人心。改革开放以来，中国人摆脱僵化的前苏联模式和贵斗思维，积极主动引进西方市场经济、科学技术、管理经验和有价值的思想文化成果，努力把它与社会主义、中华传统文化及国情结合起来，强调以人为本，建设和谐社会。

当代著名人类学、社会学家费孝通提出文化自觉十六字原则："各美其美，美人之美，美美与共，天下大同。"既能体现中华民族多元平等和谐的思想传统，又能适应当今世界"人类命运共同体"的文明从冲突到和谐的转型需要，迅速得到社会普遍认同。中国人正在运用世界和中华文明史的经验，阐述文明和谐论，推动人类多元文明之间的交流与互鉴。这都是中华"多元通和"思维方式的延续和发展。

西方文化也讲矛盾体对立面统一，而主流思维方式是注重二元对立与斗争。

古希腊哲学家赫拉克利特有丰富的辩证法思想，但他赞美斗争与战争，说"正义就是斗争"，"战争是万物之父"。柏拉图的理念论运用二分法来划分不同层次的理念，一直贯彻到底。基督教的《圣经》强调上帝对异端的无情斗争，《马太福音》里还有耶稣这样的宣示："我来，并不是叫地上太平，乃是叫地上动刀兵"，"人的仇敌就是自己家里的人"。中世纪极端原教旨主义者利用这些独尊排他观念发动了长达近两个世纪的宗教战争，造成社会大灾难，后来教会对此作了反思，但"十字军"情结在某些基督教人士中仍然有存留。欧洲文艺复兴运动使人文主义兴起，提升了人的尊严和自由，但同时也贬低了道德，忘掉了合作。被称为"西方政治学之父"的意大利人马基雅维利，从性恶论出发，鼓吹强权、摒弃道德，认为政治斗争可以不择手段，实力决定一切。其《君主论》被后世政治家奉为政治教科书，许多政治集团奉行"强权就是公理"、"弱者无外交"、"政治斗争无诚实可言"的实用原则（参看阿尔瓦热兹《马基雅维利的事业:〈君主论〉疏证》）。19世纪达尔文的生物进化论是对基督教创世论的一次革命性的颠覆，它揭示了生物界在生存竞争中优胜劣汰、适者生存的进化规律，对自然科学发展的意义是巨大的。当然，进化论也有不足，它忽略了生物界在进化中除了生存竞争，还有相依共生的一面。而把丛林斗争规则搬到社会集团、族群、国家关系上来的社会达尔文主义，则是进化论的大倒退，它把社会关系敌对化，以争夺为常态，必然导致种族优越论、霸权主义乃至法西斯主义，使侵略战争合理化，从而造成两次世界大战的惨剧。因此抛弃"强者为王"的霸道哲学及惯性，是当代西方政治集团的当务之急。深悉西方社会的杜维明教授说："现代西方文明完全以动力决荡天下，以达尔文的进化论和浮士德精神的无限的扩张、无限的发展、无限的争夺这种心态作为主导，必须重新反思。"（《学术文化随笔》）

　　日本在历史上学习中国，引入儒学，长期与中国友好来往。明治维新以后，日本社会"脱亚入欧"，国力迅速强大；但它丢掉了儒家仁和精神，把西方社会达尔文主义与本国武士道相结合，遂成为侵略成性的法西斯国家，在20世纪数十年间给中国和许多国家造成空前大灾难，它自己也战败，受到世界正义力量的审判，这就是日本文化路向选择错误的恶果，政治集团至今尚未作出深刻反省。

在二分对立的思维方式成为西方传统的氛围中，独有黑格尔的哲学思考超越了矛盾对立的绝对性，真正看到了对立面的统一和转化。他对辩证法最大的贡献是提出"辩证的否定"，否定不是简单抛弃，必须是"扬弃"，去掉陈旧的东西，保留对象中有价值的成分，否定应是发展环节，向更高的阶段过渡，即"否定之否定"。人们在对立中把握自己，把他者看作是自身的组成部分，因此"同一"也不是简单的自我认同，而是多样性综合的同一，称为"具体的同一"。事物的生命力是能够把矛盾包括于自身并把它保持下来的力量。如果以这样的辩证思维看世界，就会包容多样性、尊重他者，而不会一味只讲排斥与斗争，它也会和中华多元通和思维相得益彰了。在经济学领域，亚当·斯密提出近代市场自由竞争理论，《国富论》认为"垄断是良好经营的大敌。良好经营，只靠自由和普遍的竞争，才得到普遍的确立"（艾德勒、范多伦编《西方思想宝库》）。这是西方二分对立思维在社会发展上最具有积极意义的成果。在遵守公平规则的前提下，自由竞争能激发人的上进心，把个人的才智用于商品的生产与流通，通过市场等价交换，获取最大利润，主观上为自己，客观上利社会，从而推动了现代市场经济的高度发达。当然还应有必要的宏观调控。

如果把"对立面斗争"不理解为人与人之间的互相伤害，而理解为人与人之间的争优比胜，这恰恰是社会进步、人类进化的动力。竞争还包括体育、文艺、教育、科技的选拔、比赛、评奖等，而规则一定要公平。中国古代科举制度就是人才选拔制度，有的荣登金榜、有的名落孙山。近现代西方人有强烈竞争意识和规则意识，促使社会快速发展；中国人则这两种意识历来比较淡薄，所以要向西方学习。

中华是天下一家，西方是国家至上

在中华传统里，家—国—天下是连续性的群体生存空间，彼此只有小与大的差异，没有鸿沟阻隔。家是个人成长生活的领域，国是保护家的族群共同体，天下是世界上所有族群生活的地方。《礼运》说："圣人耐以天下为一家。"《荀子·儒效》说："四海之内若一家。"鉴于古人地理知识有限，以为天下在四海之内，其本质所指是整个人类及其居所，即"普天之下"（天空笼罩下的地方）。

中国从尧舜时代就有古邦国，由许许多多小族邦组成松散的政治共同体，用"禅让"的方式更替最高领导人。尧举舜，舜举禹，皆是选贤任能。夏、商、周三代则实行"家天下"，中央政权由掌权者家内传承。其时邦国众多，管理松散，并无严格边界，且多族共居，主要是用礼乐文化凝聚国家。孔子心胸极为开阔，他认为"四海之内皆兄弟也"（《论语·颜渊》），他讲的仁者"爱人"（《论语·颜渊》)、"博施于民而能济众"，其"人"与"民众"是不分国界的。如果"远人不服，则修文德以来之。既来之，则安之"，皆要一视同仁、一体皆爱。孟子更强调国家对外要实行以德服人的王道，反对以力服人的霸道。春秋时期华夏族形成以后，思想话语出现"族类"和"夷夏之辨"。但孔子、孟子和后来的儒者都不重视民族的血统，而注重文化是否先进、礼乐是否昌盛。孔子是殷人之后，却赞美周代礼文化，说："周监于二代，郁郁乎文哉！吾从周。"孟子从文化上讲"用夏变夷"，他所敬佩的大禹乃是东夷之人、文王则是西夷之人。《中庸》讲修身、齐家、治国、平天下，主张立德修身，进而使家庭和顺，再进而以德治国，最后达到天下安宁，其所说"平天下"不是平定天下，而是使天下太平。在国家层面上，儒家一方面强调"大一统"，反对分裂割据；另一方面强调"厚德载物"、"因俗而治"，保持各族群、各地区文化与生活方式的多样性。宋明思想家总是把天下之人、天下之物视为一家之亲，情感上没有区隔。张载的名句是"民吾同胞，物吾与也"，又说"凡天下疲癃残疾、茕独鳏寡，皆吾兄弟之颠连而无告者也"，应予关怀（《西铭》）。王阳明《大学问》说："大人者，以天地万物为一体者也，其视天下犹一家，中国犹一人焉。"近代改良派思想家康有为写《大同书》，依据《礼运》天下大同思想，摄取佛教"圆融无碍"理念，构造未来世界大同蓝图，破除国家、民族、人我、家庭、人兽等九种界域，"大同之道，至平也，至公也，至仁也，治之至也"（《大同书》），是一个极乐世界，不仅全体人类平等和谐，而且人与自然也亲善一体。同时代的另一位思想家谭嗣同作《仁学》，综合易、墨、庄、佛各家，亦吸收西学，创新孔子仁学，提出"仁以通为第一义"，"通之象为平等"，"通有四义"：中外通、上下通、男女内外通、人我通。他的思想是人类一体的。

在中国历史上，从早期分封制国家到后来中央君主制国家，在改朝换代时使用武力或依靠实力来完成政治权力更替，但其国家规模却是由多民族长期融合汇聚而确定的。它有这样几个特点：一是虽然讲"君权天授"，但"天"神不特别钟爱某个民族，而是"皇天无亲，惟德是辅"，因此无德者会被天抛弃，有德者才能"奉天承运"；二是国家必须是中华礼义道德文化传统的继承者，称之为"礼义之邦"，才能长治久安，暴虐无德便会短命，如秦始皇、隋炀帝；三是国家本质上是文化共同体，而非种族统治，故境内各民族强大者都可进入中原掌握国家政权，但皆须认同华夏礼义文化正统，敬天法祖，才能安定社会；四是国家的责任之一是保护境内各族正常生产生活，不受侵犯，而非对外武力扩张，对外国实行睦邻友好、礼尚往来、协和万邦的和平外交，这是主流。陆上丝绸之路经济带和海上丝绸之路的开辟建设便是明证。成吉思汗以铁骑征伐亚欧，乃是北方游牧民族尚未接受中华文化影响时表现出的野蛮性，中原各族亦深受其害。全真道高道丘处机西行雪山劝诫大汗"敬天爱民"、"清心寡欲"，而为大汗尊敬采纳，被誉为"一言止杀"（北京白云观丘祖殿有乾隆皇帝对联，曰："万古长生不用餐霞求秘诀；一言止杀始知救世有奇功。"），丘祖的天下观超越了民族国家，而以拯救天下百姓性命为念。成吉思汗后裔建立的元朝，文化上又回归华夏正统。

中国历史上大多数时段，中国与印度、日本、东南亚各国、欧洲各国的关系，和平友好是主旋律。孙中山在比较中国为代表的东方文化与西方文化在对外关系上的不同时说："东方的文化是王道，西方的文化是霸道。讲王道是主张仁义道德，讲霸道是主张功利强权。讲仁义道德，是主张用正义公理来感化人；讲功利强权，是用洋枪大炮来压迫人。"中国在近代饱受日本帝国主义和其他列强的侵略压迫，在取得国家民族独立和逐渐强大之后，并没有去侵略压迫他国他族，而是奉行独立自主的和平外交政策，提倡和平共处五项原则，坚持与邻为善、以邻为伴，推动和平、发展、合作、共赢。这是中华民族"天下一家"与"刚健中正"的文化基因决定的，已经成为民族性格。当然，儒家、道家都不反对而赞成大国的领先作用。老子认为国家有大小，"大者宜为下"（《老子》第六十一章），大国对小国要采取谦和态度。孟子认为"以力假仁者霸，霸必有大国。以德行仁者王，王不待大"（《孟子·公孙丑上》），如周文王虽小，靠仁义使天下归服；霸主不能使人心服，而行王道者可使人心悦而诚服。大国不能靠强力维持，它应当占有道义高地，才能受到众国的尊敬。

西方历史上国家的起源与演变，以及相应的国家观、国际观与中国有很大差异。

古希腊最早的国家形态是城邦，雅典政治家伯里克利把自由、法制、平等作为城邦生活的基本原则，这是城邦的民主制。但享受城邦民主的公民，不包括奴隶和外邦人。古罗马政治思想家西塞罗不满足于道德和正义，强调国家要通过法来统治，公民既有服从法律的义务，又有享受共同利益的权利。欧洲中世纪是基督教支配一切，教权高于王权并实行国教制度，国家指导思想是基督教神学。文艺复兴以后，打破基督教一统天下，欧洲纷纷建立独立的民族国家，国家观随之也发生变革。马基雅维利认为人性本恶必引起争斗，因而人们推举勇敢者为领袖，颁布法律，产生国家；国家为了统一和有权威，不受道德约束，而集"暴力与欺骗"、"狮子与狐狸"的特性于一身。欧洲启蒙运动思想家们的国家观在国家起源上观点比较趋近，而在国家运作上各有不同见解。他们大都认为人性是恶的，在自然状态中人们必然互相残杀，因此人们在理性驱动下相互订立契约，转让权利，建立国家，以便维持社会正常秩序。何种国家形态最好？霍布斯主张君主专制，洛克主张君主立宪制，孟德斯鸠主张立法、行政、司法三权分立，卢梭主张民主共和国，杰斐逊则主张代议制的民主共和国。上述这些国家观都局限于一国之内。

至于如何对待别的国家和民族，近代以来西方主流的政治家和思想家，大都认同社会达尔文主义，即族群争胜、强者为王、弱者臣服，并形成西方中心论，认为西方文明是最高端的，有权指挥世界的发展。这背后最大的推手是资本的扩张和输出，于是有殖民主义、侵略战争、贩卖黑奴、种族主义、霸权主义，乃至法西斯主义。两次世界大战使文明走向反面，成为有史以来最大的野蛮。西方国家总结了法西斯覆灭的教训，促成联合国的成立和签订许多维持国际秩序的条约，不再公开宣传种族优越论，不敢轻易发动世界战争与使用大规模杀伤性武器。但是西方优越论是根深蒂固的，美国不愿放弃世界霸主的领导地位，仍在扩军备战，不断发动局部战争，并制裁坚持走自主道路的俄罗斯，遏制和平崛起的独立的中国。美国领导人多次宣布，美国国家利益高于一切，这是它的外交总原则，它还要领导世界一百年。它认为自己有这种实力和先进性，理应称霸世界，不需要征得其他国家的同意。在这种国家至上、民族优越的思想指导下，它的外交是不讲平等、自由、民主的，甚至常常违背联合国宪章与国际公约。

然而今天的世界已不是上世纪上半叶的状态，也不是冷战时期的状态，它无论在经济全球化的相互依赖程度上，还是在面临的全球社会危机、生态危机的共同威胁程度上，都实实在在成为命运共同体，看起来国家之间可以损人利己，实则必然利人利己、害人害己，一荣俱荣、一损俱损，真正是风雨同舟、安危与共了。如果仍然持有唯我独尊、我赢你输、不服则压的外交观，已经不足以称之为文明国家行为，理应招致责难了。而"天下一家"、"文明和谐"的理念才是人类命运共同体所需要的最新的国际观，代表着人类文明新的高度。发达国家要学会尊重他国、学会商量处事；发展中的国家要争气，尽快发展自己，用实力支撑道义、提升尊严、加强团结。一切正义的力量联合起来推动建设国际平等合作新秩序，使联合国真正成为国际大家庭的有效能的议事厅。

中华是天人一体，西方是人胜于天

中华农业文明起源较早又发达成熟，而农业要靠天吃饭，所以中国先民莫不敬天畏天，这里的"天"就是大自然。人们赋予"天"以至上神的身份，就是"皇天上帝"。人们赋予"天"以支配人间命运的力量，就是"天命"。人们赋予"天"以宇宙运行的普遍规律，就是"天道"。人们赋予"天"为社会道德价值的源头，就是"天德"。归根结底，"天"是指向伟大无比的自然力。孔子说："唯天为大，唯尧则之。"君子要"畏天命"。人们祭天祭祖，是因为"万物本乎天，人本乎祖"，所以要报本返始，不忘其初，于是敬天法祖成为中国人的全民性信仰。

那么"人"（社会人群）对"天"（天地万物）是不是就无所作为了呢？不是，人应该起辅助的作用，促使自然界健康发育流行。中国很早就有"女娲补天"的神话，"补天"而不是"主天"，乃是中国人对大自然的基本态度。故老子说："辅万物之自然而不敢为。"
《中庸》提出人要尽人之性，进而尽物之性（发挥人与物的潜能），
最后达到"赞天地之化育"，使自然万物活泼地繁衍生息。由于天
道光明有序生养万物，《易传》要求人间的英杰应当效法天道、与之
一体："大人者，与天地合其德，与日月合其明，与四时合其序。"
汉代思想家董仲舒一方面引孔子语说："天地之性人为贵。"（《汉
书·董仲舒传》）另一方面又说："以类合之，天人一也。"（《春秋繁
露·阴阳义》）这不矛盾，人是万物中唯一有灵性的生物，应该意
识到自己与天地是一体的。北宋张载更进一步提出人要"为天地立
心"，即自觉承担起维护天地生态的责任。宋朝程颢说："仁者，浑
然与物同体。"明朝王阳明说："大人者，以天地万物为一体者也。"
人与自然同属一个大的生命体，本来就不可分，应当痛痒相关、休
戚与共。仁人见到儿童有危险便生救助之心，见到鸟兽哀鸣而有不
忍之心，见到草木摧折而有悯恤之心，见到瓦石毁坏而有顾惜之
心，人应当有这份爱惜他人与万物的感情，这实际上就是一种生态
意识与感情。儒家还有荀子的"明于天人之分"说，主要是论证社会
治乱与自然界变化之间没有必然联系，人可以"制天命而用之"，即
掌握自然规律为人类服务，并不主张人与自然的对立。刘禹锡有
"天人交相胜说"，认为自然界力量强大，是人不能比拟的；但人
能建法制礼义，又是自然界做不到的。儒家还推动国家与民间建立
起社稷（土地与粮食）、五岳（泰山、华山、嵩山、恒山、衡山）、四
渎（长江、黄河、淮河、济水）以及日月星辰等诸自然神祭祀，培养
人们敬畏自然的意识。

　　道家在天与人的关系上比儒家更强调人对天的尊重和效法。
老子说："人法地，地法天，天法道，道法自然。"认为人应效法天
地之道而为之，不可逆天而行，而所谓"道"就是事物本然的运行
规律，自然而然，不是鬼神支使，也不是人为所能，如王弼所注：
"法自然者，在方而法方，在圆而法圆，于自然无所违也。"道家

讲的"自然",既指天地万物,也指包括人在内的一切事物的本然状态和发展趋势,主张人要无为而治,对事物不要乱加干扰和改变,只应因势利导,水到渠成。老子看到人类的文明发展有太多的创造发明,结果破坏了原初人群的淳朴与和谐,出现了许多倒退如争斗、伪善、战争等,所以他主张返璞归真。庄子所向往的"至德之世",乃是"同与禽兽居,族与万物并,恶乎知君子小人哉"!荀子批评庄子"蔽于天而不知人"(《荀子·解蔽》)是有道理的,庄子太看重人的生存环境的自然状态,而不看好人的主观能动性,认为后者毁弃了人与自然和谐共存的原生态。汉代具有道家倾向的《淮南子》对老庄的"自然无为"重新作了说明:"吾所谓无为者,私志不得入公道,嗜欲不得枉正术,循理而举事,因资而立功,推自然之势,而曲故不得容者。"也就是尊重客观规律,因事制宜,并非无所作为,而是不胡作妄为,这就辩证地把自然界的存在与人的作用统一起来了。

道教是重生的宗教,一方面要求信众清心寡欲,过俭朴自足的生活;另一方面要求信众爱养生命,包括人与动植物的生命。《无上秘要》说:"道学不得杀生暨蠕动之虫。"《太平经》主张"天、地、人"三者要协调共生,"中和者,主调和万物也"。道教教义恶杀好生、崇俭抑奢、慈爱能容、顺应自然,皆有益于生态保护;其天人合一、阴阳平衡、五行相生、与四时调适又成为中国人健身治病的旨要。

佛教进入中国并成为中华文化有机组成部分之后,其缘起、慈悲、平等、中道、因果、圆融、尚善等教义教理深刻影响了中国学人和百姓,促进了社会道德风俗的良性发展,也加强了中国人固有的天人一体意识。佛教五戒以不杀生为首戒,"不杀"是不杀一切有情众生:不杀人,不杀动物蠕虫,也不损折草木,一切生类与人是平等的,皆应一体爱护。佛教讲"佛心者,大慈悲是,以无缘慈摄诸众生"、"前念迷即凡夫,后念悟即佛"、"不为自身求快乐,但欲救护诸众生"、"具行众善，净诸世界"，它能破除种族和人类中心论，而体现出宇宙意识、宇宙关怀，是十分难能可贵的。

在道教和佛教活动场所和能发挥影响的地区历来草木繁盛、河流清澈、鸟兽出没，乃是出家人用心经营生态环境的结果。受儒、佛、道的熏陶，民间形成护林、爱鸟、植树、爱草、敬河、放生、素食的习俗，把破坏自然事物斥之为"暴殄天物"的野蛮行为。中国农业生产早已是循环经济，没有不可消纳再用的垃圾。中国良好的自然生态，除了历史上的战争、水旱大灾的局部和暂时的破坏，真正造成危机是在当代工业化过程中发生的。

西方在人与自然相互关系的问题上，经历了相当曲折复杂的过程。早期雅典哲学家热爱和崇敬大自然，如柏拉图《法律》所说：火、水、土、气"都是由于大自然和偶然性造成的，而不是人工造成的"，大自然"并非是产生于艺术"，恰恰艺术"是我所说的大自然和偶然性的产物"，音乐、绘画、医学、耕作乃至政治，都要"与自然相协调"。欧洲中世纪思想界以上帝创造宇宙万物解释大自然的产生，虽然坚守地球中心论，但要求人类珍惜自然万物的多样性和协调性，因为它们是上帝完美的杰作。

到了近代，欧洲产业革命的兴起改变了人与自然的关系。培根在《新工具》中宣称："说到人类要对万物建立自己的帝国，那就全靠技术和科学了。因为我们若不服从自然，我们就不能支配自然。"从此以后，在响亮的"征服自然"口号鼓动下，工业文明迅猛发展，创造出发达的生产力和巨大的物质财富，地球从自然支配人类的时代一跃而进入人类统治自然的时代。人类拥有了超出以往千百倍的能量和科技手段，在实现经济高速增长以满足过度消费生活的同时，疯狂地掠夺资源，污染环境，大幅度地破坏生态平衡。前苏联生物学家米丘林有名言：我们不能等待大自然的恩赐，我们的任务是向大自然索取。由于无限度的索取，近一个世纪以来，生态危机由缓慢破坏发展到高速度破坏，由地区性危机发展到全球性危机，由一般生存条件的缺损到基本生存条件的恶化，自然界的自我调节机制在主要环节上失灵，亿万年形成的地球生命节奏被打乱了，而且生态恶化的总趋势还在发展。白云、蓝天、清水、阳光、森林、沃土、草原这些古人可以随时享受的环境要素已变得珍贵而在劣质化。海洋与河流大面积受污染。生物物种在迅速减少。大气臭氧层被撕裂，过量二氧化碳排放引起的温室效应和气候异常在加剧。还有潜在的巨大污染源——核武器使用的威胁以及核电站的泄漏。所有这些都是人类狂妄地征服自然而受到自然报复的恶果。人类若不醒悟，地球生态的灾变会成为溃变，难以逆转了，生态修复留给人类的时间已经不多了。

面临如此深重的生态危机，从上世纪后半叶开始，西方陆续兴起生态学说，呼吁人们起来保护环境和资源，改变工业经济的发展模式和铺张浪费的生活方式，反对损人护己的"生态帝国主义"（掠夺他国资源、输出污染），使发展与环境相协调，养护好地球这人类唯一的共同家园，以便人类能持续生存下去。罗马俱乐部的若干报告，如梅萨罗维克、佩斯特尔的《人类处于转折点》，奥雷利奥·佩西的《未来的一百页》，拉兹洛等人的《人类的目标》，都表明先知先觉之士在人与自然的关系上正在作出根本性反省，已具有了生态文明的理念。国际人士正在努力达成减少工业废气废水排放和保护地球的种种协议。

中国在现代化取得举世瞩目成就的同时，也在环境与资源上付出巨大代价。这些年通过反思，确立建设生态文明的战略目标，借鉴西方的经验教训和生态学成果，同时继承发扬中华"天人一体"的大生命观和《中庸》"致中和，天地位焉，万物育焉"的生态平衡观，转变发展方式，发展绿色经济，建设"资源节约型"和"环境友好型"社会。

可以预期，人类在工业文明之后兴起的更高级文明将是生态文明，其基本特征是经济社会发展与人性的提升、社会的和谐、环境的优化同步进行，并形成良性互动。人与自然的关系，从"人要做自然的主人"转变为"人要做自然的朋友"，再到"人要做自然的儿女"。

中华是中庸改良，西方是激进兴替

中华五千年文明史延绵不绝，诚如冯友兰所说："并世列强，虽新而不古；希腊罗马，有古而无今。惟我国家，亘古亘今，亦新亦旧，斯所谓'周虽旧邦，其命维新'者也。"（《国立西南联合大学纪念碑碑文》）这和中华文明中庸改良的发展观有密切关系。中国历史上改朝换代时，暴力夺权是常有的事，但暴力主要限在政治权力的更替上，一般不断裂文化的传承。历史上也发生过大力破坏已有文化传统的事情，如秦始皇"焚书坑儒"，毁弃儒经与诸子之书与学，近现代则有"打倒孔家店"和"文化大革命"批孔反儒、破"四旧"（传统文化习俗）的激烈运动，历时或长或短，最终都作为教训陆续退出历史舞台，只把伤痛留在人们记忆中。儒家讲过"汤武革命"，那是指明王顺应民心而诛暴安良，是为了更好地继承前代优秀文化。

中华文化发展观和践行的主流是中庸改良、因革日新、常中求变。《易传》讲变化日新，不断地革新前行，不求速变大变。孔子说："殷因于夏礼，所损益，可知也。周因于殷礼，所损益，可知也。其或继周者，虽百世，可知也。"（《论语·为政》）他认为三代礼文化既相因传承，又有损益变化，坚信今后百代的文化也会在继承三代礼文化传统方向的同时，不断地有改良创新，但不会断裂，这是一种很强的文化自信，它是温和前进的，不是守旧泥古的。孔子提倡中庸哲理，赞赏尧对舜的告诫，管理国家要"允执其中"，即恰到好处。他认为"过犹不及"（《论语·先进》），反对过激和守旧，而要保持行仁的最佳状态，说过："中庸之为德也，其至矣乎！民鲜久矣。"（《论语·雍也》）能把事情做得恰如其分是最高的德性，一般人很久以来就缺少它。子贡形容孔子的气象是"温、良、恭、俭、让"(《论语·学而》)。此后,中庸之道便成为中国文化发展的指导原则之一。朱熹为《中庸》作注,引程子曰:"不偏之谓中,不易之谓庸。中者,天下之正道;庸者,天下之定理。"儒、佛、道三教及其他思想文化都受中庸之道的影响而形成温和主义的色彩,极端主义没有市场,文化改良论一向占主流位置。

中华文化的发展经常是在"尊古"中"变古",有时改革者为了使人们容易接受新事物,往往采取"托古改制"的方式,在旧瓶中装新酒,不热衷标新立异。两汉时期儒家阐发的"五常"、"八德"确立了中华民族的核心价值,由此中华民族成为稳定而牢固的文化共同体,政权更替和政治分裂都没有动摇民族的文化认同,因而传统文化得以在改良中延续,起着输送民族文化生命血脉和维系民族团结纽带的作用。明清之际思想家王夫之作《周易外传》,总结出"执常以迎变,要变以知常"的常变观,认为社会发展有其连续不变的常道,例如"仁义礼智信"是"五常",即五种普遍道德,人须臾不能离;同时由于社会经济、政治和文化的积累、变异、发展,体现常道的具体形态、方式必须与时俱进,内涵也要有增有减有新,这就是变道。当代哲学家冯友兰提出"阐旧邦以辅新命",努力把历史传统与现代创新统一起来,这实际上就是一代一代贤士学人传创中华文明走过的路。

夏、商、周三代掌权的民族不同,但都传承了尧舜之道而有革新。春秋战国时期诸子百家开创了中华文化多姿多彩的局面,为后来的文化大繁荣提供了丰富滋养。两汉时期黄老之学与儒家经学不仅是老庄道学和孔孟荀儒学发展的新阶段,而且是对百家之学的综合出新。魏晋南北朝时期佛教兴起、道教壮大、玄学盛行,非但没有中断中华思想传统,反而使之丰满;儒学因吸收佛、道而生新质,佛家与儒、道的融会而在中华生根,道教吸纳儒、佛而成长,玄学靠拢儒学而成新道家。隋唐时期儒佛道三教鼎立又互动,开创了中华文化更宏大的格局，儒家经学正式进入科举选士体制，佛教成功本土化而有禅宗，道教摄取儒、佛而创重玄之学、清修之学。宋元明时期以儒为主，佛、道为辅，儒、佛、道三家进一步在理论层面上融合，催生了新儒家即宋明道学，发展了佛教禅宗、净土宗，出现了道教全真内丹学。伊斯兰教传入并与儒学逐步融合。天主教和平传入并儒化。清代儒、佛、道三教在合流的同时向民间和各文化领域扩散，极大地影响到民间信仰、文学、艺术和习俗。近代以来，中国不断衰落，西方文化携其在世界上的强势大举进入，中国人失去当初迎接佛教时的自信，而把学习西方、变革求新作为当务之急。激进改革者欲截断中华文化主脉而全盘西化，这对中华民族是一次严峻的考验。在这种情况下，一批具有文化自觉又心胸博大的国学学者，如梁漱溟、熊十力、冯友兰、贺麟、钱穆等人，站在时代新高度，坚持走中西融合、古今贯通的文化之路，创立新文化学、新唯识学、新理学、新心学、新国学等新学说，既延续了中华文化血脉，又注入了西方新鲜血液，证明中华文化是有更新能力的。贺麟认为激进主义对儒学的冲击有益于破除儒学僵化的部分，而使得孔孟的真精神显露出来。

当历史进入世纪之交、中国迅速和平崛起之时，以德性为特色的中华思想文化正是沿着上述先贤开辟的道路大步前行着。中国人品尝了"全盘西化"的苦果，经受了"部分日化"（东北与台湾）的悲凄，经历了"短期俄化"的偏颇，终于回到返本开新、综合创新的康庄大道上。它既未倒退，也未断裂，而在不断进步，如除去宗法等级性的"三纲"，传承和创新"五常"、"八德"。它把风行一时的"以阶级斗争为纲"的前苏联模式推出社会生活，而用"以人为本"、"和谐社会"重新解释社会主义，使之具有中国特色，它展示了中华仁和之道的柔性融通能力和中庸改良品格。

中华文化共同体未曾破裂的缘由：一是以儒为主、佛道为辅的核心文化具有高度的文明性，对共同体内的各民族有强大吸引力；

二是它尊重差异，包容多样，使境内不同民族和地区的形态各异的文化有自由选择和存在的空间，不受挤压；三是它的发展是在多元文化互动融通中与时俱进，不是彼此对立互损，因而其文化纽带日益坚韧牢固。

中华文化古今延绵不绝，还有一个重要原因，就是汉字的功能。汉字是表意文字，既保存了象形、指事、会意的生动性，又能将形象思维与抽象思维高度结合，构思巧妙，组合灵活，随时拓新，既蕴含着古代文明历史的信息，也可以表达任何新思想新生活，是人类迄今流传时间最长、唯一被视为艺术品的文字，遂成为中华文化传承的主要载体。自从秦朝实行"书同文"，将文字统一于小篆，后又变成隶、楷以来，汉字便成为汉族的共同文字，又成为整个中华民族的通用文字。中国的历史主要是用汉字记录、积而成典的，虽然文字时有因革损益，近代文字从文言文为主转变为白话文为主，但这期间只有演进而无断裂。二千多年前的古代典籍通过历代注释仍能为后人乃至今人解读，文言名句、成语大量存留在白话文中，古体散文、诗词、赋、小说仍是今人审美生活的重要领域，这在世界上是独一无二的。汉字还突破了当代信息技术处理的关隘，成为互联网上传递信息的重要书写工具。汉字是中华文明历久弥新的基本保证之一，因此近代以来偏激的"汉字落后、取消论"和"汉字走拼音文字道路论"都没有得到社会认同，而今后的文字改革确立了渐进改良的方针。

西方的历史文化走的是激进兴替的道路。欧洲历史上，一个强大民族打败旧有掌权民族而取得新的政权，大都将原来的民族文化予以摧毁，代之以全新的文化。

公元3—4世纪，基督教成为罗马帝国国教，特别是日耳曼蛮族推翻了罗马帝国并给予罗马世界古典文化以毁灭性扫荡之后，基督教及其教会成为西方文化的集中体现和唯一承担者，丰富多彩的古希腊文化被取代了。当然古希腊罗马哲学的部分要素融入基督教神学，但独立地位完全丧失。公元641年，当亚伯拉罕系统的三大一神教之一伊斯兰教大军进入埃及并把它纳入自身版图以后，伊斯兰教成为国家法定宗教，古代的埃及宗教整体上消亡了。中世纪发生"十字军东征"的宗教战争，出现残害异端的"宗教裁判所"，使劝善的宗教变成暴力的宗教。由于基督教的不宽容，埋下了不愿臣服教会者的反抗种子，它的文化专制是不会持久的。欧洲文艺复兴思想家对教会的腐败和虚伪进行了无情的揭露，如薄伽丘《十日谈》辛辣地讽刺了教皇、神父、国王、贵族的无耻、荒淫。但丁《神曲》把以往作恶多端的教皇、主教扔进地狱的火窟，还给在世的教皇预留了位置。法国18世纪启蒙运动思想家用战斗无神论批判基督神学和教会，重点在揭露神学的荒谬和教会的危害，认为宗教是"傻瓜遇到骗子"的产物。其中尤以霍尔巴赫最激烈，他认为宗教败坏了道德，分裂了人群，压抑了理性，是科学的大敌，有害于社会的进步，因此提出"消灭宗教"的任务。18世纪末的法国大革命以暴易暴，宣布废除对上帝的崇拜，雅各宾派领袖罗伯斯庇尔成为新的救世主，实行"恐怖政治"，六周之内，一千四百多人上了断头台。最后他自己也被送上断头台。法国大革命引出的天赋人权和三权分立思想对后世影响巨大，其教训也为后世不断总结。在欧洲思想史上，人文哲学与宗教神学互有吸收，但张力大于合力，此起则彼伏，主导权轮流坐庄，直至现代关系逐渐缓解。宗教与科学更是尖锐对立，有你无我，也是到了现代才使协调论占了上风。俄国十月革命，列宁、斯大林建立苏联，文化政策采用法国战斗无神论，视宗教为社会主义的敌对力量，推行与宗教作斗争，一味打压东正教；苏联解体以后，东正教复兴并昌盛，主流社会批判斯大林主义，抛弃实行了七十多年的社会主义，走上"主权民主"之路。现代俄国的意识形态经历了激进兴替的大反复，它与中国主流社会致力于会通中华文化、西方文化和社会主义文化的中庸改良之路是不同的。

由于欧洲启蒙运动以来现代化在取得巨大业绩的同时又出现种种弊端，一些西方有识之士提出人类需要第二次启蒙运动，超越"理性的启蒙"而为"道德的启蒙"，超越"解放自我"而倡"尊重他者"。另一些人则提出后现代主义，其特点是解构现代性、颠覆、破除通行的核心价值，另寻文化的出路。后现代主义并未形成确定的基本理念和统一学派，它的主要作用是解构现存文明价值，而不是建构新的思想体系，有益于人们反思现代性的种种病态，但也会引起撕裂文明链条的极端化思潮。由于不甚符合中华民族中庸性格，它在中国未能造成较大影响。

以上八项，是中西文化在比较中显现的主要特征之差异所在，它是特征之比较，并非优劣之评估；它是主要特征之差别，不能全面涵盖一切；两者也并非截然之不同，异中有同存焉。在中华文化内部，亚文化支流之间形态缤纷；在西方文化内部的北美文化与欧洲文化之间、欧洲各国文化之间，也是千差万别。中西文化比较，只能从总体上抓住主脉而论之。在历史上，中西文化曾一度有过良好的交流，如法国启蒙思想家就认真吸收过孔子、老子的学说。鸦片战争以后，中国衰微，西方崛起，从此中华在世界上的地位一落千丈，文化受到歧视，中国人也开始自己看不起自己，对西方文化采取仰视的态度。但历史告诉人们，对影响巨大的文化传统的评价，不能根据一时的兴衰来定论，往往需要经历数百年乃至更长的时间反复考验和重估。

现在的形势是，西方文化已丧失绝对优势，而缺点逐步暴露；中华文化的优点正在显现，其缺点也由于吸收西方文化的新质而有所弥补。目前已经到了用平视的眼光比较中西文化、重新做出评价的时候。从人类文明进一步转型的需要看，最理想的情况是中西文化的优势互补而非劣势互蚀。对于中国人而言，发扬中华文化的优点而自信自强，同时学习西方文化的长处而更新壮大，都是必要的。例如，在市场经济条件下如何中西会通、建设新的行为伦理就是有待探索的新课题。贺麟先生主张引进西方近代精神重新阐释中国历史上的合理利己主义，确认个人应有的权利和幸福，用以弥补儒家重义轻利的偏失，建立义利、群己统一论，中国人应"趋向于一方面求人欲与天理的调和、求公与私的共济；而另一方面又更进一步去设法假人欲以行天理，假自私以济大公"（贺麟《文化与人生》），因此道德建设要依据合情、合理、合时的"三合"原则来进行，并非简单地回到过去。

对于人类未来而言，西方文化独占世界话语权的局面应该结束，它无法单独承当起"地球村"时代普世价值重构的重任。西方文化给人类提供了经济社会快速发展的工具理性和智能，但缺少族群之间相处的道德理性和协调智慧，而这正是中华文化的优势。冯友兰先生是学贯中西的哲学家，他在一生最后的著作《中国哲学史新编》第七册最后的一段文字里说："现代历史是向着'仇必和而解'这个方向发展的，但历史发展的过程是曲折的，所需要的时间必须以世纪计算。联合国可能失败。如果它失败了，必将还有那样的国际组织跟着出来。人是最聪明、最有理性的动物，不会永远走'仇必仇到底'那样的道路。这就是中国哲学的传统和世界哲学的未来。"孔子儒学和老子道家不仅属于中国，也属于世界。研究中华思想文化，发扬孔子、老子的大智慧，创造性地运用到世界和平与发展事业，应当是"地球村"人们的共同任务。

儒学在近现代面临的挑战与复兴之路

儒学面临的新挑战空前严峻

中国历史上有两次外来文化的大规模进入：一次是印度佛教的进入，另一次是近现代西方文化的全面进入。佛教的进入并未使中国佛教化，却成功实现了佛教中国化，在很大程度上是佛教的儒学化、道学化。而西方文化的进入，情形有很大的不同，不仅未能顺利实现西方文化的中国化，却一度使中国文化趋向西方化或被边缘化，差一点中断了文化的血脉。而其中儒学的命运最为悲惨，作为中华文化主干的儒学在一段时间内被中国主流社会所否定、所抛弃，几乎失掉了存身之所。这种差异的发生既有社会历史条件变迁的原因，也有文化自身发展起伏的缘故。

佛教在两汉之际传入中国，至隋唐逐步中国化。其时中华帝国出现汉唐盛世，国强民富、经济发达、政治安定、文化繁荣，在世界上是一流大国，对周边国家有很大的辐射力和吸引力。与此同时，作为汉唐意识形态和主流文化的儒学也地位牢固，为外国所敬慕。儒学本身正处在上升兴旺时期，对于统一国家的治理、社会道德的维持、文化教育的发展，发挥了主导、促进的作用，中国人充满了自信心。虽然其间有魏晋南北朝的分裂动荡以及儒学自身弊端的产生（如烦琐化、形式化），但不足以抵消其辉煌，正宗地位并未动摇。中国人依托博厚的中华文化，迎接佛教的进入，少数人有担忧甚至反佛，主流社会则积极接纳，一大批精英认真取经、译经、研经、释经，致力于儒、道、佛的融合，唐代执政者则确立儒道佛三教并奖的文化政策，在大力实行以儒治国的同时，把佛教有效纳入社会调控和道德教化体系。中国并未因佛教的进入而改变其以儒为主、儒道互补的文化底色，却因吸收佛教而增大了文化的丰富性，儒学在佛教的激励下也在推陈出新，至宋代形成新儒学形态。

近现代中国的情形很糟。鸦片战争以后，中国沦为西方列强的半殖民地，国力日衰。清帝国后期，制度僵化、政治腐败、闭关自守、经济落后、民生凋敝，而统治者不思改革，民族危机与社会矛盾日趋尖锐。理学与礼教则由于丧失仁爱精神和过度政治化，成为统治者禁锢人心、扼杀生机的工具，有识者斥之为"以理杀人"（戴震《孟子字义疏证》），整个社会呈现"万马齐暗"的局面。鲁迅批判"礼教吃人"也是针对后期僵死的无仁之礼，没有人性的关怀，只有片面的等级服从，其余毒长期流传不绝。

与此相反，西方工业文明蓬勃发展，工商经济创造出自然经济不可比拟的巨大生产力，科学技术日新月异，极大地改善了人类物质生活条件；它所创建的民主与法治社会管理模式及自由、平等、人权、理性等价值理念，使人的自由度和创造力获得很大的解放。由于这些优越性，西方文化以不可阻挡之势席卷全球，引领世界潮流数百年。

当西方文化大规模进入中国之时，在中国人面前全方位显示了它的先进性，也突显了中国社会和中华文化的陈旧落后，使得一批中国的精英猛然惊醒，在感受西方列强侵略欺凌的切肤之痛的同时，不得不承认，要使中国由落后变先进，能自立于世界民族之林，必须向西方文化学习，实现"以夷制夷"（魏源《海国图志·序》）的强国目标。他们也由此反省中华文化的不足，包括儒学的弊端，甚至出现矫枉过正的"全盘西化"的论调，出现为了救中华必须毁灭中华文化的偏激主义。

从社会进化论的观点看中西文化差异，是人类文明不同发展阶段的差异，即农业文明与工业文明的差异。从文化相对论的观点看中西文化差异，是知性为主的文化与德性为主的文化的差异，是贵斗哲学为主的文化与贵和哲学为主的文化的差异。西方讲实力强国，中国讲礼让为国。表现在对外关系上，如孙中山所说："东方的文化是王道，西方的文化是霸道。讲王道是主张仁义道德，讲霸道是主张功利强权。讲仁义道德，是用正义公理来感化人；讲功利强权，是用洋枪大炮来压迫人。"（《大亚洲主义》）西方近现代文化具有刚健进取的特点，能量释放迅猛，对中国的冲击力很大。中华文化则具有柔和保守的特点，底蕴深厚但能量不会短期爆发，在西方文化咄咄逼人之势面前，只能采取守势，节节后退。

由此可见，儒学面临的挑战是空前严峻的，完全不同于佛教进入时的态势，可以说是一场生死考验。诚如贺麟所说："西洋文化之输入，给儒家思想一个试验，一个生死存亡的大试验、大关头。假如儒家思想能够把握、吸收、融会、转化西洋文化，以充实自身，发展自身，则儒家思想便生存、复活，而有新的开展。如不能经过此试验，渡过此关头，就会死亡、消灭、沉沦，永不能翻身。"（《文化与人生》）在这场文化考验面前，弘毅之士不乏其人，也有一些人丧失了民族文化自信心，并预言儒学将退出历史舞台。

西方文化对儒学冲击的两重性

一、正面的效应

儒学作为中华主流文化传承二千多年，为了适应宗法等级社会与多民族国家不同时期的发展，它自身作过多次调整，不断有新学派产生。但它在农业文明和家族社会土壤里扎根太深，已积淀起深厚的传统，它如何在一个对于古老的中国而言是全新的时代里继续生存，要做哪些大的改革，才能适应商品经济和公民社会的需要，单靠儒家开明派运用传统资源是很难完成这一艰巨历史任务的。

西方文化的介入是儒学起死回生的外部关键因素。它把儒学逼到不革新就灭亡的关头，促使儒学界不能不作深刻反省，在西方民主自由观的参照下，检讨在帝制政治扭曲中"三纲"说之陈腐与危害，破除等级观念与封建家长制，改变闭塞守旧心理，从儒学中拯救其仁学所展现的博爱、平等、兼通等合理内核及"五常"之德所包含的东方普遍伦理，以便于儒学与现代社会相衔接；同时吸收西方文化的营养，创建儒学新的理论形态。

康有为、谭嗣同、孙中山是儒学革新的代表，是具有国际视野的近代儒学改革的先驱思想家。谭嗣同兼学中西，究心西洋政治、科学、历史、宗教，看重耶稣教，向往工商繁荣；对于儒学，则扬孟子而贬荀学，又推崇佛家与庄、墨之学，以开阔的视野观照儒学及其现实形态，故能看透礼教弊端，选取仁学精华。他集中攻击专制主义和"三纲"说，认为其残害百姓，毫无人理，故要冲决君主、伦常之网罗，争取人性之解放。他运用西方平等自由的理念提倡孔子的仁学，首标"仁"之新义："仁以通为第一义"，把仁学引入现代文明的境界。"通之象为平等"，有四义：一曰"中外通"，"破闭关绝市"，通学、通政、通教、通商；二曰"上下通"；三曰"男女内外通"，皆用以破"三纲五伦之惨祸烈毒"；四曰"人我通"，破己与他的畛域。他认为打破闭塞，通商惠工、富国富民乃"相仁之道"。谭嗣同是中国改革开放的最早的先驱思想家，他的贡献不仅在揭露为专制政治扭曲化的儒学的腐朽危害，而且活用西方先进思想重新发现儒家仁学的核心价值，将其提升，并与中国走出中世纪、迈向现代社会的变革联系起来，从而同时避免了国粹派的保守顽愚和西化派的民族虚无主义。

二、负面的效应

西方文化的蓬勃生发的超强势，同中华文化背负因袭重担的固陋形成鲜明对比。辛亥革命推翻帝制的成功和五四新文化运动的兴起，使中国文化生态发生质变，西方文化包括欧美文化和后来进入的苏联社会主义思想逐渐成为主流文化，支配了思想界、政治界人士；中华传统文化核心儒佛道三家被边缘化，至少在精英文化层面上被视为旧的保守的文化，退出中心舞台。

其中儒学被进一步妖魔化，成为封建文化的同义语，成为"文化革命"的对象，"打倒孔家店"是先进青年中最时兴的口号。引领中国进步潮流的前沿思想家，大都主张以欧美为师，或者以俄为师，决心放弃儒学，扯下孔子这面文化大旗，在文化建设上另起炉灶。这种在社会革命中打倒古典人物、铲除古典文化的现象在人类历史上尚无先例。

欧洲近代文艺复兴运动虽然猛烈批判基督教，但集中批判教会与保守神学，并不否定《圣经》，对于古希腊罗马文化则以复兴其思想为己任，苏格拉底、柏拉图、亚里士多德始终被推崇。英国没有人要打倒莎士比亚、俄国没有人要打倒托尔斯泰。即使近代最激进的人物也没有把当时社会的黑暗归咎于古典思想家。

独有中国不反思当代人做得如何，动不动把斗争矛头指向孔子，要他为二千多年后的中国的衰落负责，千方百计要把中华民族文化象征人物孔子加以丑化，使之丧失神圣性，不再有凝聚力，这等于丑化了中华文化，剪断了维系民族共同体的文化纽带，使中华民族遭遇空前严重的文化危机。胡适提倡全盘西化论，鲁迅把中华文明归结为"吃人"文化，陈独秀认为要提倡民主与科学便要反对孔教和旧伦理。各派代表人物都把矛头指向儒学，不加分析地全盘否定。此外，蔡元培在教育改革中废除读经，使新时代学子不再接受经典的熏陶，从而数典忘祖。一批颇有影响力的文化界进步人士提出汉字落后论、汉字取消论，推动汉字拉丁化运动。假如这场运动成功，中华古典文化包括儒学的传承必将因汉字载体的消失而断裂，汉族有可能由此而分崩离析。他们所做的已经超出文化改良的范围，在漂亮的革命口号之下，实际上是在挖掘中华文化的根系，扼杀中华民族文化的生机。虽然他们主观上是为了救中国，恰好在客观上适应了西方帝国奴化中国、推行文化殖民的需要，其害莫大焉。新中国成立以后，仍未停止过对儒学的讨伐，孔子成为反面教员。"文革"批孔达到极致，中国陷于浩劫，人们才开始觉醒，发现身处文化荒漠之中，已经满目疮痍了。

幸亏中华文化在民众中根基深厚、生命力顽强，已融入中华民族血脉之中，未被文化激进主义摧毁，如凤凰涅槃，浴火重生。若其潜力稍弱，便被冲垮了。中华文化虽然根系不死，但遭到重创，在自觉的层面上被几代人冷落疏远，传统美德气息微弱，道德中国不复存在，人们不懂自己的文化经典而不以为耻，盲目崇洋风气盛行，其负面后果至今还在发生作用，而反传统的传统已形成巨大惯性，有些学人以现代化为理由继续热衷于反传统而不能自拔。

西方话语下的儒学研究

现代儒学研究超越传统经学以经解经的训诂之学、义理之学的窠臼而有新的格局，也要归功于西学的传入，它使中国学人转换了新的眼界和使用了新的方法，故而产生了新的学术。但是西学的理论方法亦有其局限性，自觉不自觉表现出欧洲中心论的态度，不理解或曲解儒学。当西方话语笼罩中国、为中国学人采用而又不能中西融会贯通时，儒学重现在人们眼前的形象，如同哈哈镜中的人物是可笑的丑陋的。

一、儒学不具有现代性

在单线进化论话语下，儒学被认为是比西方近现代思想低一级的过时的学说，中华文化被认为是属于历史不属于现代的文化。早有严复译赫胥黎《天演论》，引进达尔文进化论，把"物竞天择"与社会进化联系起来，产生极大影响。后来胡适大力推崇达尔文与赫胥黎，认为社会的进步要靠生存竞争，赞美"适者生存"的所谓天演公例，而"适与不适"则要用实验主义的方法加以检验，其结论是：中华传统文化导致中国落后，"要肯认错，要大彻大悟地承认我们自己百不如人"（《请大家来照照镜子》）。因此必须全盘西化。在宗教文化上，西方宗教学进化论学派认为从原始巫术到多神教再到一神教是宗教进化的规律，因此中国各种多神宗教都比基督教低级，儒学没有脱离巫术色彩，也不高级。影响所及，民国年间的中国学界，一方面看好基督教，另一方面提出各种"宗教取代论"（牟钟鉴《中国社会主流宗教观的历史变迁与当代创新》），认为儒、道、佛在未来文化建设中皆没有继续存在的必要。

二、儒学是纯知识研究对象

在科学主义话语下，儒学研究从探究生命智慧之学蜕变为属于工具理性的专业性学问，被认为不应发挥教化作用，只可成为纯知识系统。20世纪20年代有"科学与玄学"之争，张君劢认为科学研究客观规律，人生观则是主观的生活态度。丁文江则认为科学万能，那些不能辨别事实真伪的主观的自以为玄妙的各种人生观，包括儒学，都是应当扫除的玄学。胡适片面理解和引进美国实验主义，认为科学就能解决人生观问题。他的整理国故，只是要按照西方科学研究模式把国学知识化、工具化，将其纳入西方近现代社会科学专业系列，不再视之为生命的学问，使其丧失养成人格、化民成俗的道德功能。

三、儒学阻碍民主科学

在自由主义话语下，儒学整个地被认为是阻碍民主、反对自由、维护专制的封建礼教。陈独秀倡言："要拥护那德先生（民主），便不得不反对孔教。"他认为儒者"三纲"之说是"奴隶道德"，所谓礼教乃是别尊卑、明贵贱制度者，与民主共和绝不相容（《新青年罪案之答辩书》)。鲁迅认为：“孔夫子曾经计划过出色的治国的方法，但那都是为了治民众者，即权势者设想的方法，为民众本身的，却一点也没有。”(《在现代中国的孔夫子》)他的《狂人日记》说，中国历史每页都写着“仁义道德”几个字，从字缝里看出，原来满本写的两个字是“吃人”。鲁迅反对儒学中庸之德，认为仁恕、宽容等说法，表面上调和、公允，实际上是姑息坏事、纵恶养奸，因此他主张痛打落水狗，直至临终也不讲宽恕别人的话，他留给亲属的话有“主张宽容的人，万勿和他接近”(《死》)之言。20世纪80年代的《河殇》把儒学视作保守的内陆黄色文明的代表，是窒息民族生命的文化，反之代表海洋蓝色文明的西学则是值得中国人向往和学习的。还有人把儒学为主的中华文化的核心归结为专制主义。这是全盘西化论在当代的新说法。

四、儒学是世俗学问，缺乏宗教超越意识

在基督信仰话语下，儒学被认为是顺世的俗人伦理，缺乏宗教超越意识，不能为现代化提供动力。最典型的是马克斯·韦伯的观点，认为儒教否定彼岸，没有一神教外在超越的宗教精神，因而也缺少救世宗教用神圣性对世界进行理性的制约的功能。儒学是一种秩序的理性主义，意味着理性地适应世界，不能像新教伦理那样理性地把握世界，后者经由经济理性主义成为资本主义精神。韦伯的结论是：儒教阻碍中国资本主义的发展(《中国的宗教：儒教和道教》)。美国哈佛学派学者列文森著有《儒教中国及其现代命运》，认为儒学最本质的特征是“中庸”，它能成就社会的长期稳定，但缺乏现实的张力，因而也没有活力，不能导致真正的社会变革。而中国现代性的社会大变革是在西方文化全面冲击下发生的。在中国现代化过程中儒教成为历史，不再有新的发展前景，中国传统文化将走进历史博物馆。上述观点在中国学界都颇有影响，甚至成为一种学术潮流，如20世纪80年代金观涛用以抨击儒学的“超稳定结构”说就来自列文森。

五、儒学主流是唯心论

在苏联式哲学话语下，儒学被肢解，大部分学派成为唯心论。前苏联日丹诺夫把哲学史简单化地归结为唯物主义与唯心主义斗争并在斗争中不断发展壮大的历史，一段时间内它成为金科玉律，成为研究中国哲学史的指导思想。用这种理论眼光考察儒学史，孔子的天命论和仁学，孟子的尽心知天说和养气说，都是唯心主义；董仲舒的天人感应说是神学目的论；程朱理学是客观唯心论；陆王心学是主观唯心论。总之，儒家哲学主脉都属于错误思想路线。只有荀子、张载、王廷相、王夫之等人的哲学才是唯物主义正确思想路线，不过都不彻底，有唯心主义杂质。这样一来，儒学在中国哲学史上的地位和正功能大部分被否定掉了。更为重要的是，儒学最有价值的人生哲学被日丹诺夫的理论框架给剔除在外。

用西方哲学的模式剪裁中国哲学的历史，不仅抹杀了中国哲学的特色，而且降低了中国哲学在世界哲学中的地位。即使找到一些唯物主义和辩证法因素，也只能算是朴素的、发育不成熟的，无法与西方近现代哲学相比。更有甚者，列维·布留尔在《原始思维》中将中国人的主客统一的整体性思维称为服从互渗律的"原始思维"，处在很低的水平上。近有楚渔作《中国人的思维批判》一书，认为中国人的思维模式落后，缺陷是模糊、混乱、僵化，导致中国人素质不高，造成近代落伍。书一出，一些人便加以吹捧。可是思维模式很难改造，中国的现代化简直就没有希望了。此论不仅是布留尔的翻版，更有过之，其自虐竟到如此程度。

六、儒学是反动倒退的思想

在源自前苏联的"极左"政治话语下，儒学成为反动倒退的思想。在以阶级斗争为纲的路线指导下的"文化大革命"中，"四人帮"把苏式阶级斗争学说与法家专制主义相结合，掀起疯狂的"反孔批儒运动"，吹捧法家是进步的主张革新的，指责儒家是保守的主张倒退的，认为反孔与尊孔是各个历史时期两个阶级、两条路线斗争的重要组成部分，贯穿于二千多年的历史过程，儒家始终是社会进步的阻力，孔子是历代反动派的思想代表，是千古罪人。这场运动把反孔批儒的反传统思潮推向了顶点，也推向了极端，从而为物极必反、结束极端主义创造了条件。人们已经在承受"文革"造成的痛苦，又从"反孔批儒运动"中看到"四人帮"的不良用心和反人性的危害，接触到儒学"仁者爱人"、"和为贵"、"中庸之道"的思想，对儒学产生了亲近、认同之感，新的文化觉醒在逐渐出现。

七、儒学与现代科学难以对口

在西方文化话语下，出现了许多讨论儒学性质的话题，难以形成共识。例如儒学是否是哲学，是否是宗教，一直在争论，其背后是西方哲学与宗教的概念在支配讨论，概念理解不同，持论也就不同。从西方发达的宇宙论和知识论看儒学，儒学便不像哲学，只是一种伦理学说而已，只有老子和道家略为接近哲学。从西方基督教的上帝观与救赎论看儒学，儒学便不是宗教；但从有的西方学者提出的"宗教性"（史密斯《宗教的意义与终结》）与"终极关怀"（蒂利希《文化神学》）作为衡量宗教的标准，则儒学便可视为宗教。如果儒学是宗教，那么其性能又如何评价？从基督教的超越主义看，"儒学是宗教"便意味着它同样具有超越精神，是一种高层次的思想文化。从前苏联的"宗教鸦片基石论"看，"儒学是宗教"便意味着它是麻痹人民斗争意志的工具，是坏的、需要否定的学说。出现这种情况，是简单套用西方话语和观点造成的。

对于用西方文化的概念套用于东方和中国思想文化，早有人提出异议，并试图加以突破。如欧阳竟无提出"佛法非宗教非哲学"，汤用彤则说"佛法亦宗教亦哲学"，二先生不拒绝使用西方概念，又不受其限制。我曾写过一篇文章：《儒学非哲学非宗教，有哲学有宗教》，讨论儒学是什么样的学问，指出：在西方话语笼罩之下，当代中国人起初只能通过西方的理念重新解释自己的文化，不得不把本来是包含社会人生多方面内涵、具有综合性思想体系的儒学及佛学、道学纳入"中国哲学史"范围加以说明，结果是削足适履，写出来的书，儒不像儒、佛不像佛、道不像道。西方话语有一部分已成为普世性主流话语，我们应当接纳和使用，使其成为现代汉语文化的组成部分，这是儒学现代转型所必需的。但使用时不能抹杀中国文化的特点，否则将扭曲中华思想，包括儒学。

儒学复兴有了转机

儒学衰落的命运到20世纪80年代以后出现了新的转机，因为时代条件已经发生巨大变化。

一、中华民族崛起提升了儒学地位

中国结束"文革"，打破自我封闭，实行改革开放，在经济层面引进世界市场机制，在政治层面确立走中国特色社会主义道路，在文化层面弘扬中华文化、建设中华民族共有精神家园，中国的现代化事业与民族复兴融为一体。三十多年的发展，成就巨大，世人瞩目；尤其在不久前的全球金融危机中，中国比西方国家能够更好地应对危机，继续保持经济高速增长，又成为美元最大持有国，帮助西方走出危机，令世界震惊。同时中华文化地位上升，孔子恢复正面形象、重新受到尊敬。中国人在走向世界的同时，民族自信和文化自觉也在增强。

事实证明，经济发展与文化复兴可以同步进行，学习外国与发扬传统能够互相结合，文化激进主义把传统与现代化对立起来是错误的。儒学在中国现代化事业中成为一种文化资源、成为一种精神动力、成为一种生存土壤、成为一条民族纽带、成为一种道德保障，起到了促进作用；而儒学也在现代化进程中被重新解释和筛选、被有效发掘和提炼、被注入新鲜血液而焕发出新的生命活力、被纳入现代信息网络而加快了在中国在世界的传播。

二、东亚儒学文化圈现代化事业兴盛

东亚群国（日本、韩国、新加坡等）的崛起和中国港、台地区的快速发展，显示了儒学文化圈的潜力和优势，破除了"韦伯偏见"，用事实证明，儒学不是现代化的阻力而是助力。

它的博施济众的社会关怀，己立立人、不欲勿施的人我观，见利思义、取之有道的义利观，重视教育和人格养成的人才观，强调人际和谐与生态和谐的贵和论，都与现代文明相一致，体现出博爱、平等、公平、正义、人本、和平的精神，能够促进市场经济健康发育、民主与法制不断进步，素质教育发展壮大，为现代化事业提供必要的社会和谐稳定和可持续发展的条件。

诚然，东亚的崛起，学习吸收西方成熟的市场经济机制和现代管理经验，积极引进西方雄厚资金和先进科学技术，起了重大作用。但东亚崛起如此之快，发展活力如此充沛，社会特色如此显著，不能不令人把它与东方文化和儒学底色联系起来，各国有识之士，纷纷把眼光投向东方，研究东方的经验，重新评估儒学的当代价值。

三、西方文化出现种种危机

苏联东欧解体后，美国学者福山发表《历史的终结》，充满自信地宣布，西方自由民主社会模式是人类的最后选择，在这个意义上历史已经终结。可是不出十年，亚洲金融风暴来临，它是西方经济模式内在弊端在亚洲的一次暴露。2002年美国发生"9·11"恐怖袭击事件，美国在国际上的单边主义所激化的民族宗教矛盾，滋生出暴力恐怖主义，给美国本土的安全带来严重破坏。接着是伊拉克战争、阿富汗战争，造成大批平民死伤，美国在亚洲陷于泥潭不能自拔。人们也在拷问美英等国,在强权横行下,民主、自由、人权、法治的影子在哪里?从2008年下半年起,一场大规模的金融危机席卷全球,不仅使人们对西方经济发展模式及由西方主导的世界秩序提出责难,而且连带西方的文化及价值观也遭到质疑。美国是民主国家吗?是民众当家、法律管用还是金融资本集团有超级权威?社会过度消费与借钱过日子能持续发展吗?靠美元帝国对世界的盘剥维持一国高消费的美国,已陷于空前庞大的债务危机。希腊债务危机也曾引起整个欧盟深刻的经济与社会危机,福利国家的神话正在破产。墨西哥湾海底钻井严重漏油事件造成从未有过的海洋生态灾难,地球母亲的血管被野蛮刺穿,出血不止。资本的贪婪不仅危害民生、破坏环境,还造就了日益功利化的社会,使人欲横流、人性堕落。

个人主义和放大的自私民族主义及崇信优胜劣汰的社会达尔文主义,固然有激励个人和民族奋发向上的功能,同时带来蛮横和残酷,成为社会犯罪和民族压迫的思想基础,威胁社会稳定和世界和平。亨廷顿的"文明冲突论"表明,在美国长期占思想支配地位的斗争哲学仍然有很大市场,它习惯于用对抗的眼光看待各种文明之间的关系,而要改变这种思维惯性是不容易的。然而,西方文化没有管理好自己的社会,更没有引导好世界的潮流,各种全球性的危机正在加剧,人类前途堪可忧虑,因此世界上对西方主流文化批评的声音不断在增强。

由于西方文化的光环大大消退,越来越多的人转而向东方文化和儒学中寻找补救的智慧,重新发现了孔子的伟大、重新发现了儒学的价值。孔子在世界上的地位空前提高,2009年秋美国众议院通过决议纪念孔子诞辰二千五百六十周年,便是显例。

四、文化自信要求突破西方话语

话语的突破已成普遍之势。以前风行多年的话语都不再有当初的气势。单线进化论已被多线进化论和文化相对论所取代，随之而来的是欧洲文化中心论也逐渐过时。世界上不同民族的文明都有自己的发展道路、自己的特色和优势，不能彼此取代，却可以互相学习。科学是必需的，科学万能却是错误的。科学主义已遭到国际学界强烈批评，在国内的市场也大大缩小了。科学属于工具理性，不能取代体现价值理想的人文，而且要用人文为之导向。

儒学是生命的学问，没有真切体认，只用科学理性，不能真正把握。自由主义只讲个体的权利，不讲社会的责任，在群己关系上有极大的片面性，也不符合人类进化的历史；如果整个民族没有自由，个人自由无从说起，所以民主、自由与人权必须包括群体的权益，而这正是儒学的优势所在，它要把"成己"与"成物"结合起来。

基督教的话语体现欧洲中心论的偏见，并不都适合东方和中国。没有基督教上帝观的儒学并非等于没有超越意识和人文理想，它的圣贤观是一种内在的超越，虽然不像基督教信仰那样能够激发人的强烈的神圣情感，却能够避免基督教原教旨主义的偏执和对异端的排斥，同时保持着人文关怀，把"极高明"（理想）与"道中庸"（现实）有机结合起来。

至于前苏联教科书式的哲学话语，已被中国学界大多数学者视为一种教条，纷纷加以抛弃。这些教条不能展示中国哲学的特色和光彩，却能使中国哲学变得毫无生气，甚至被肢解，因此在总体上不可取。

"文革"中反孔批儒的"极左"政治话语，随着"文革"的结束和被彻底否定而退出历史舞台，人们从"四人帮"身上看到了货真价实的封建糟粕，反衬出儒学的真价值，打破了"反孔进步，尊孔倒退"的流行多年的成见，促使人们重新评价孔子和儒学。人们开始用实事求是的态度、用适合儒学思想特色的语言和方法，来研究儒学，学术的面貌随即改观。

五、儒学研究步入理性时代

激情澎湃的批孔时代已经成为历史，文化激进主义仍有余绪，但不再能左右社会，中国文化研究呈现开放的多元化趋势。儒学研究步入理性时代。儒学是一种综合性极强的思想文化体系，必须多学科、多视角加以研究，才可能揭示其丰富内涵，用一种理论模式就想穷其底蕴、求其定论的时代已经过去了。对于中国人而言，研究儒学不是单纯的学术工作，还是传承民族文化、使之发扬光大的一项神圣事业。在研究途径与方法上日益呈现出多样性特点，其中"返本开新"（港台地区新儒家的常用词语）与"综合创新"（由张岱年先生提出）正在成为主流学术思潮。"返本开新"是回归本源，接续民族文化的源头活水，然后开拓更新，使创新文化真正生根开花；而弃本开新所开出的新文化往往漂浮时髦，不能持久。"综合创新"是在广泛吸收人类文明成果基础上加以创造，主要是融合中西文化，建设当代文化，使之具有中国特色。

就儒学研究而言，民国时期儒学与港台地区新儒家正在走这条路，当前中国大陆学人也在走这条路，但具体途径各有不同。经过大半个世纪的思想与政治批判，传统儒学的精华与糟粕已然大致分得清楚，持全盘肯定论和全盘否定论的人只是极少数。无论是从中国现代化事业的需要出发，还是从民族文化重建的需要出发；无论是从中华民族复兴的需要出发，还是从世界文明转型的需要出发，历史上儒学有过的"三纲五常"形态中，"三纲"确已过时，"五常"仍不可弃；从儒学丰富的思想资源里筛选、提炼具有符合今日中国社会发展的理念与智慧，寻找、阐扬具有全球意义的普世价值，乃是学者的责任。儒学的继承与创新，关键在于"推陈出新"，在于转化传统，使儒学具有新的体系、新的形态。而在研究儒学的指导思想上，必须做到吸收西学又超越西学，形成概念与话语的中西双向诠释与互补。

儒学可以为当代人类提供中国智慧

西方文化为人类提供了自由、民主、法治、人权、理性等现代文明的普世价值，已为人类大多数所认可。但是，第一，这些普世价值都建立在个人权益必须得到社会保证的基础上，出发点是个体；第二，它缺乏从社会群体出发协调人群关系的原则，例如民族关系、国家关系相处的文明原则；第三，它重权利而轻义务和责任，因此没有底线道德要求；第四，它的具体实践形态因地因族而异，彼此不能照搬；第五，它在处理国际关系时往往出现价值的双重标准，形成自相矛盾。这些普世价值是现代文明所必需的，又不是实现现代文明的全部，必须加以补充。对于现代文明和现代化要有新的解说，现代化不等于西方化，除了工商业发达、科技进步、民主法制体系健全等项指标以外，一定要增加全球伦理和生态文明的指标。

全球伦理用以处理民族之间、国家之间、文化之间的关系，形成最低限度的道德规则，以保证用文明的方式解决矛盾与争端，建设和谐世界，避免对抗与战争，确立经济全球化健康发展和共同市场正常运行所必需的世界新秩序。生态文明是比工业文明更高的文明形态，它要求：第一，保护自然生态，改变以往工业文明对环境的破坏、对资源的掠夺，避免发生人类毁灭的灾难，使发展与环境相协调；第二，保护文化生态，主要是保护文化的多样性与多样文化之间的和谐，避免文化趋同与文化对抗，使人类的文化有内在的活力。全球伦理与生态文明都是现代化题中应有之义，能够保证人类社会的可持续发展。这是一次人类文明的现代转型，在这次转型中儒学可以发挥重要作用。

一、充实和丰富普世价值

充实普世价值，提供"天人一体"、"天下一家"、"和而不同"

等儒学的核心价值，使其成为普世价值的有机组成部分。"天人一体"的思想把自然界与人连为一个整体，视为一大生命，人的作用是"赞天地之化育"，是"补天"，不是征服自然。"天下一家"的思想把人类看作一个大家庭，血肉相连、痛痒相关、休戚与共，要像兄弟一样和谐相处，不应对抗和恶斗，这恰好符合今日地球村的要求。地球村实际上是地球家，地球是人类同居的家园，在全球化过程中人类已是如家庭般的命运共同体，相互依赖远大于彼此分歧。压迫别的民族就等于危害家庭、损害自己，没有胜者。"和而不同"的思想是承认差异、包容多样、互相尊重、和平共处，不迫人从己、不恃强凌弱、不用暴力解决矛盾，而主张和解、妥协，求同存异，交流合作。"和谐"应成为时代的主旋律，其前提是尊重他人，"己所不欲，勿施于人"，抛弃社会达尔文主义、抛弃大民族主义、抛弃救世主代表心态。和则共赢，斗则俱伤。世界要和平发展，只能走"和而不同"这条路。儒学这几条价值理念要大力阐扬，使之成为国际通行话语。

二、促进温和主义，抑制极端主义

儒家的中和之道能够抑制极端主义，促进当代温和主义流行。儒家的中和之道又称中庸之道，主张渐进改良，反对偏激行为；主张协调关系，反对冲突排他。在崇尚斗争的时代，它是不受重视甚至遭到否定的。而在由文明冲突走向文明对话的今天，在世界被各种极端主义（包括霸权主义、极端民族主义和宗教极端主义）所折磨而纷争不宁的时候，人们呼唤理性的温和主义，认为温和主义作为一种稳健的包容的处世态度，有益于各种信仰和主义的健康化，有益于民族、国家、宗教关系的文明化，是值得提倡的。温和主义的特点，一是合情合理，顺应民心；二是尊重他者，主张和谐。孔子是温和主义的鼻祖，儒学的中和之道铸成中华民族改良渐进、温柔敦厚的品格。在中国，极端主义只能风行一时，不能持久生根，传统使然。由于中和之道影响深远，中国的崛起必然走和平的道路，在国际事务中承担促和、调解的角色。世界上的主义繁盛，宗教众多，它是人类文化良性生态的体现。但是如果生长出极端主义，如同百花苑中出现毒草，会危害百花的正常发育。多样性的文化只要是温和主义，世界和平就有保证。

三、充实中国特色社会主义内涵

充实社会主义内涵，使之摆脱苏联模式，具有鲜明中国特色。儒学的人本思想与贵和思想已经为中国社会主义者所吸收，纳入治国方略之中，形成"以人为本"、"构建和谐社会"和重发展、重民生、重协调、重统筹兼顾的科学发展观，使中国的社会主义道路进入一个崭新的阶段，产生出巨大的创造力，得到民众的真心拥护。儒学教育已在体制内外展开，儿童读经活动在各地蓬勃进行，中华传统美德（主要是儒家新八德：忠、孝、诚、信、礼、义、廉、耻）教育在民间和大中小学取得丰硕成果。儒商文化受到企业界空前关注，正在推动经济伦理建设。儒学重新全面进入中国社会生活。

四、发掘伦理型人学，推动道德建设

倡导道德社会、道德人生，抵消自我中心和物质主义，改变功利社会唯利是图、人情淡薄的畸形状态。儒学是伦理型的人学，崇尚道德理想主义，有重德治轻法治的倾向。但是针对今天风气浇漓、道德沦丧的局面，儒家的求仁明德之学，其积极意义是主要的。以德治国和依法治国必须结合。仁、智、勇是健全人格三要素，而仁德第一，有仁德才有尊严，才能正确发挥才智和勇力。没有道德的社会是野蛮的社会，没有道德的人生是低俗的人生，都不会给人们带来真正的幸福。

儒学将在明体达用中复兴

一、儒学在促进人类和谐中走向世界

儒学逐渐进入世界主流文化，成为国际政治与思想文化交流的重要话语，在文明对话、民族和解、政治谈判中，发挥显著作用。中国人要率先在国际事务中多多使用孔子和儒学的话语，表述和平外交政策与各种主张。精神的孔子正在走向世界，孔子学院遍布世界各地，孔子的思想受到各国人民的欢迎，也比较容易为他们所理解，因此进一步打破语言障碍，将儒家经典译成各国文字，大力推动儒学跨文化普及，是一项重要的工作。儒学将在促进世界和平中复兴，成为当代文明的一面旗帜。

二、儒学为经济社会发展提供伦理

儒学进一步与当代市场经济、民主法制相结合，一方面克服自身竞争意识和法治观念不强的弱点，另一方面弥补自由竞争和唯法主义所造成的不均、忘义、无德的弊病，促进经济伦理发育，提高社会公共关系道德化程度，使市场经济健康发展，使政治民主化的过程平稳有序。用事实证明，儒学不是现代化的阻力，它是动力和助力。韩国与中国台湾的经验已经证明儒学和儒商文化在东亚现代化模式中有积极作用，中国大陆的经验还将继续证明，儒学是东亚现代化珍贵的文化资源和思想动力。扩大地说，儒学参与下的市场文化也会为世界经济克服各种危机提供借鉴。

三、儒学成为新时期文化建设的深厚根基

儒学在中国与社会主义不断融合，真正成为中华民族共有精神家园的中心区。中国新时期的文化正在建设中，但新的主流文化尚未形成。在经历了风风雨雨、大起大落之后，儒学的不同层次有了变化：政治儒学已经衰落，学术儒学正在复苏，民俗儒学根基深

厚，儒学仍然是中国文化的底色。中国新时期的新文化，将会是坚持社会主义方向的、具有现代性和民族性的文化，其中，社会主义文化、中华传统文化、西方优秀文化形成新的文化三角结构，彼此接近、吸收，使社会主义文化有了民族特色，使中华传统文化有了现代生气，使西方优秀文化有了中国形态，共同组成新文化核心地带。儒学将主要在道德与礼俗文化建设中发挥作用，实现社会风尚根本性好转，使中国重新成为礼义之邦。

四、儒学理论创新形成潮流

儒学在中国大陆的学术层面出现新的学派、新的学说，既能够继承孔子的真精神，汇合历代大儒的深邃洞见，又能体现21世纪全球化时代的广阔视野和中华复兴的新境界、新风貌，具有较高的理论水准和民族气派，超出民国新儒家的成就，也不同于港台新儒家，为中国学界所看重，并在国际儒学研究领域占有显著的一席之地，与西方汉学、西方哲学、西方宗教进行有效的对话和交流。在儒学理论创新过程中，涌现出一些一流学者，造就有影响力的当代儒学思想家，形成若干儒学研究重镇。

五、儒学在教育事业中彰显优势

儒学落实在社会、学校和家庭教育中，逐渐培养出一大批有历史使命感、有道德操守、有健全人格、有专业技能的仁人志士和君子群体，呈现出当代儒者刚健中正、温良俭让、知行合一的气象，成为各行各业的中坚力量，发挥榜样的作用，并通过他们的实践行为，向世人昭示儒学仁爱通和、至诚不息的精神，以扩大儒学的正面影响。孔子说："人能弘道，非道弘人。"儒学的复兴要靠具有社会感召力和辐射力的儒家式人物，这样的人物要尽可能多一些，在社会政治、经济、文化各领域都有，能取得普遍的尊敬，他们对儒学的推动远大于书本的作用。儒学必须进入课堂，又走出课堂，走进社会和人生，形成一支老、中、青、少前后相续的人才队伍，把传承和实践儒学的历史责任担当起来，成为中华民族伟大复兴事业的中流砥柱。

儒学的复兴已经有了良好的社会条件和不少实践成果。儒学正在展示它深厚的潜能，并以后工业文明的柔和方式不断放射其启迪今人的智慧之光，提升着人们的精神境界。儒学的复兴是缓慢的，却是富有后续动力的，它不依赖外部的强力推进，主要依靠自身的东方德智魅力和社会的认同，以温和的姿态进入现代生活。但目前它的复兴还处在起步阶段，前面的路还很长，困难仍很多。我们要抓住机遇、奋力开拓、少说空话、多做实事，团结更多的人，长期奋斗下去，路就会越走越宽。儒学将在造福社会过程中重生、成长、壮大，它必有光明的前途。

儒学继承与创新的三种途径

返本开新

　　这是港台新儒家的提法。返什么本？为什么要返本而后才能开新？返孔孟之本，返五经之本，返中华文化源头之本。孔孟之后，儒学有发展有偏离、有创新有扭曲、有开展有萎缩，所以需要经常返本，重新找到源头活水、重新体认儒学的真精神，使之发扬光大。例如儒学在宗法等级制度和君主专制主义政治操控下，挤压了它包含的仁爱忠恕精神，出现了"以理杀人"、"礼教吃人"的现象，使儒学成为一种摧残人性的东西，就需要重返儒学之本，回到孔子的"以仁为体、以礼为用"的思想上。在时代精神的观照之下，对原典重新解读，接续鲜活的智慧，找到新的亮点，使之焕发出新的生命之光。如果不返本而开新，开出的只能是无源之水，很快会干涸；只能是无本之木，不能成长。

　　民族文化的创新不能全盘移植外来的成果，外来文化如不适应民族文化的土壤，无法正常生存发育，若硬要占领，只能造成摧残民族精神的后果，那是有为民族不能接受的。贺麟先生说："民族复兴本质上应该是民族文化的复兴。民族文化的复兴，其主要潮流，根本的成分就是儒家思想的复兴，儒家文化的复兴。假如儒家思想没有新的前途、新的开展，则中华民族以及民族文化也就不会有新的前途、新的开展。"他认为西洋文化要吸收，但要将其加以儒化和华化，"如果中华民族不能以儒家思想或民族精神为主体去儒化或华化西洋文化，则中国将失掉文化上的自主权，而陷于文化上的殖民地"(《文化与人生》)。守住原典精神，才能有民族主体文化。

所谓开新是对传统的开拓创新，历史不能割断，根基不能抛弃，否则开新无从谈起。从积极方面说，传统是开新的宝贵资源，儒学是创新文化取之不尽的智慧源泉和动力。欧洲的现代化得益于古希腊、罗马的文艺复兴，得益于基督教的革新与发展，韦伯的《新教伦理与资本主义精神》已说得很明白。

中国的底色是儒家文化，返本开新的首要工作是对"四书五经"作出新的诠释，对儒学精要做出新的概括，既深刻准确，又富于创造性，然后结合今日之实际，加以引申发挥，达到吕坤所说："言孔孟所未言，而默契孔孟所欲言之意。"(《文化与人生》)返本不仅是学界的事，也是大众的渴望。当代中国人在文化激进主义汹涌浪潮带动下，离开本源、随波逐流、四处彷徨，失其精神家园已经太久，现在要求"回家"，向中华文化回归。做好经典普及工作，尤其推动儿童读经，是"培本固元"的大事，是基础性的、战略性的文化建设事业。

由儒、道及百家共同铸造的中华精神，梁启超、张岱年用《易传》两句话概括：自强不息，厚德载物。我再加一句：刚健中正。自强不息是不甘落后、艰苦奋斗的精神，有忧患意识、有担当魄力、有乐观心态、有精诚意志，百折不挠、愈挫愈奋。厚德载物是仁爱天下、尊重差异、包容多样、立人达人、不欲勿施、利物不争、海纳百川。刚健中正是顺时利民、和而不流、中立不倚、不偏不党、不卑不亢、无过不及、择善固执、从容中道、守经用权、合情合理、温良坦荡。中华精神常驻常新，百代不易。

综合创新

这是张岱年先生的提法。张先生于1987年提出文化综合创新论，为学界所普遍认同。按我的理解，综合是指汇集古今中外文明成果，包括借鉴前贤研究成果，以便集思广益。在综合的基础上创新，会使创新的动力加强、创新的智慧丰富、创新的内容深广。只综合而不创新，不过是建起个文化陈列馆，供人观赏而已，不能实现自我创造价值。只创新而不综合，则孤陋寡闻、单薄贫乏、创新乏力，只能是闭门造车，没有实效。

匡亚明提出研究古代思想家要把握"三义"：本义、他义、我义。"本义"即思想家文本的精确内涵，研究者首先要考订清楚。"他义"是此前学界研究成果，至少是有代表性的成果，研究者要广泛收集，认真参考。"我义"是研究者独特的见解，要比前人有所突破、有所进步、有所提升。这就是综合创新。

在当代的历史条件下，综合创新的重要方面是如何在文化上推动中西融合、实现相摄互补。儒学在古代成功地接受了佛教进入的挑战，吸收它，改革它，使它成为中国化的佛教，同时儒学也开出一个新的局面，如陈寅恪所说："佛教经典言：'佛为一大事因缘出现于世。'中国自秦以后，迄于今日，其思想之演变历程，至繁至久。要之，只为一大事因缘，即新儒学之产生，及其传衍而已。"儒学在当代既受到社会主义思想的冲击，也受到欧美西方文化的挑战，儒学一度衰微和沉寂，一些人预言它行将过时。然而它经历了磨练和洗礼，除去了僵化陈腐的部分，生机显露、起死回生，焕发出新的光彩。它在吸收社会主义的平等、公正理念和西方文化的民主、自由、科学、人权思想之后，正在进入新一期的发展，其前途是光明的。人们正在推动儒学转型，建设符合时代需要的新儒学，包括新仁学、新礼学、新心学、新理学、新气学。港台已有当代新儒家，大陆也必将有新的儒家学派出现。在民间则有新五常、新八德逐渐流行。在与西方文明对话中，儒学非但没有被边缘化，反而以其"天人合一"、"天下一家"、"和而不同"、"忠恕之道"等为西方文明所缺乏的理念，补充了普世价值，从而为西方所看重，孔子正在以新的精神形象周游列国，为人类摆脱各种危机、实现和平发展和文明转型做出新的贡献。

贯通古今，融会中西，综合创新，必须有批判精神、选择智慧。能够识其长短，纳优弃劣。西方文化特长在于尊重个性、倡导自由、开启民智、倾力法治，故而发展出当代的民主与科学；其短处在于崇尚斗争、弱肉强食、唯我独尊、重利轻义、一神排他、以力服人。中国文化特长在于尊德崇礼、爱好和平、天人一体、中道不偏、重人轻神；其短处在于智性不彰、个性不显、法治不明、竞进不足。如何在中西互动中采两者之精华而熔为一炉，弃两者之糟粕而引为借鉴，是实现综合创新的关键所在。

推陈出新

这是20世纪50年代文艺界的口号，适应于文艺渐进式的发展，如京剧以旧形式唱新内容。可以扩而大之，使其适用于整个中华传统文化的新发展。

推陈出新，可从形式与内容两方面来讲：从形式上说，现代的内容，民族的形式，永远是需要的，尤其在文艺上。民族的形式如中国样式的戏曲、诗歌、音乐、舞蹈、绘画、文字、语言等，为中国人所喜闻乐见，再适当引进外国的文艺，为中国文艺增添色彩。这样的推陈出新，容易形成共识。

若从内容上说，把推陈出新拓展到政治、道德、哲学等领域，就会有争论发生，而且做起来实非易事，因为要做研究、辨析、筛选、提炼和转化等大量艰苦工作。推陈的"陈"，指过去的传统，包括精华和糟粕。例如"五常"之德：仁、义、礼、智、信，是中国人普遍的伦理规范，不会过时。但以往的解释和实践，有许多旧时代的烙印需要剔除，重加阐释，增入新义，方能适应新的时代，这就是推陈出新。仁，强调其爱、生、通的内涵，去其恢复旧礼的成分。义，强调其社会正义、公平的内涵，去其忠于个人或小集团的狭隘性。礼，强调其社会公共生活规则性，去其束缚个性自由的旧礼。智，强调其知识才能的内涵，避免其归智入仁的偏窄性。信，强调其诚直不欺的品格，开拓诚信制度层面的建设。

传统的孝道是中华民族的美德，要大力继承和发扬，但也要推陈出新，去其愚孝的成分，增强其敬养的内涵，还要依据时代的进步建立敬老养老的社会教育与保障体系，使孝道落到实处。

精华与糟粕的区分是相对的，有其时代动态性，不可只据一时的评判标准裁决数千年文明之是非。在斗争哲学盛行的年代，孔子的中庸之道被认为是糟粕而遭到全盘否定。现在和平与发展成为时代的主题，我们提出以人为本、构建和谐社会与和谐世界的治世方略，而其重要思想渊源便是孔子和儒学的中和哲学。中庸之道所倡导的中正之道、和而不同等理念及其温和主义品格，日益显露其促进人类文明的作用。

再者，即便是当时的糟粕，也可以转化为精华，即所谓化腐朽为神奇，关键在于人是否具有超凡的智慧、必要的知识与途径。人类生活中的垃圾与废料，可以变废为宝。人们曾把麦谷的秕糠用作饲料，人不屑食用，现在才知道，它们比精米精面更有营养价值。宋明理学家提倡"存天理灭人欲"，被封建王朝后期统治者用来扼杀民生需求和个性解放，五四时代启蒙运动先驱直斥其为封建糟粕，自有其合理性。如今时代改变了，市场经济激发了生产力的快速发展，同时也充分释放了人们的物质欲望，造成人欲横流、道德滑坡的文明危机。"存天理灭人欲"获得了某种真理性，有了转化为精华的可能性。至少在"天理"、"国法"、"人情"之间要形成一定的平衡关系，天理还是要讲。从目前看，"存天理"很难，"灭人欲"（灭过度的物欲）更难。"人欲"正像脱缰野马，狂奔不止，信仰、道德，乃至法律在它面前是苍白无力的，以前人们低估了"人欲"爆发的力量。人欲不可滥，又不可灭，可否将理学家的命题调整为

"存天理制人欲"？许多古代的理念皆如此类。

中国孔子基金会原名誉会长、国际儒学联合会原会长谷牧同志提出，孔子的学说可古为今用，有的"可以直取而用之"、有的"可以剖取而用之"、有的"可以借取而用之"（谷牧《谷牧回忆录》）。直取而用之要在用上出新，剖取而用之要在剖析上出新，借取而用之要在借鉴上出新。

儒家文化对于中国未来文化建设来说是极珍贵的思想资源，内涵太丰富了，随着时代的发展和人们理念的演变、视野的扩大，儒学资源的发掘利用将不断有新的高度。最好的做法不是简单化一分为二，武断决定弃取，而是在推陈出新上下工夫，不人为预设模式，则这份遗产是取之不尽用之不竭的宝藏。

以上继承与创新的"三新"之说，其同皆在于主张从儒家传统中开拓出新形态、新局面。其异在于：返本开新注重正本清源，以保证中华真精神得到发扬光大；综合创新注重包纳多样，以保证儒学的生命活泼多姿；推陈出新注重转化传统，以保证儒学的资源不断为现代文明输送营养。"三新"之说又彼此关联，不可分割。不返本开新，不接续源头活水，综合创新便会食多不化，推陈出新就会迷失方向；不综合创新，不引进众家异说和外来文明，返本开新便会泥古不化，推陈出新就会乏力苍白；不推陈出新，不致力于内部创造，返本开新就会徒说空话，综合创新也会主体不明。因此，"三新"之说相辅相成、相得益彰，则儒学的继承与创新庶几可以顺利进行。

儒学是中华文化的主干和底色，是人类各种文明大系中人本色彩浓重、包容精神强烈的文化体系，中国的文明建设需要儒学，世界的文明转型需要儒学。儒学的继承与创新之最终目的，一是为了重建中华民族的主体文明，完成中华民族复兴的大业；二是为了推动人类文明的对话，探讨全球伦理，建设和谐世界。这是我们这一代学人的历史责任。

中国文化的应对之道

重铸君子人格，造就道德群英

提倡君子人格是道德教化的重要方式

一、孔子儒家铸就了君子人格

"君子"从"君"而来。《仪礼·丧服·子夏传》："君，至尊也。"注曰："天子诸侯及卿大夫有地者皆曰君。"《说文》释"君"："尊也，从尹；发号，故从口。"《汉字图解字典》释"君"："会意字，从尹，从口，像手执权杖，发号施令。""君"字的本意是有权位的人，古典中称权贵为"国君"、"君王"、"君主"、"储君"、"平原君"、"商君"等。"君"加"子"则用以称呼"男性"、"丈夫"，如《诗经》"窈窕淑女，君子好逑"（《周南·关雎》），"未见君子，忧心忡忡"（《召南·草虫》）。

孔子是中华民族的精神导师和道德大师，他用仁学把周代礼乐制度文化提升为礼义德性文化。在此过程中他创造性地阐发"君"这一语词中的"尊贵"之义，将其意蕴从指向社会地位转而指向道德品质，从而确立了"君子"这一理想人格范式，把中华美德凝结在人的文化生命之中，使"做人"成为中华思想的主题，造就出礼义之统，影响中国二千多年，其功绩是伟大的。

先秦时期，孔子、孟子、荀子和《易传》《礼记》，对君子之德都有大量论述。汉魏以降，直至近代，士林学人推尊君子人格者所在多有，又普及于民间，遂成为久传不绝的民族集体意识。

二、君子引领道德适合多数人群

孔子儒学确立了中华民族核心价值观和基本道德准则，这就是以人为本的"五常"、"八德"。在全面推进建成小康社会和融入全球化事业的今天，它仍然是中华民族的精神纽带和道德基石，当然要有所损益和创新。长期以来，由于反传统的文化激进主义连续不断地猛烈冲击，孔子儒学离我们渐行渐远，传统美德被丑化被丢弃，成了游魂，而功利主义大行其道，使得社会散乱无序，精神家园荒芜杂沓。经过痛苦的历史教训和深刻的反思，主流社会重新认识到传统美德在现代社会的重要性，它乃是文明社会的精神支柱，也是经济社会健康发展的道德保证。科学、民主很重要，但都取代不了民族基础道德，而民族振兴恰恰需要它的支撑。

现在的问题是：如何重建礼义之邦？如何重建道德中国？五件大事要抓住：一是抓好教育，立德树人；二是建好乡社，移风易俗；三是反腐倡廉，清整官德；四是创新儒学理论，激活孔孟之道；五是建设经济伦理，规范市场秩序。

然而这五件大事都需要一批道德精英去参与去推行，没有他们，美德还是游魂，落不到实处。办好家庭教育、学校教育，都要求家长教师言传身教。改善民间风气，需要有社会贤达垂范引领。建设政治道德，需要有清官廉吏作则带动。市场经济健康运行，需要一支儒商队伍。焕发儒学生机，需要学者境界高远并知行合一。而上述各领域的道德精英便是孔子儒学着力表彰的君子。这就是孔子所说的"人能弘道，非道弘人"，孟子所说的"使先知觉后知，使先觉觉后觉"（《孟子·万章上》）。如果不能造就一大批新时代的君子，道德建设是不能成功的。

由于长期以来反孔批儒，当代中国社会讲论君子已经不多了，"君子"成为一个比较陌生、有时成为嘲讽的词汇。"正人君子"本来是正面赞词，却往往用来形容伪善者，被妖魔化了。但是生活里仍常有正面形象的君子从人们言谈中流露出来，如说："不要以小人之心度君子之腹"、"君子一言既出，驷马难追"、"不要做伪君子、真小人"、"要有君子协定"。虽然人们痛感"小人得志，君子吃亏"，却在内心里仍然珍重君子、嫌弃小人。

21世纪以来，君子话题不断升温，兆示着民族文化新的自觉。为什么君子文化有顽强的生命力？至少有两个原因：一是合情合理，二是文明需要。对于个人而言，要获得幸福感，除了生活富裕舒适，还要过得有尊严，既有自尊又能被尊，这就要做有德君子，不能做缺德小人。小人由于损人利己，得不到别人真心尊重，表面上会有人吹拍，那是势利驱使，背后总是挨骂，其人也难免有所感知，只不过是虚荣心一时的满足而已，不会有内在的快乐。因此人的向善本性和内在尊严感必然鄙夷小人而向往君子，只是被不良风气压抑了这种追求。

对于社会而言，要形成良好风气，道德教化必须有层次的差别，标准太高不接地气，标准太低不能引导。古人懂得这个道理，所以设计做人标准是有差序的。顶层是圣人或圣贤，人伦之至，万世师表，社会公认的是至圣孔子、亚圣孟子，还有若干大贤。圣贤是做人最高目标，虽不能至，然心向往之；中上层是有德君子，严于律己、关心他者、受人尊敬，一般人须要努力才可以成为君子，放松自己又会滑落下来；中下层是普通好人或称众人，保有爱心，不突破做人底线，同时不事修身，难免有些不良习性；下层是缺德小人，处处计较眼前私利，时常自觉不自觉损害到他人和公共利益，但不至于严重违法，主要在道德舆论上受到责备；最底层是罪人，既无德又犯法，如偷窃、抢掠、欺诈、杀人、绑架、作乱，必须绳之以法、齐之以刑。

如以圣贤要求多数人，失之太高，与生活距离太远，不起作用，或出现伪善。宋明时期出现伪道学，原因之一是以圣贤律人，不切实际。如以好人作为道德标准，又失之过低，激励作用不足。

古贤之所以大声呼唤有德君子，盖在于君子寄托着中华道德理想又是可以切实效法的榜样。

从今天移风易俗的道德建设而言，宣传"感动中国人物"、"最美人物"，发挥道德导向作用，是必要的。同时，还要借鉴古人道德教化的智慧，运用祖祖辈辈熟悉的话语，大力倡导做新时代的有德君子，激活人们身上沉睡已久的传统美德基因，使多数好人见贤思齐，不断走近君子境界，使社会上小人逐步减少，也从而压缩犯罪的空间，我以为这是一种行之有效的社会教化方式，是社会文明发展的内在需要。

现在，中国经济社会迅猛发展，面临的最大挑战是道德滑坡，最大的难题是风气的改善。以利益为链条的潜规则成为流行的通则，甚至在文化教育领域也是明规则无力、潜规则有效，正常办事往往需找关系、送礼金，在招生、聘人、评职上发生一系列权钱交易的作弊贪腐案件，屡禁不止，浊风恶习几乎成为司空见惯、见怪不怪的社会性现象，这是最令人担忧的。然而我们无须悲观，败坏风气者毕竟是少数，反感和批评者仍然是多数；风气虽能改变人，人也能改变风气，正气犹在，归根到底还是邪不压正，因为正气代表多数人的利益和追求。改变风气，事在人为，关键在于要有一大批先知先觉而意志坚定的君子，迎难而上，开风气之先，做革故鼎新的先行者。

事实上道德良知存于人性，每当大的灾害发生，便会出现一方有难、八方支援的动人情景，私欲隐退，德性呈现；小人消匿，爱心君子比比皆是。在公益慈善和社会救助中，好善乐施者层出不穷。北京奥运会以来，志愿者队伍日渐壮大，有为青年纷纷加入，他们践行着一种超出功利的生活，使身心在奉献大众的道德境界里享受着真正的快乐，他们就是滋养新时代君子的群体，寄托着中华民族复兴的希望。社会各界要爱护他们、支持他们，把志愿者的事业做大，这是道德建设中一项重要的工作。

君子与小人是中华特有的道德评价模式

一、君子与小人的本质差别与相对性

孔子儒家的君子论是丰富多彩的，涉及人格养成的方方面面，背后皆有历史人物和事迹作为支撑。若加以归纳，可以构成君子之道的庞大体系，含有层次、纲目的序列。

为了显现君子的主要品质，孔子特意将君子与小人对举，用小人的缺德衬托君子的有德。其中最能表现二者差异的有两句话："君子喻于义，小人喻于利"；"君子和而不同，小人同而不和"。"喻"，明晓也。君子从内心里懂得"义"（正义和公益）的重要，以之作为立身行事的准则。小人则处处以"利"（个人私利）作为考量和行事动机，唯有"利"能入其耳、著其心、见其行。君子小人之区别关键在义利之权衡上，不是口头表白，而是行为宣示。我们可以这样说：君子非义不为，小人唯利是图。在小人看来，君子的道德坚守是愚笨；在君子看来，小人的逐利作为是鄙俗，二者几乎没有共同语言，所乐不同故也。由此而引出在处理"自己"与"他人"的关系上，君子能够推己及人、互相尊重，这就是和而不同；小人则要结党营私、唯我是从，必然同而不和。君子以文会友、以友辅仁，和乐与恒持是其常态；小人以利树宗、以派谋私，勾心斗角在所难免。我们可以把"义利之辨"、"和同之辨"作为对照君子小人的纲要，纲举则目张，君子之道便能完整显现了。

但是，君子与小人之别又是相对的和动态的，不应将其绝对化和凝固化。以义利之辨而言，君子并非不言利，小人求利也并非全然不对，这其间有个分寸的把握问题。孔子说："富与贵，是人之所欲也，不以其道得之，不处也。"（《论语·里仁》）人皆有求富贵、恶贫贱之心，这是人性使然，此乃君子与小人之所同，只是君子见利思义，得之以道；小人见利忘义，得之以非道。例如商人求利乃天经地义，守法诚信者即为君子，违法欺诈者即为小人，君子小人之分不在求利，而在是以义导利还是以利害义。又如维护正当个人权益（如知识产权）并非小人，其作用在于维护法制的尊严，有益于社会正常运行，在此，利即是义。再说，社会上并没有固定不变的君子群体和小人群体：君子如怠学不勤、意志不坚，就会下落为小人；小人如能见贤思齐、内省改过，便可上升为君子。君子的标准是确定的，但现实的人是复杂多变的，一人之身而善恶兼俱，有的七分君子、三分小人，也有的七分小人、三分君子；或者彼时为君子、此时为小人，只能就事而论、因时而定。

二、做君子、不做小人是一种良好的道德自律与道德舆论

孔子认为仁德是君子第一品性，要求"君子无终食之间违仁"（《论语·里仁》），可知做君子不容易。他一方面视仁德甚高，"若圣与仁，则吾岂敢"（《论语·述而》），不敢以仁人自许，更不轻易许其弟子为仁人君子；另一方面又强调只要博学笃志、切问近思，人皆可以有仁德，故说："我欲仁，斯仁至矣。"他把做君子不做小人当作人生的目标，一是要有这种自觉愿望，二是要下学而上达，三是要坚持不懈。这个目标总是立在现实生活的前面，让你看得见却有距离，既亲切又理想。总之，学做君子是毕生的事，也是经过努力可以做到的事，还是自利利他的事，这是"为己"之学，既能实现成全自己人格的自爱，同时又能爱人，实现人生价值的最大化，应该成为内在生命的需要，成为一种健康的生活方式。

孔子用君子与小人对举的方式，建立了中华文化中道德自律的模式和道德监督的标准，经过后儒的努力，形成强大的民间舆论力量，不断给予道德人物和行为以有力地鼓励、赞美，给予非道德人物和行为以严厉地批评、谴责。这种舆论具有非政治性、非强制性，远远超出士林，弥漫于社区、乡里、家族、行业，成为一种有巨大惯性的观念和话语。君子小人之辨作为文化基因已经积淀在中华民族血脉里，是君子还是小人，无须自判，也不靠宣传，民众的

口碑总有公论，这是十分可贵的传统。损坏这一传统，必然带来道德的混乱和社会的失序，使我们吃尽缺德生活的苦头。

复苏和发扬这一传统，是道德建设必须推动的事业，又是艰难的事业。它不像制度设计、经济发展那样能够按期实施，它是无形的精神文化，与信仰的重建连在一起，没有捷径，不可操控，只能由以君子自许的有识之士努力加以推动，慢慢引起连锁反应，从量变到质变，由边缘到中心，逐渐形成主流意识。从长远看，这是一项合乎人心的文明事业，会得到社会各界越来越多的支持。

新时代新君子论

君子之德如何表述，并非易事。太简略不足以展示君子文化的丰富内涵，太繁复又会遮蔽君子文化的核心要素。同时，既要认真领略孔子儒学的本旨精义，又要结合现实加以诠释创新。因此，这是一项研究探索的工作。

民国三年（1914）冬，梁启超曾在清华大学给学子做过《论君子》的演讲。他认为中国的君子类似于英国的gentleman（即绅士），其国民教育以人格养成为宗旨。事实上这两者有同有异，同在皆注重人格尊严，异在英国绅士有贵族气质、中国君子虽平民可成。

梁启超论君子之义，以《易传》乾象"天行健，君子以自强不息"、坤象"地势坤，君子以厚德载物"两句而概括之，乃是精粹之论。所谓自强不息，一是指"自励"，"坚忍强毅，虽遇颠沛流离，不屈不挠"；二是指"自胜"，"摒弃私欲尚果毅"，能够"见义勇为"。所谓厚德载物，"言君子接物，度量宽厚，犹大地之博，无所不载。君子责己甚厚，责人甚轻"，"然后得以膺重任"。

他对清华学子的期望是：将来"为社会之表率，语默作止，皆为国民所仿效"，因此要"崇德修学，勉为真君子"，"异日出膺大任"，"作中流之砥柱"。在梁启超演讲之后，清华大学将"自强不息"、"厚德载物"定为校训，沿用至今。

梁氏演讲之前的1889年，因变法而被杀的谭嗣同、林旭、杨锐、杨深秀、刘光第、康广仁六人被称为"戊戌六君子"；梁氏演讲之后的1936年，因呼吁联合抗日而被囚禁半年多的邹韬奋、沈钧儒、李公朴、王造时、章乃器、沙千里、史良，被称为"爱国七君子"。他们岂止是君子，更是君子的榜样。国难当头方显君子本色。这些志士仁人能够杀身成仁、舍生取义，故受到国人敬仰，赞为君子，视为英杰，鼓舞了成千上万的中国人为中华民族的独立富强而奋斗，可见榜样的力量是无穷的。

当代大学者张岱年先生将《易传》论君子之德的"自强不息"、"厚德载物"，提升为中华精神的两个主要侧面，而为社会普遍认同。

今天我们应当有新的君子论，以适应当代中国全面建设小康社会的需要。根据孔子儒家的论述，结合社会现实和个人生活体验，我把君子道德人格概括为"六有"：有仁义，立人之基；有涵养，美人之性；有操守，挺人之脊；有容量，扩人之胸；有坦诚，存人之真；有担当，尽人之责。我认为"六有"能够展现君子的主要品格，内涵相对完整，表述简洁明快，可作为一家之言参与君子文化的研讨。大家可尝试为之。

一、有仁义，立人之基

仁者爱人，义者行宜，乃是做人的基础；用流行的话语说，就是心地善良，行为端正。孔子说："君子学道则爱人"（《论语·阳货》），"君子成人之美，不成人之恶。小人反是"（《论语·颜渊》），"君子义以为上"（《论语·阳货》）。孟子说："君子以仁存心"（《孟子·离娄下》），"君子莫大乎与人为善"（《孟子·公孙丑上》），"仁，人之安宅也；义，人之正路也"（《孟子·离娄上》）。君子品德的第一要义是要有爱心，即能关心人、尊重人、帮助人，心要保持温度，不能变冷，更不能变黑。人既是个体，又从小在群体（家庭、学校、社会）中长大，除了关爱自我，也必然关爱父母、亲友，再把爱心逐步扩大，推己及人，关爱社会大众，关爱天下万物，这应当是顺理成章的过程。因此，恻隐之心人皆有之，爱人者人恒爱之，并在这种互相关爱中感受幸福；反过来，害人者人恒害之，人在相互损害争斗中感受的是痛苦。人的社会经验能够使互爱成为人的生活需要。仁爱的必然要求是尊重生命、护养生命，不能容忍一切漠视生命、残害生命的行为。

那么，为什么爱心会丢失呢？人性是善恶混杂的，善与恶会此消彼长：一是个人利益膨胀，遮蔽了善性；二是被社会利益集团所绑架，身不由己；三是被各种极端主义所洗脑，丧失了普爱之心。丢失了爱心，非但做不成君子，也做不成好人，甚至比小人更差，成为罪人。君子的爱心要比普通人多一些，能够成人之美、与人为善，就是多给人一些帮助，尤其在别人急需的时候，能够雪中送炭，不必锦上添花。消解嫉妒心，以助人为乐、以损人为耻，这是君子与小人的本质区别。

由于种种原因，人际之间发生对立和仇恨，仁德君子应当以爱的力量尽力去化解，绝不能去延续和加深冤仇。义是仁心在行为上的表现，即维护代表人类文明的社会正义和公共生活准则，行事端庄，合乎公法和道德，不走歪门邪道。一是不以利害义，二是不因私而损公，三是见义勇为、坚守正道。孟子认为，"羞恶之心，义之端也"（《孟子·公孙丑上》），君子应当"居仁由义"（《孟子·离娄上》），就是用仁爱安顿内心，用正义引导行为；这等于居住在广厦之中，行走在光明大道上，自己会感到有尊严而快乐。偏偏一些小人舍安居而就洞穴，弃正路而穿荆棘，自毁做人的根基，为大众所鄙夷，不仅损人而又害己，人格无以树立，前程暗淡，实不足取，却往往难以理喻，大都是由于贪欲太盛，缺少道德理性的自觉造成的。

二、有涵养，美人之性

人有向善之心而无必善之理。人性中有动物性，不经过后天教育和修养不能自发成为文明人，不经过刻苦努力就不能达到高尚的程度。中国一向重视道德教化和修身，形成一套涵养人性、修成君子的理论方法。首先，孔子确立君子人格三要素"仁、智、勇"："君子道者三，我无能焉：仁者不忧，知者不惑，勇者不惧。"三者以仁为体，智、勇为用。《中庸》称之为"三达德"，缺其一，人格不能独立，至今亦然。《中庸》还提出"好学近乎知（智），力行近乎仁，知耻近乎勇"，指明修习三达德的着力点，即求智在于好学，体仁在于力行，增勇在于知耻。

其次，孔子论述修身的重要和修习君子的目的。《大学》强调"君子有诸己而后求诸人"，因此"自天子以至于庶人，壹是皆以修身为本"，其逻辑是"身修而后家齐，家齐而后国治，国治而后天下平"。有修养的君子，应当是"文质彬彬，然后君子"，"君子义以为质，礼以行之，孙（逊）以出之，信以成之，君子哉"（《论语·卫灵公》）。总之，君子应当知书达理、文明礼貌、儒雅方正，有温、良、恭、俭、让的风度。

第三，《中庸》指出修身途径："君子尊德性而道问学。"磨练品德与切磋学问同时并举。其中经典训练是必需的人生功课。中华经典（包括"四书五经"、《老子》、《庄子》、几部佛典、《史记》、唐诗宋词等）积淀着中华文化的基因，内有哲学、有道德、有历史、有文学，是涵养君子人格的人文学苑。当然，也要尽量兼读一些人类各种文明的经典名著。善于吸收前人的美德和智慧，是人生成长的坦途。

儒家总结出许多道德修养方法，如："择善而固执"，"躬自厚而薄责于人"，"见贤思齐焉，见不贤而内自省也"（《论语·里仁》），"君子有九思：视思明，听思聪，色思温，貌思恭，言思忠，事思敬，疑思问，忿思难，见得思义"（《论语·季氏》），"君子戒慎乎其所不睹，恐惧乎其所不闻"（《大学》），"过则勿惮改"（《论语·子罕》），"下学而上达"（《论语·宪问》），"博学于文，约之以礼"（《论语·颜渊》），"存其心，养其性"（《孟子·尽心上》），"学之经莫速乎好其人"（《荀子·劝学》），"涵养须用敬，进学在致知"（《二程集·河南程氏遗书》），"知行合一"，"从静处体会，在事上磨练"（王阳明《传习录》）等。

儒家用在涵养品性上的功夫甚深、甚细，因为功夫是深是浅不仅决定一个人素养的高下，还直接影响他做事的质量，先要成己，才能成物，这叫"合内外之道"（《中庸》）。而且人性的自我完善，时刻不能放松，不进则退，懈怠放纵就会蜕化变质，这样的教训实在太多了。

传统君子修身养性的功夫，在今天都是适用的，只是具体内容上应当有所调整和补充。但人们与"修养"之事久违了，似乎生存竞争激烈的今天，拼的是能力，没有时间去修养，所以才出现小人增多、犯罪率上升的势头，大家都在承受这种不良状态造成的恶果。

爱因斯坦写有《每天的提醒》："我每天上百次地提醒自己，我的精神生活和物质生活都是依靠别人（包括活着的人和死去的人）的劳动，我必须以同样的分量来报偿我领受了的和至今还领受着的东西，我强烈地向往着俭朴的生活，并且常常为发觉自己占有了同胞过多劳动而难以忍受。"这是一位君子式的大科学家的肺腑之言，他每时每刻都在自我提醒，不要忘记惜福和感恩，他的品格和修养自觉性比他的相对论更值得我们普通人学习。

三、有操守，挺人之脊

人要有尊严，必须挺直腰板、正气凛然，既不盛气凌人，也不低三下四。《易传》提出"刚健中正"四字，就代表着中华民族不屈不挠、不骄不躁的性格。为此，一要坚守正道、矢志不移，故孔子说："三军可夺帅也，匹夫不可夺志也。"(《论语·子罕》)《易传》说："天行健，君子以自强不息。"自强才能先进，不息才能成功。二要谋道不谋食、忧道不忧贫，故人无欲则刚，视节操为大，无私利求人。三要经受威权、富贵、贫贱的考验，做到孟子说的"富贵不能淫，贫贱不能移，威武不能屈，此之谓大丈夫"，为此要"善养吾浩然之气"，使其"至大至刚"、"配义与道"，勇往直前而无懦怯之心。有操守并非事事刻板，而是在大是大非面前不能含糊，如曾子所云："临大节而不可夺也。"志士仁人为了抗击邪恶势力，维护国家和民族的尊严，可以"杀身以成仁"(《论语·卫灵公》)、"舍生取义"(《孟子·告子上》)。如河北易县有狼牙山五壮士跳崖殉国，抗日战争中这样的先烈千千万万，才赢来"千秋耻，终已雪。见仇寇，如烟灭"(冯友兰《国立西南联合大学纪念碑碑文》)。相反，五四新文化运动中颇有名气的作家周作人，却因贪图享受，留居日伪治下的北京，受聘担任伪职，卖国求荣，丧失民族气节，堕落成为不齿于中国人的汉奸，永远被钉在历史的耻辱柱上。

在今日，生活在功利主义泛滥、权钱交易流行、旧习颓风积重难返的现实之中，君子人格强健者，依然可以从容面对各种胁迫利诱而泰然自若；色厉内荏、意志薄弱者随时会被糖衣炮弹所击倒。一些有权有势的人，经不住小人的包围、亲友的怂恿，一步一步陷于贪腐的深渊，葬送了前程。拜金主义在小人面前是肆意妄为的魔鬼，而在真君子面前如同随风飘来的恶臭，掩鼻而挥之。孔子说："不义而富且贵，于我如浮云。"(《论语·述而》)这就是有操守者的坦然心怀。君子人格的坚强，不在离俗独行，而在入世犹清，如莲花"出淤泥而不染"，如莲藕虽有孔而内里不沾尘埃。《中庸》说："君子和而不流，强哉矫！中立而不倚，强哉矫！"君子生活在世俗之中却不随波逐流，更不同流合污，始终不变其节，这才是真正的坚强。当然，君子有喜怒哀乐，有欲望、有畏惧，也会经常出差错，平时与众人无异，只是在关节点上有坚守，绝不越过正义这条线。如荀子所说："君子易知而难狎，易惧而难胁，畏患而不避义死，欲利而不为所非，交亲而不比，言辩而不辞。荡荡乎，其有以殊于世也。"（《荀子·不苟》）

四、有容量，扩人之胸

君子与小人一个重要差别是君子心胸开阔、眼界远大，小人心胸狭窄、眼界短近。孔子说："君子和而不同，小人同而不和。"孟子说："登东山而小鲁，登泰山而小天下。"（《孟子·尽心上》）这是千古名言。人们都生活在同一个时空之中，但每个人所感受的世界，大小却相差悬殊；对每个人而言，心量、视野有多大，世界就有多大。君子的心总是包纳多样、尊重他者、思虑长远，小人的心总是器量狭小、只顾自己、贪图眼前。

君子要有容量，主要是三条：一是从文明上说，要尊重多彩的文明，善于吸收人类一切文明成果；二是从观念上说，要尊重不同见解，包容不同爱好，平等兼和；三是从社群上说，要忠厚待人，扬人之美，解人之难。《易传》说："地势坤，君子之以厚德载物"，"天下同归而殊途，一致而百虑"。《中庸》说："万物并育而不相害，道并行而不相悖。"先秦经典早就展示出中华"和而不同"的深厚传统，所以中华民族才有多元一体格局，中华文化才有儒、道、佛三教合流以及四教、五教合流的多元通和模式，没有宗教战争和宗教裁判所。当代社会学家费孝通先生提出文化自觉十六字真言："各美其美，美人之美，美美与共，天下大同。"它乃是中华"和"文明的当代创新，正在推动中西文化融合、实现民族文化复兴之梦，并成为世界文明交流互鉴的伟大智慧。从世界范围看，只有心胸宽阔的君子式政治家才能实行天下为公，引导人类走向和平。

君子的容量来源于仁爱忠恕之道，忠道要求"己欲立而立人，己欲达而达人"，恕道要求"己所不欲，勿施于人"。孔子更看重恕道，认为"恕"乃是"一言而可以终身行之者"（《论语·卫灵公》）。

为什么？因为其精义在于"推己及人"，也就是将心比心。朱熹说："尽己之谓忠，推己之谓恕。"（《四书章句集注·论语注》）他引程子曰："以己及物，仁也；推己及物，恕也。"儒家认为，人类相爱之道是从自己开始的，只要懂得自己需要爱并能推及他者也同样需要爱，便会产生互爱。你尊重、帮助别人，别人也会尊重、帮助你，因此爱己与爱人是一回事。不仅损人利己会危害他人，就是强迫的单向的爱，即"己所欲，施于人"，也会使爱变成怨和恨，例如把自己的信仰、理念、爱好、意志强加于人，就违背他人也有自信、自尊、自由、自爱，照样损害他人，因此需要尊重、体谅的恕道。只有互尊互信的爱才符合忠恕之道，才是真爱。世界上的许多纷争与冲突，不仅仅缘于仇恨，也由于唯我独尊，以为真理都在自己手里，便强人从己、一意孤行。看来，"尊重他者"乃是人类迫切需要学习的一门虽久犹新的功课，君子应当带头。

君子有容量必须与有操守相制约，并非提倡做四面讨好、八面玲珑、无是无非的好好先生，那正是孔子孟子批评的"乡原"，谓其为"德之贼"。中庸之道乃是行仁的最佳状态，表现为拒绝极端，坚守中和，以大局为重。君子的容量在日常生活里应展现为兼听与厚德：能虚心听取批评乃至尖锐的批评，真正做到有则改之，无则加勉；能坦然面对别人的不理解和误解，"人不知而不愠，不亦君子乎"（《论语·学而》）；能不计较个人的得失，多关心别人的困苦，"君子周急不继富"（《论语·雍也》）。清代"扬州八怪"之首郑板桥所书"难得糊涂"的字幅广为流行，不识者以为是在宣扬明哲保身，而其真意是要人在涉及个人小家利益上糊涂一些，多替下层穷苦民众着想。例如他把家中前代家奴契券烧掉，不留痕迹；购置新墓地中有一无主孤坟，要家人保护好，与家坟一并祭祀；认为农夫以勤苦养天下之人，是天下第一等人，应多加体恤。这样一位"直摅血性为文章"的人在与舍弟书中指出："试看世间会打算的，何曾打算得别人一点，直是算尽自家耳"，所以要"去浇存厚"，忠厚待人，不要机关算尽，要把聪明才智多用来帮助有困难的人们（《郑板桥集·家书》）。

五、有坦诚，存人之真

儿童天真纯朴，不会说谎作假。及至成人，有的人虽多识却不失赤子之心而为君子，有的人则丧失童心、学会虚伪而为小人。李贽提出"童心说"，倡导有真心做真人，反对假人假事假言假文。儒家看到人性易被不良习俗所异化，因而十分重视君子自觉保持真性的修养功夫。存人之真性在"坦诚"二字。孔子说："君子坦荡荡，小人常戚戚"（《论语·述而》），"人而无信，不知其可也"（《论语·为政》）。孟子说："诚者，天之道也；思诚者，人之道也。"荀子说："君子养心莫善于诚。"（《荀子·不苟》）《周易·文言》说："修辞立其诚。"《礼记·乐记》说："著诚去伪。"疏云："诚，为诚信也。"坦诚是君子人格的灵魂，虚伪是道德的大敌，伪君子不如真小人。

做君子要求：一要心胸坦荡、光明磊落，不遮遮掩掩、表里不一；二要真诚直率、开诚布公，有话照说，不逢场作戏；三要信实可靠、一诺千金，不有言无行、巧言令色；四要专精执着、百折不回，不三心二意、有始无终。要坦诚就必须励志而无私，才能直道而行，无须欺瞒。这样的君子有自信自尊，也会得到社会的尊重和信任，"为人不做亏心事，半夜敲门心不惊"，所以心安理得、心广体健。当然，坦诚不是鲁莽，它须有涵养相润，故君子言行合于礼度，讲究方式与分寸，有经有权，追求动机与效果的统一。

坦诚君子是真人，却不是完人，优点缺点与性格特征都显露在外，与之交往不必揣度捉摸，不必防范戒备；君子观点鲜明，不说假话，有益于百家争鸣，共同探讨真理；君子办事务实认真、重诺可靠、受到信任；君子敬业固执、至诚不息、孜孜不倦、可致千里。

小人则不然，没有真诚的信仰，以"有用"为真理，遇事先替自己打算，重个人轻规则，见利忘义，损害公德，患得患失，心里藏着一些不可告人的勾当，还要文过饰非、博取虚誉，只好假话连篇、见风使舵、两面三刀、包装自己、戴着面具生活，又生怕别人识破，必然焦虑不宁。如果犯有罪过，更是提心吊胆，不得安生。

孔子说："小人比而不周。"(《论语·为政》)小人交友往往是势利之交，"以利交易者，利尽则疏；以势交通者，势去则反"，"唯君子超然势利之外以求同志之勤"(李贽《续焚书》)。小人交友总想从中得利，故不免冷热无常、貌合神离，所以小人不能享受真友情，得不到人们信任，必然孤独无助。

"君子之交淡如水"(《庄子·山木》)，并非淡于情义，而是淡于财势，并非淡于心通，而是淡于应酬，这种友情如水之清纯，如水之潺潺，可以终身受用。

当代社会生活的市场化、竞争化，使得人性中的德与智、德与欲之间失衡，人性受到扭曲，经济人、孤独人、两面人、野性人增多，道德人、和乐人、性情人、文明人减少。但从长远看应当是"齐一变至于鲁，鲁一变至于道"(《论语·雍也》)，"君子之德风，小人之德草，草上之风，必偃"(《论语·颜渊》)，我们应当有这个信心。

六、有担当，尽人之责

君子立志远大，勇于承担重任，有强烈的社会责任心和历史使命感，不愿意碌碌无为，也不屑于在个人小圈子里打转，而要在社会事业中实现人生的价值。

孔子说："修己以安人"、"修己以安百姓"、"博施于民而能济众"。《大学》将士君子成长之路归序为修身、齐家、治国、平天下，正是体现了孔子宏大的人生理想。宋儒张载提出"为天地立心，为生民立命，为往圣继绝学，为万世开太平"的"横渠四句"，扩大了士君子肩负的责任，不仅要有"修己以安百姓"的社会责任，还要有使天地万物正常发育流行的生态责任，还要有传承民族优秀思想的文化责任，还要有建设和谐世界的全球责任。今日我们生活在一个中华民族复兴的伟大时代，能够发挥自己的德才为实现中国梦而做贡献是很幸运的，应当挺身而出，担当起一份应有的职责。

担当有大有小，都需要一种勇猛无畏、愈挫愈奋的精神，因为每个行业和岗位都会面临开拓创新、不进则退的挑战。曾子提示"任重而道远"，士君子必须具备"弘毅"的品格，才能"仁以为己任"，才能"死而后已"（《论语·泰伯》）。

中国是五千年泱泱文明大国，经历了百余年的衰落与困苦，在救亡与启蒙双重奏中实现了独立并大步迈向和平崛起之途。同时面临着其他国家未有的多重挑战的叠加：既要超越传统进入现代，又要超越现代开拓后现代；既要丢弃传统之陈腐、接受西方第一次启蒙运动"解放自我"的理性洗礼，又要创新传统之精华、参与全球性第二次启蒙运动"尊重他者"的德性转型。在国内，改革进入深水区，任务艰巨；在国际，环境复杂多变，和平发展与重大危机并存。当此之时，各项事业均需有眼光远大、意志坚强、勇于担当的士君子出来做开路先锋，带领大家一起前行。

汤用彤先生家训："事不避难，义不逃责。"遇有难事勇于承担，追究责任决不推卸，这就是君子精神。我们常见一些小人，总是把困难推向别人，把方便留给自己；把功劳划归自己，把错误抛给别人。君子不仅要有"舍我其谁"的必胜信心和周密运筹的设计，还要能"有过自责"、知错必纠的大家气度和善于反思的智慧。

冯友兰先生在抗日战争艰苦岁月里是西南联合大学领导群体的中坚人物，该校培育了大批爱国志士和杰出人才，如《国立西南联合大学纪念碑碑文》所言："内树学术自由之规模，外来民主堡垒之称号。"在此期间，他带头上书教育部，抵制统一教材统一考试的规定，又代表二十五位教授写信给教育部，表示不领取特别办公费(参看冯宗璞《漫记西南联大和冯友兰先生》)，这很需要一种无私无畏的气概。他撰写的《国立西南联合大学纪念碑碑文》，充满正义情操、爱国热忱，总使读者心潮澎湃、豪气盈身。

他于1948年从美国返回中国，目的是践行其"阐旧邦以辅新命"的历史责任。建国以后他不断遭到批判，却并不气馁，坚持独立思考与写作，发表了《树立一个对立面》和"论抽象继承"、"思想的普遍性形式"等文章，为中华文化固守一块阵地。"文革"中他备受摧残，也一度迷路失言。改革开放以后，他敢于解剖自己，在《三松堂自序》中引用《易传》"修辞立其诚"的话，自责"不是立其诚，而是立其伪"，表现出高度自我省察的能力。他在八十五岁到九十五岁的人生最后十年写出二百万字的论著，给后人留下一部完整的多卷本《中国哲学史新编》，乃是"不依傍别人"和世所公认的具有时代精神的巨著。

冯友兰先生不是圣贤，而是有血有肉、有成就也有过错，但精魂恒在的士君子，他一生经历曲折，却始终保持着一位哲学家有坦诚、有担当的人文情怀和毅勇品格。

君子能器

现在社会的发展步伐呈加速度趋势，社会的复杂程度也呈倍增样态。实践证明，社会不缺少专业才智之士，最缺少德才兼备、仁勇双全的君子，没有他们，社会难以克服危机，文明不能和谐发展。我们要突破"君子不器"(《论语·为政》)的局限，扩大君子发挥作用的范围，而曰："君子能器。"

君子不限于栋梁之才，随着社会分工愈益细密，时代呼唤各行各业都有大批君子出来担当重任。我们需要士君子、乡君子、政君子、军君子、商君子、医君子、工君子、农君子、文君子、师君子、艺君子、匠君子等等，他们用君子之德发挥众智、众勇、众行的合力，推动社会各领域各阶层各行业树新风、创新业、建新功。

　　梅香缘自苦寒，君子成于艰辛，凡是有困难有奋斗有生气的地方，就有君子。从本质上讲，做君子是合乎人性发育并受到社会欢迎的自然之道，做小人是扭曲人性发育并受到社会责备的退化之途。因此，做君子安心，做小人纠结；做君子快乐，做小人烦恼。提倡君子之德深得人心。

　　全国和各地不断涌现出成千上万的道德模范，在助人为乐、见义勇为、诚实守信、敬业奉献、孝老爱亲等方面作出了令人感动的事迹，其善事义举又都是他们自觉的人生追求，足以证明君子人格扎根之深之广。只要政府重视、精英先行、大众参与，君子之良风便会渐盛，小人之浊习便会渐衰，礼义之邦必将会出现在我们面前。

儒道互补与人生

各位朋友，我今天讲"儒道互补与人生"。我想把我几十年以来研究儒家和道家思想的一些体会，结合我个人的人生体验，与大家共享。肯定不完美，但是我能保证是真实的。我的讲座提纲开头引了两位大师的名言，一位就是费孝通先生，他曾经做过中央民族大学的名誉校长。还有一位就是冯友兰先生，冯先生是我的老师，我在他身边学习了八年。这两位大师对我影响都很大。

费孝通先生晚年指出我们应该有文化自觉，提了十六字，我称为十六字真言，就是"各美其美，美人之美，美美与共，天下大同"，这十六个字现在越传越广了。我认为，从国内来讲，我们是个"多元一体"（这是费先生提出来的），多民族的统一国家，我们各个民族的文化应该怎么相处？我想就应遵循这条原则。在国际上，现在也是各种文明同时并存，但关系紧张。美国人亨廷顿提出文明冲突论。确实发生很多文明的冲突，但不同文明之间也有合作交融。当代和今后文明怎么相处？费老提出了多族源文明相处的指导性的原则，即："各美其美，美人之美。"前面两个"美"是动词，后面两个"美"是名词，就是要能够对自己的优秀文化有敬意，能够欣赏，同时也能欣赏其他民族、其他文明的优秀的成分，就是"各美其美，美人之美。""美美与共"，各种文明的优点最后都能够和谐相容，实现人类社会"天下大同"，就不会有冲突与战争了。

这是很了不起的一个思想。曾经有一段时间，特别是近代以来，中国落后了，世界以西方的文明主导。西方文明有它的优点，我们现在所享受的文明成果大部分都是西方文明的创造发明。在这种情况下，西方人有一种心态，就是"自美其美"而"丑人之美"，看不起中国文化。这也很自然，因为中国落后嘛。更可悲的是，中国人自己看不起自己，当时是"自丑其美"，说我们的文化都不好，"百事不如人"——这句话是胡适讲的，他提倡全盘西化。我们的文化确实出了毛病，但是我们有没有好的地方？要不要全盘抛弃？我们在长期争论这个问题。

我在大学学习期间，也是反传统的。1957年到北大，现在半个多世纪了。20世纪50、60年代是一个文化激进主义高涨的年代。一提传统文化，一提传统道德，就是封建道德、封建文化。吴晗当时是北京市的副市长，到北大去作报告，说：传统道德可以继承，比如"忠"，基本含义是尽心尽力为他人办事。帝制社会提倡忠君是不好的，但今天讲忠于国家、忠于人民是好的，这就是继承嘛。可是他不久就挨批判，理由是今日讲忠与古代讲忠没有任何相同点。今天来看，西方文化有它的优点也有它的弱点，中国文化有它的优点也有它的弱点。而且在我看来，西方文化正在走下坡路。现在人类社会在西方文化主导下是一个功利化的社会、互相争斗的社会，信仰和道德严重缺失，不断发生各种社会矛盾、民族冲突、宗教冲突，霸权主义和恐怖主义构成对和平的威胁，这样下去世界是很危险的。要纠正西方文明的很多弊端，我看中华文明特别是儒道两家文化将要发挥巨大的作用。这是我们今天的认识，所以我想把费老这句话放在前头。

还有一句就是冯友兰先生的话。冯先生家里挂有一副对联："阐旧邦以辅新命，极高明而道中庸。""阐旧邦以辅新命"意思就是说，我们的任务是去阐释"旧邦"，就是历史，中国的历史经验教训；"辅新命"就是为今天新的时代任务提供一种精神资源。"极高明而道中庸"是《中庸》里面的一句话，他借用了，是说中国哲学追求高超思想境界，又能落实到现实人生。他的一生就是按照这两条去做的。我觉得冯先生有强烈的社会责任感，他研究中国哲学史绝不是单纯为学术而学术，而是吸取历史智慧为今天社会建设服务，为改善人生做贡献，这是儒家的态度。同时，冯先生又能从容地面对各种艰难和挫折，这里面又有道家的智慧。

儒家道家共为中华思想的底色

我们今天面临一个问题，就是怎么重新认识我们的中国传统文化，特别是思想文化。中华文化的核心是儒、释、道三教。"三教"之"教"是指道德教化，不是今日宗教之教。而其中源于古老中国的，更深层的是儒和道，孔子儒家和老子道家。佛教进来以后，吸收了儒、道两家的思想，注入了道家的超越精神和儒家的入世态度，形成中国化的佛教。不过中华思想的底色是由儒、道两家构成的。

就我自己的生活态度而言，主要受儒家、道家的影响，觉得很受用，能够改善自己的人生，能够提升自己的精神生命。人的生命是由两个生命组成的：一个是生理的生命，一个是精神的生命。生理生命需要生存，追求享受，这和物质文明结合在一起。物资匮乏时要发展生产，由穷变富。但一个人的生存问题基本解决以后，他肯定要有精神的追求，如果没有，他不会感到幸福，会出现很多的问题。我个人认为，物质的需求是有限的，精神生命的丰富性是无限的。在精神领域，有人过得多姿多彩，有人比较贫乏空虚，关键在个人的选择。而儒、道两家可以给中国人提供丰富的精神食粮。

我简单介绍一下儒、道两家的核心理念和著名的命题，让大家有一个基本的了解。

一、儒家思想要点

儒家，我把它归结为四个字，就是："人文化成。"这四个字源于《易传》中的"观乎人文，以化成天下"。不是我的发明。就是强调一个健全的人生应该是一个文化的人生、道德的人生。如果有人认为人生就是吃喝玩乐，很满足了，这只是一个生物的生命，动物的生命。我们家养了一只猫，它就知道吃一点好的，有安全，它整天就是懒洋洋地睡觉，它不考虑别的，这是动物的一生。人生主要体现在他有文化的追求、他有道德的意识，这是人高出动物的地方。儒家的核心就是怎么做人、怎么做事。后来庄子概括为"内圣外王之道"，"内圣"就是提高内在的精神境界，"外王"广泛的意义就是要做一些社会事业，来扩大自己的人生价值。儒家的宗旨就是通过人文的教化和修身，使人成为文明人，进而使社会成为文明社会。

"仁者爱人"。这是一个最核心的命题，要了解儒家的学说，"仁"是它最核心的理念。"孝弟也者，其为仁之本与"。"仁"怎么爱，从哪开始，从爱父母、爱家人开始，再爱社会，最后再往外推，爱人类，爱万物，但是爱家庭是基础。有一个说法，就是说爱家庭的人不一定爱社会，但是爱社会的人一定爱家庭，否则不合乎情理。为了抗击侵略而不得不"舍家为国"，但那正是"保家卫国"，保所有人的家，卫大家共同的国。人类要和平共处必须有起码的爱心，又称为人道主义，尊重和珍惜所有人的生命，反对为了某种狭隘利益去残害他人的生命，这样才能反对战争，保卫和平。

"忠恕之道"是"仁"的两面。"忠"就是"己欲立而立人，己欲达而达人"，即关心人、帮助人；"恕"就是"己所不欲，勿施于人"，即体谅人、尊重人。忠恕之道把"仁者爱人"加以展开和落实了。

孔子认为"过犹不及"，提倡中庸之道。"过"就是太过分了、偏激了，"不及"就是落后、保守，两者都是错误的。"文革"中批判中庸是折中主义，批错了。中庸是行仁的最佳状态，无偏颇之失；而不讲原则的四面讨好，恰是孔孟反对的"乡原"，称其为"德之贼"。《中庸》讲"致中和"，中和之道是中庸之道的另一种提法。

我写过一篇《孔子的中和之道与当代温和主义》，其摘要发表于2010年9日《光明日报》"国学版"。孔子说"君子和而不同，小人同而不和"，把"和"的理念突出出来，用以说明多样性的文化和观点之间应有的和谐、平等的关系。在这里，"和"强调多样性事物互相的包容，"同"是指一言堂的单向服从。中华还有"求同存异"的说法，用以补充"和而不同"，这里的"求同"是指在多样性事物之间寻找共同之处，"存异"就是尊重差异，亦即和而不同。要注意两个"同"的用法不在一个层面上，故一贬一褒。由中和之道而引出来的温和主义是反对极端主义的思想旗帜，越来越重要了。任何信仰只有奉行温和之道即中道，才能成为其他信仰的好邻居，有效抵御极端主义和暴恐犯罪，为打造人类命运共同体作贡献。

孔子讲："知者不惑，仁者不忧，勇者不惧。"《中庸》称之为三达德。我认为到今天仍然是一个健康人格的三要素。一个人人格养成了没有，就看他这三条如何。首先看他有没有仁心，即有没有道德。第二条看他有没有智慧，这个智慧是指明辨是非，至少是不上当受骗吧。我觉得我在"文化大革命"开始的时候，就没有智慧，也上过当，上了第一次当以后，再也不上当了，叫"不二过"，这得有点智慧。还有"勇者不惧"，就是说你有仁、智，没有勇，遇到困难、遇到挫折，你不敢于面对也不行。有这三条，就是一个健康的人格。

"见利思义"。现在市场经济面临的最大问题就是义利关系。利要不要讲？要讲的。不仅要谋国家、人民之利，就是个人的正当利益也要维护啊。但是有一个义的问题，就是正义、公平的问题，谋利要有规则，不能损人利己，而要自利利人。孔子强调义利统一，"见利思义"就是"富与贵，是人之所欲也，不以其道得之，不处也"，利要取之有道。

"为政以德"，是儒家治国的原则。我们也曾经提过依法治国、以德治国，提出来以后，法律界很多人都反对提以德治国，我就莫名其妙啊，法律和道德是车之两轮、鸟之两翼，缺一不可啊，你反它干什么呀，没有起码的道德基础，法律疲于奔命，法不治众，所以这个很重要。

"礼让为国"，在内政上导之以礼，在外交上礼尚往来。中国是个大国，同时也是礼义之邦。中国历史上对外从来没有成为一个扩张性的殖民帝国主义，它是比较能够以平等、谦和的态度对待其他的国家。

"克己复礼为仁"。"文革"里批判最厉害的就是这句话。那个"礼"是什么？当然有一些旧礼今天不能用，要改造。"礼"的深层本质是秩序，是社会秩序，包括公共生活规则和良风美俗，你要克制自己膨胀的私欲，来符合大家认同的社会秩序，由此"仁"才能体现出来。"文革"里的批判是错误的，"红卫兵"无法无天，造成浩劫，反证必须克己复礼。

"听其言观其行"。讲的好听没有用，而是看行动。现在老百姓对领导者的评价不是看你讲的，是看你做得怎么样。

"以直报怨"。从古到今最流行的就是以怨报怨、以牙还牙、以血还血，结果是冤冤相报无了时。还有一种是宗教家讲的，老子也提倡，就是报怨以德，你对我不好，我对你更好，目的是感化对方。一般人做不了啊。儒家提出"以直报怨"，我觉得它合乎情理，就是说我不计较得失，我按直道而行。

"有教无类"、"因材施教"、启发式教学、学思并重等教育思想。我们今天教育离这些要求还差得远。我在学校里工作二十多年，深感教育改革面临着严重的问题，现在流行的是灌输式、形式化、职业化、数字化管理，都是些硬指标，忽略立德树人和尊重学生，学生难以自由地发挥他的思想，难以形成独立人格和创造思维。

"仁者无敌"，是孟子提出来的。孟子认为最有力量的是道义仁德。当时没有人信，都认为实力是最有用的，你那个仁义没有用。但是现在你看西方有识之士也认识到软实力重要，得有道义的力量，光有武器、军队、导弹，是不行的，美国对伊拉克表面上打赢了，事实上使自己陷于泥潭。

"天时地利人和"，也是孟子提出来的。"天时"就是时代提供的机遇和社会环境。"地利"，你这个眼前周围的有利条件。"人和"是人们能同心协力，三条中这一条是关键。

"自强不息"、"厚德载物"是《易传》上的，张岱年先生将这两条概括为中华精神。"自强不息"是指弘毅之志、奋斗精神，择善而固执。"厚德载物"就是要包容多样，要善于学习和吸收其他文明的长处，进行综合创新。

"知行合一"，是王阳明的名言，要求理论和实践相结合。知而不行，不是真知。比如说有人标榜懂得孝道，但是对父母不能孝顺，在儒家看来他并不知孝，只是口头的。真知必须践行。

"五常八德"，是中国人的传统美德，在千百年中已化为民族的文化基因。"五常"：仁义礼智信。"八德"：孝悌忠信礼义廉耻。孔子、孟子提倡"五常"，汉朝才有"三纲"；前者是常道，后者是变道。为适应宗法等级制度的需要，汉朝政界和儒者把作为政治意识形态的"三纲"（君为臣纲、父为子纲、夫为妻纲）与"五常"拼接到一起，从而形成"三纲五常"的习惯提法，沿用已久。但今天宗法等级制瓦解了，现代社会讲公民平等、家庭成员平等，体现等级制和单向服从的"三纲"过时了，要把它与"五常"拆开来，加以抛弃，并对"五常"作出新的解释。我有一个说法："三纲"一个也不能留，"五常"一个也不能丢。有人说"三纲"可以保留并加以新的解释，我认为不必要去改造它，因为它本质上是不平等的。"五常"则不同，本质上具有永恒性、普遍性，只是历史上有些解说带有时代烙印。今天你可以加以扬弃、补充、调整、提高，使之更好地适应现代社会，但是绝对离不开它们。仁爱之心、正义之责、礼仪之矩、智慧之能、诚信之守,这五者都是社会道德文明所需要的,只嫌其少,不嫌其多。

以上是儒家的一些最主要的理念,还有许多内涵不能一一列举。

二、道家思想要点

道家是老子、庄子创立的,其最核心的理念是"返璞归真",强调自然人生、自主人生。儒家强调人的群体性,道家强调人的个体性,要不断回归自我。老子看到社会在进化中往往出现异化现象,人被外在的事物异化了,丧失了本真,因此要不断地回归自我,返璞归真。

我在学校里有体会。中央民族大学刚进来的大学生,特别是从边远地区、民族地区来的,非常淳朴。几年以后,会有一些变化,一方面知识和能力增加了,另一方面有些同学不那么淳朴了。一个人少年的时候很淳朴,随着年龄和阅历的积长,思想成熟起来,但有些人变得比较世故,丧失了本真。所以老子就提出要返璞归真,回到婴儿状态,意思是心态上返回到淳朴天真。社会和人不能只顾往前走,还要不断反思,不断回归,不失纯真,不失赤子婴儿之心。这与儒家的"人文化成"恰恰形成互补。

道家的主要理念有以下这些。

"尊道贵德",现在讲道德都认为是儒家的,实际上最早是道家提的,就是老子。道篇、德篇,道经、德经,就是道德经。儒家的道德论是用在伦理范围内;老子的道德论在内涵上比儒家深,在外延上比儒家广。老子讲的"道"是指宇宙的根源、本体和不息的生命动力,"德"是指万物禀于"道"而形成的物性。"尊道贵德"是老子道家的宇宙观,表示对天地万物自然本性的尊重。

"道法自然",这是老子又一个根本理念。"自然"包括自然界,但意义更广泛,就是指事物本然的属性、本来的状态、本有的趋势、本存的规律,不是人工刻意造成的。所谓"道法自然",就是说大道是自然而然的，人要效法大道顺应天地万物之自然，不要去破坏它。例如社会发展把自然环境给污染了，把资源给滥用了，因此必须回归大自然的青山绿水蓝天；社会发展把人的自然纯真本性给异化了，出现欺诈、残害、仇杀，因此必须回归原始淳朴，做性情真人。

"柔弱胜刚强"，是老子的强弱观。一般人认为，我强大而有力量，就能战胜柔弱的人们和事物。老子却认为，柔弱的东西比表面上强大的东西更有力量。"柔弱"不是软弱，而是有韧性、有内在的生命力、有巨大的潜力和持续力，善于化解敌对的力量。而咄咄逼人者往往是外强中干，不能持久，"兵强则灭，木强则折"（《老子》第七十六章）。而"水"是柔和的，"上善若水"，大道像水一样，不攀高，水往低处流，滋润万物的生命，它爆发起来力量非常之大，"攻坚强者莫之能胜"。

"致虚守静"，这是道家修性的方式。道家讲"虚"，儒家讲"实"。道家不单讲"虚"，而且讲"静"。儒家讲"动"，道家讲"静"。后来道教讲"修道以清静为本"是从老子来的。虚则能容，静则制动，具有很深刻的道理。

"胜人者力，自胜者强"。中国"围棋王"聂卫平在家里挂了一幅字就是"自胜者强"。一个运动员要发挥出最好的水平，必须是心态比较平和，如果紧张，老是想着我能赢、我要赢，反而发挥不出来，这就是克制自己，就叫"自胜"。最有力量的人，不是能打败别人，而是能控制自己、战胜自身弱点的人。你看有的人没有自控能力，别人多少拿点金钱、拿点什么引诱，马上就失控了，堕落为犯罪分子。"自胜者强"是一种非常重要的智慧。

"知足不辱"。我们过去批判"知足常乐"，其实对此要分析。在事业上精神上不能满足，永远不能满足；在生活上要知足，老没完没了追求下去不仅欲壑难填，而且往往陷于不义，自取其辱，所以物质上要低标准，过俭朴生活。

"不敢为天下先"，这是有针对性的。老子经常使用反向思维。现在大家都争当老大，争以我为主，弄不好就打起来。但是老子就"不敢为天下先"，要居后。台湾星云法师写了一本书叫做《老二哲学》，当老二行不行？当老三好不好？他提出一个值得深思的问题。争位子是愚蠢的，威望是表率的自然结果，强人从己，人心不服，老大也当不好。

"损有余而补不足"，这是老子的均平观。他说"天之道，损有余而补不足"（《老子》第七十七章），天冷了，一会儿又暖和了；旱得过分，会下雨。而人之道往往相反，"损不足以奉有余"（《老子》第七十七章），造成贫富差距越拉越大。人道应效法天道，以富济贫，人人都能过上康宁的生活，"甘其食，美其服，安其居，乐其俗"（《老子》第八十章），这是老子的社会理想。

"逍遥游"是庄子的精神境界。《庄子》的开篇就是《逍遥游》，我们今天说"逍遥"就从庄子来。庄子追求一种快乐的、自由的精神生活，这是自己能够把握的。而物质生活和社会活动必受制于他者，自己要善于找到合适的生存空间，不与他人发生碰撞。"游刃有余"是一种人生智慧，就像庖丁解牛，他的刀在骨头缝里走，不碰到骨头、关节，所以他游刃有余，在里面很从容，比喻人要从容地生活，开辟出属于自己的空间。

"重生贵养"是道教的理念。道教和其他宗教都不同，它是重生的宗教，它不讲死后升天、灵魂得救，而讲今生今世自己的身体怎么通过炼养，然后"生道合一"，脱胎换骨，长生成仙。"性命双修"是道教的修行原则，"性"就是心性，修性要炼神，进行心理的训练；"命"就是生命，修命要炼气，进行生理的训练，这样兼修身心两个方面，并互相促进。长生成仙做不到，健康长寿还是可以的。道教给我们留下一笔很丰厚的养生文化，包括道教医学，需要开发运用，将有益于中华民族的身心健康。

老子、庄子创立的道文化，后来形成道家哲学和道教宗教两支，在历史上有合有分，彼此纠结发展，成为中华民族一大文化血脉。

儒道互补是中华思想演化的基本脉络

下面接着谈一个问题，就是儒道并行、互渗、互补是中华思想文化深层的基本脉络。后来儒释道三教在它基础上发展，后来又有四教、五教，中国伊斯兰教、中国基督教等等，都是以儒道两家作为基础而不断中国化的。

儒道互补可以从不同的视角加以分述和比较。

一、显流文化与隐流文化的互补

这句话是范文澜先生在《中国通史》中说的。儒家是很显耀的，它从汉以后二千年中成为中国社会的主导思想，它在历史上培育出一批又一批仁人志士，成为社会栋梁。当社会发达的时候，儒家居首功；当社会衰败的时候，儒家当然要承担过错。五四运动打倒"孔家店"，没有说打倒"老家店"，因为儒家处在中心舞台，它有责任，它是个显流，所以赞扬和批评都首先落在儒家头上。

道家是隐流，汉初黄老之治已经是儒道相结合了，而且为时不久就被儒家取代。道家更多的时间是潜移默化在起作用，因为道隐无名，道的特点就是不张扬，但又无处不有，越来越深地渗透到儒家文化之中，补充它、调节它。

我觉得儒道两者各有特点，正好对应互补。

二、动力型文化与调适型文化的互补

一个人认同儒家，他一定会想为社会做事。为什么呢？儒家讲修身齐家治国平天下，讲以天下为己任，讲天下兴亡、匹夫有责，它给你一个动力。人是个体的，又是群体的、社会的。人类从诞生那一天就得有家庭，有氏族，否则人就不可能进化成人，所以

人离不开社会，关心社会应该是发自内心的，不是强加的。但是人又是个体的，关心自己的利益，有自己的理念、信仰、追求。儒家是动力型的，给你一种参与意识、一种社会责任，推动你往前走。但是走的过程会遇到一系列的矛盾、一系列的问题，那么道家给你调适，道家的智慧就表现在要调整你的心态。我觉得道家是高级心理学，掌握一点以后，你遇到问题，很容易调适化解。我遇到很多问题，包括"文化大革命"，差点活不下来，那样严重的情况下，道家很有用，寄希望于祸福的转化。

三、阳刚型文化与阴柔型文化的互补

有人说，儒家是男性文化的一个升华，道家是女性哲学，男女两性的差异就是一个比较阳刚一些，一个阴柔、柔顺一些。

孔子的文化是在父系社会文化——周礼的基础上产生出来的。老子的文化根据我们现在考证，最早的发源点是母系氏族社会，我们有没有根据呢？有。你看《老子》书里面，它形容"道"的时候用什么形容词？大量的女性的词汇，玄牝啊、母子啊，都是用这些词汇，而且老子讲的"我有三宝，持而保之。一曰慈，二曰俭，三曰不敢为天下先"（《老子》第六十七章），这些都是女性的美德，慈悲、俭朴、不敢为天下先。我母亲做我们家庭后勤部长，她为全家服务，她从来没有想到我有什么功劳、我要争个什么、给我个什么荣誉，她就是老子的这种不敢为天下先，她把自己放在后面。

儒道之异是男性和女性的文化的不同。但男女离不开，所以才是互补的。这样一来，塑造出中国式的一种治国的方式，一个是用儒家的礼教治国，一个是用道家的无为调整。咱们看历史，每一次大的动乱以后新的王朝都是黄老之治，有时候说得很清楚，有时候说得不那么清楚，都是与民休息，清静无为。政策要调整了，你们不要老百姓再累下去，要给他们一个喘息的机会，要恢复生产，都是这样的。用无为而治，然后再大有作为。无为而治不是说没有作为，而是说要比较地顺应自然一点，要为政简易。

做人的态度上，儒家是要积极进取，有事业心；当遇到挫折或条件不成熟的时候，就用道家应对，顺其自然，等到有了好的机遇的时候再做，有进有退。

四、社群文化与自适文化的互补

儒家重社会服务和家国事业，故其进路是修身、齐家、治国、平天下，并且推崇鞠躬尽瘁、死而后已。道家则更多的关注自我，追求身心的调适，过一种明哲保身、自得自乐的生活，而把社会事业看成自我实现的余事。中国人有这两条互相补充，特别是知识分子中多数是儒道互补的性格，能进能退，所谓"达则兼善天下，穷则独善其身"。

儒家突显了人性的群体性，范仲淹《岳阳楼记》中的"先天下之忧而忧，后天下之乐而乐"最能体现儒家把社会关怀当作个人的价值追求。老子讲的"知足不辱，知止不殆"和庄子讲的"逍遥"、"顺性安命"都是从个体的自适、安宁、幸福出发的。这两者都需要，没有社群，个体不能独立生存；但只有儒家就太累了，还得有道家给自己的生活和个性发展保持一个必要的空间，所以儒道互补很好。

民国时期一个大思想家叫林语堂，他就说道家及儒家是中国人灵魂的两面。士人读老子的书和《论语》，但多数人并未读经书，可是仔细考察中国人，很多人都有儒道两面，因为它是一种文化基因，代代遗传，人们从不同程度上接受了这两种基因。要了解中国人的性格、要了解中华文化，必须从儒道互补角度去理解。

五、现实主义与超世主义的互补

儒家求真务实，面向社会现实生活，千方百计要把社会治理好，把家庭治理好，使人在今生今世做个有德君子，是入世主义。

对于死后和鬼神问题，采取存而不论的态度。孔子说："敬鬼神而远之"，"未知生，焉知死"，"未能事人，焉能事鬼"。由此，儒学被称为"世教"。当然它保留"畏天命"，"慎终追远"，"神道设教"。儒家讲的"道"是指天道地道人道，皆是形而下之道，因此被称为"内圣外王之道"。

道家更关注形而上的世界，它要把人的精神从现实世界日常生活中解脱出来，不仅超越物质功利，还要超越一般道德生活，从宇宙大化的高度看世界。老子说的"道"是超言绝象的，是宇宙之源和本体，不能由语言表达，所以说"道可道，非常道"，"道隐无名"，"失道而后德"。人要"致虚极，守静笃"，用体悟的方式与大道一体化。道家要在现象的有形的世界背后和深层发现本质的无形的世界，认为前者依赖后者而存在。道教则向往一个既主宰人间公正又不受人间法则约束的来去自由、神通广大的神仙世界，人可以"积善成仙"、"功德成神"，因而具有多神崇拜的特色。

六、道德主义与自然主义的互补

儒家思想，我们将之概括为伦理型人学，重教育、重修身，以仁礼之学来成就个人和社会的道德生命。儒家特别看重人的道德生命，如果从全世界的宗教和哲学来找，道德思想最丰富的是儒家，它给世界提供的道德资源最多。

道德还重要吗？现在是嘲弄道德，这是一种暂时性反弹。因为我们曾经一度把道德过于强化，政治化了，那个时期啊，不能讲物质利益，只能讲大公无私。现在来纠正，又走偏了，又不讲道德了，好像无所谓。每个人都希望别人尊重你，要有自尊必须有道德人格，你没有道德人格光有能力，表面上受尊重，实际上被瞧不起，别人只是有求于你而已。所以道德生命是人格和尊严的灵魂。

儒家有时忽略生理生命，孔子说"朝闻道，夕死可矣"，这句话有毛病啊，当然它是一种表达，为什么非要"夕死"啊？儒家这方面有缺点。

道家是自然型人学，也是重视人，更重本性、重天然、重养生，以自然之学来找回自我和回归社会的淳朴真情。道学的核心（理念)是"道"，以自然为本。这两个都不能丢。

现在我们教育孩子，父母恨铁不成钢，望子成龙太急切，不顺应儿童年龄的特点，这个班那个班，给他加好多的东西，甚至希望幼儿园就达到小学水平，其实是违背自然规律的。孩子天真活泼，这个阶段主要是游戏，也学一点东西，让他健康成长，你那样过分的强加的方式违背自然，反倒不好。所以学点道家还是有好处的。

儒道互补是人生的大智慧

儒道互补是一种人生的大智慧，可以使人安身立命，活得积极而又潇洒。

我觉得哲学也好，宗教也好，它们是什么？它们是同一个层面的文化，是社会上层建筑里最高层次的。哲学和宗教，与一般社会科学都不一样，更与自然科学不一样。那么它们是什么呢？第一，它们面对宇宙、社会、人生种种问题，要穷根究底。自然科学解释世界，都是局部的问题，但是哲学和宗教要追寻的问题是根本性的问题，宇宙的起源问题、人性问题、社会发展根本规律问题，都是根本性的，这是终极关切，穷根究底，问一个为什么，还要继续追问下去，打破砂锅问到底，这就是哲学和宗教。第二，它们可以使人安身立命，也就是能安顿人的心灵，提供人生的意义。八个字——穷根究底，安身立命，哲学和宗教都可以起到这个作用。但是两者又不一样，哲学是用理性的智能方式来做这件事，宗教是用信仰的情感方式来做这件事。

一、儒学使人生积极乐观向上

那么儒家呢，是哲学还是宗教？现在有争议。我认为它虽有宗教性，而不是宗教。它也是信仰，但它是以人为本，不是以神为本。儒家是进取的哲学，所以我们学了点儒学以后，你的一生就会是积极的、乐观的。大家看《论语》，到处都是"乐"这个字，讲乐学，讲教育的快乐、人生的快乐。它让人怎么完善自我、关心他人、改进社会、实现人生的最大价值。它有尽性之说。尽性之说，就是把你自身的，父母给你的种种潜质充分发挥出来。人的一生不要去和别人比，想同某某一样，不可能的。像钱锺书先生，我看他的书，充满智慧，那是不可学的大天才，他过目不忘啊，我的记忆力就不好，这个没法学，因为他天生就有这个天赋而我没有。每个人把父母给自己的潜能充分发挥出来就可以了。尽己之性，我要把自己的本性里的先天的东西充分发挥；尽人之性，有条件的人你要帮助别人发挥他的本性；尽物之性，就是物尽其用，这个物本来可以发挥这个作用，你浪费也不好；还有赞天地之化育。你看儒家这个尽性链条由近及远，最终目标是要使天地万物的本性得到充分发挥。这就是儒家的尽性之说。

宋代有个大哲学家叫张载，他有四句有名的话："为天地立心，为生民立命，为往圣继绝学，为万世开太平。"被称为"横渠四句"。这很了不起啊，我的老师冯友兰先生，经常引用"横渠四句"来鼓励我们。"为天地立心"，天地没有心啊，天地生就人，人就是天地的头脑，人要起这个作用；"为生民立命"，"为生民"就是为老百姓，"立命"就是命运，人民要有一个好的命运；"为往圣继绝学"，以往圣贤学不要让他中断了，在我们这一代手里要继承，要发扬；"为万世开太平"，中国人对"太平"的向往古今一贯，就是我们今天讲的和谐、和平、富裕、公正。这是儒家的一个胸怀。张载是大儒，张载在中国哲学史上的地位相当于西方康德的地位，影响非常巨大。

儒家要成就这样一个人：有理想、有追求、有尊严、有社会责任与参与意识，有仁、智、勇三达德的独立人格。向圣贤看齐，但是不是要你做圣贤？圣贤是最高目标，一般人做不到，但是要做有德君子，不做缺德小人，这是一般人通过努力可以做到的。大家看《论语》里面，孔子讲到君子有一百多处，如"君子和而不同"、"君子怀德"、"君子坦荡荡"、"君子义以为上"，等等，讲怎么做君子，我觉得这是我们的目标吧，我们可以做个君子。

儒家讲的忠恕之道是平等的爱，但儒家平等的思想在等级社会发挥不出来。有人说儒家是专制主义，错了，儒家有等级思想，但不是专制主义，专制主义是法家的。儒家讲君臣父子，是相互有责任，不是单向服从。它讲的礼是以和为贵，也是相互的。它没有摆脱等级观念，但是它要和谐。所谓"君君，臣臣，父父，子子"，"文革"里搞错了。孔子是说君要行为君之道，臣要行为臣之道，它有规定的。"君使臣以礼，臣事君以忠"；"君视臣如土芥，则臣视君如寇仇"，是相互的；君为轻，民为贵，它不是专制主义的。父子之间要父慈子孝，也不是单向的。忠恕之道讲平等之爱，"己所不欲，勿施于人"。

爱是社会生活的情感纽带。人情冷漠不好，金钱最容易使人情冷漠，它可以使家庭解体，夫妻反目，父子为仇。我们现在看电视上家庭成员打官司，不就为点钱、为点财产吗，世情太冷了，社会这样不行的。但另一方面我们讲爱，又出现另一个偏向，就是片面的、强加的爱。特别是现在父母对子女，过于溺爱，独生子女多嘛，父母以"我为你好"为理由，什么都要加在孩子身上，孩子的感受是痛苦的。所以爱必须是平等的、互尊的。

这里我引《渴望》的主题歌，在座的年纪大点的都可能看过这个电视，当时很受欢迎啊，表达了人们一种强烈的渴望，就是要过真情的生活。它说："漫漫人生路，上下求索，心中渴望真诚的生活。"苦难已经过去了，"恩怨忘却，留下真情从头说，相伴人间，万家灯火"，我们还要在一起生活啊，我们把真情找回来。人需要爱，相互的爱。

二、道学让人生活恬淡内敛清静

道家是内敛型的，是内收的哲学，恬淡通脱的哲学，使人在进取时不忘后退，在获得时不忘舍弃。我将之概括为，儒家是进取的智慧，道家是放弃的智慧。有人说了，放弃还需要智慧啊？人放弃都感到痛苦啊，错了，你贪得无厌，什么都想把着，其实对你没好处，太累了、负担太重了，事情也做不好。有所不为而后有所为，必须要善于放弃，必要时该放弃要放弃。在入世时不忘超脱，在向外追求时不忘回归自我。在做主人时不忘做旁观者，做主人应该有担当，同时要像道家一样，脱开一点，以道观之，从旁边再看一看，你可能更清醒。你在位的时候，当领导的时候，不忘在野退休，做一个老百姓，你时刻做这个准备，临到离岗就不会痛苦。在服务社会时不忘调适休闲，可以旅游、可以有自己的业余爱好。在加强社会管理时不忘无为而治。

儒家是有为的管理，就是咱们说的宏观调控。道家是现代市场经济，是一种无为的管理、软性的管理，就是放开市场，发挥市场的调节作用。你在顺利和辉煌的时候不忘记逆境和曲折，因为老子讲"祸兮福之所倚，福兮祸之所伏"，它们是互相转化的。人如果能这样想，就会保持一个比较健康的心态。

用有为的智慧和无为的智慧来对应人生的艰难多变，进退皆游刃有余；有刚健之气，也有柔韧之性，增强生命的活力和弹性。生命应该像弹簧一样，碰一下它弹回来。你看玻璃就不行，一碰就碎。现在有很多人看起来体魄很健康，但心理不健康，没有承担力。我们现在很多青年人没吃过苦，遇到一点问题，就有跳楼的、有离家出走的、有得抑郁症的。现在学生得抑郁症的比我们青年时代多得多，在大学里面这是个很大的社会问题，让我们感到很痛心。一个边远地区、民族地区的家庭，很穷困，供一个孩子出来上大学，又上了研究生，太不容易了，当然国家也给一些助学金帮助。但有些学生刚刚要成才的时候，得了抑郁症，有的严重到不能够学习、工作，就回家了，你说怎么办？看来人的生命要经受些挫折的磨练。为什么我能经受住"文化大革命"的冲击，因为我在少年时期经历了战乱和困苦。从1939年到1949年，生活在社会大变动和战乱中，还有就是贫困，吃不饱，要劳动。我们那一代人都经受了一些苦难，再遇到一些困难，就有一个底儿，有一点锻炼。所以我觉得现在年轻人真的要有挫折教育，要他们吃点苦。人就是这样一种动物，光享受不行，成熟不起来。儒道两家会给你应对顺逆的两种智慧。

儒道互补的文化功能

历史上儒家是社会政治意识形态，统治者不把宗教作为治国之道，而把儒学作为治国第一位的政治意识形态。三教并行，以儒为主，佛、道为辅。其他宗教，也都允许它合法存在，但必须爱国守法、劝人为善。

儒家的伦理学、政治学、社会学比较发达。而宗教哲学、文学艺术、养生健体，主要靠道家。所以我们美学家写中国美学史，如北大的叶朗教授写《中国美学史大纲》、李泽厚写《中国美学史》，都认为中国的美学传统主要是受道家老子、庄子的影响。所以这两家在历史上不同的文化领域侧重点是不一样的。

一、有益于形成多元通和文化生态

中国宗教文化有一个特点，就是多元通和。它和西方亚伯拉罕体系三大一神教有明显的不同。亚伯拉罕三大一神教：犹太教、基督教、伊斯兰教，出于一个根基，都以亚伯拉罕为先知，不过在伊斯兰教里叫易卜拉欣。犹太教尊奉《旧约圣经》，基督教更重《新约圣经》，而伊斯兰教《古兰经》是从《圣经》里演变出来，都可以归属于希伯来宗教文化体系。但是三大一神教在发展中渐行渐远，越走越疏离乃至对立，中世纪还发生过流血的宗教战争。现在世界上宗教的互相冲突，最厉害的是在三大一神教之间，如巴以冲突，西方基督教国家和中东的伊斯兰国家之间的冲突，都是国际政治热点。

但是中国儒释道文化却走了和而不同、融合会通的道路。佛教是从印度来的，儒教是孔子传下来的，道教是从老子传下来的，它们的发源不一样，但是渐行渐近，你中有我，我中有你。所以到汉以后，三教日益合流，再没有纯儒、纯佛、纯道。我们现在三教同祀的庙很多，大同有悬空寺，民间信仰三教共信，所在多有。中国台湾就更多了，他们的民间宗教大多数是三教兼信，拜孔子、拜老子、拜释迦牟尼。关于中国人信仰的这一特点，美国一位宗教学家保罗·尼特加以概括，说中国人是宗教的混血儿。尤其汉族，一个人的头脑里有好几个教的影响，一个人可以同时信两个教，没问题。但在西方不行，保罗·尼特说，美国、英国的每一位公民是在一个教里长大的。美国是移民社会，宗教很多，但是从一个人说，不能去拜了清真寺又去拜基督教堂，参加了一个教会组织、一个教派，就不能信另一个教派，他的界限很清楚的。当然现在有点改变，但它主流是这样的。所以我觉得中国有这样一个特点，渐行渐近，多元通和的文化基因就是这样传承的。

二、儒道文化因互补而相得益彰

儒道互补既有"极高明"又有"道中庸"，彼此相得益彰。道家使得儒家增强了超越意识，《周易》讲阴阳互补，就是吸收了道家老子思想。孔子生前就向老子问礼，史书记载就有三四处之多，这是确凿的。孔子开始吸收老子，孟子继续吸收，讲赤子之心，后来吸收更多了。宋明理学、近代新儒家都吸收了道家、佛家智慧。

反之，儒家使道家增强入世的意识，才有黄老之学、才有魏晋玄学。魏晋玄学是新道家，新就新在儒道互补。道教的道德信条忠孝仁义诚信基本上是儒家的。道教认为修道成仙，法术是第二位的，第一位是要做一个有道德的人，它反复强调，先要做一个善人，才能做一个仙人，所以道教强调重生济世。道教修行强调两条：一是修自我性命，二是做慈善事业。

全真道王重阳祖师最有名的弟子丘处机，应成吉思汗之邀，七十多岁了，不远万里，带了十八个弟子从山东出发先到燕京，经过漠北、新疆、中亚，到达阿富汗的雪山（兴都库什山）见成吉思汗，前后凡四年，历尽艰难险阻。成吉思汗正在西征的过程中，战争杀人很多。丘祖劝他不要杀人，要"敬天爱民"，要"清心寡欲"。前者是儒家的，后者是道家的。成吉思汗原来是从游牧文化铁骑中杀出来的，征战中多有杀戮，后来接触了中原儒道仁和慈俭文化，其中一个重要的契机就是通过丘处机，开始接受这种和平的、包容的、重生的文化，他逐渐在改变、在收敛，减弱了战争的残酷性。我认为现在对丘祖的宣传不够，大家都知道玄奘西天取经，玄奘是文化之旅，是值得宣扬的；丘处机的西行是和平之旅，生命之旅，他是中国宗教史上的大德中的第一位高人。他当时就拯救了许多人的生命，回到燕京以后又救了很多人，这样一个伟大的宗教家，是中华民族的骄傲。

丘祖本身就是儒道互补的，全真（教）就是儒释道三教互补，它公开宣称三教一家。我把丘祖精神概括为五：一是志道苦修，二是仁厚爱民，三是慈勇自尊，四是朴实纯正，五是谦和包容。这五条是孔子老子伟大精神的高度凝结和体现。

儒道互补在现实生活中的运用

一、不同情状和不同年岁应各有侧重

儒道互补在不同的人群、不同的人生阶段上各有侧重。譬如一些人在朝用儒家做贤相清官,不仅懂得儒家四书五经,在治国理政中能导之以德、齐之以礼,而不局限在导之以政、齐之以刑。古代仁人志士在朝的时候得有点儒家的精神,有强烈的担当意识,在国家民族危难的关键时刻能够杀身成仁,舍身取义。那么当他不做官了,便多一点道家情怀,在野为民,做一个清静自在的民间文人。如果他还是为官的心态,就很痛苦了。

我有一个朋友,他的父亲是一位部长。这位部长没有业余爱好,他每天早上一起来就等车来接他去开会,坐主席台,在办公室批文件,或下去视察;退休以后,他不知道怎么过这日子,坐在那儿,还是等车接他。他的孩子说:爸,你退休了,不会有车了。人要有业余爱好,要赶快地转换调整,然后适应你退休的生活。你可以画点画、写点字,多一点道家的自我意识和山水情趣,安排好老年退休的生活。

人在青壮年时期应以儒为主,用儒家情志尽社会责任,同时也需要一点道家精神来调节心理,因为你会遇到挫折,遇到困难,所以要儒道互补,而以儒为主,道为辅。人在中心舞台上多一点儒家的心态,在边缘地带多一点道家的心态,这样比较好。

最早提出退休哲学的是谁?是老子。老子讲"功遂身退,天之道也"。"功遂"就是你该做的社会工作做完了,你赶快从岗位上退下来吧,你别老觉得事情离不开你、地球离了你不行,看不上青年人,老不放心,还要去指点,这让大家很讨厌的。现在就业多困难,老的不退就腾不出岗位。职称评审,老的不退就腾不出名额来,年轻人上不去,真的是这样。所以我觉得不同年龄段要过不同的生活。

二、退休后的道家式生活

一个人从退休到特别衰老这一段，如果基本健康，便是人生一个黄金段，因为没有生活和工作的压力，最自由自在，可以在养生保健的同时做一点自己最有兴趣的事情，又不让它累着，没有人来督促结项，大部分时间自己支配，过一种道家式的生活。

我退休后的生活方式这里给大家介绍一下，不要硬学、不要都学，只作参考。一共四条：

第一，去体制化，做社会人。我现在在体制以外了，体制以内的事来找我，对不起，我不能做了，年轻人做去，做社会人。

第二，去项目化，做自由人。《文汇报》上有一篇文章叫《知识分子项目化生存》，说现在什么状态呢？不拿项目，你就几乎在岗位上无法生存，你评不了职称，得不了奖，你什么都没有，你必须不断地拿项目，越多越好。至于说你这个项目做得怎么样，少有人关心，反正大都可以结项过关。在岗的人十分关心拿到国家项目没有，拿到教育部项目没有，拿到部委项目没有，拿到学校项目没有，还有拿了有多少钱的项目，得了什么奖，你的论文在核心刊物上发表多少，被引用多少次，现在都是硬件的东西，整天地疲于奔命，这叫项目化生存。从老子的观点看，人被异化了，成为项目的附属品，没有了自我。按照今天的职称标准，老子连个助理研究员都评不上，他才有五千言。我们学校曾经有规定，在核心刊物上发表文章必须在五千字以上，老子刚刚够发表一篇文章的资格，孔子的《论语》才一万多字，还不是自己写的，也不合格。最近我看到有一位著名的数学家，他在西方一个大学里面，九年没出成果，但学校相信他，最后出了一本书，世界闻名了，解决了重大数学问题。所以你不能年年评成果，搞短平快，这样难有好成果。科研工作尤其文科研究，好成果需要时间。就好比说，万米赛跑，每一百米都得冲刺，可能吗？所以这个项目化生存，我现在可以解脱了，去项目化，做自由人。

第三，去集体化，做个体人。什么意思啊？因为文科研究大多是个体劳动，不是个体劳动难有创造性，精神创新是个性化的劳动。当然也应有集体项目，像编字典、编大型丛书，那没办法。但是真正能够传世的作品都是个人的，没有个性的东西，它就不会有创造性。而集体的项目还得互相协调，观点协调。但我现在不需要了，所以我去集体化，做个体人。

第四，去中心化，做边缘人。大家都希望在中心舞台上生活，成了风气。现在一个小机构动不动挂个牌子，叫什么环球中心、什么广场，都想当中心。中心好不好？也好，但责任大，比较累，而且要有水平有精力并形成巨大吸引力和辐射力，不是想进就能进的。边缘好不好？也不见得不好，因为这个社会有很多中心圈，在这些圈之间是边缘地带，很自由啊，所以我很早就说做边缘人不见得就不好，看你怎么想。

我这四句话：去体制化，做社会人；去项目化，做自由人；去集体化，做个体人；去中心化，做边缘人。这适合我啊，并不适合现在的年轻人，这里面道家的成分居多。以上是说在人生的不同阶段和不同的人群对儒道互补应该有所侧重，要灵活运用。

三、儒道互补代表人物的启示

下面说说儒道互补的代表人物。

儒道互补的典型代表人物古往今来很多。汉代的司马迁崇信黄老，就是儒道互补。魏晋玄学家何晏、王弼、郭象讲名教与自然关系，把二者统一起来，就是儒道互补。张载有几句话："富贵福泽，将厚吾之生也。贫贱忧戚，庸玉汝于成也。存，吾顺事；没，吾宁也。"什么意思呢？就是条件好的时候，我要做我应该做的，因为我遇到顺境，应把事业做好，丰富我的人生；环境恶劣，对我是心性的磨练，逆境使我成熟。我活着的时候做我本分应该做的事。"没，吾宁也"，死了以后我就安息了。生死顺其自然，他是儒道互补的。还有邵雍、周敦颐，兼综儒道，开出宋代道学。南宋朱熹是宋明理学代表人物，无疑是大儒，可是他时时流露出道家情怀，故追求"胸次悠然，直与天地万物上下同流，各得其所之妙，隐然自见于言外"（《四书章句集注·论语注》）。至于陆九渊、王阳明的心学一派学者，更是兼综孔老，并会通佛教了。

当代有冯友兰先生，他是新中国建立以后受批判最多的一个哲学家，批冯的文章不计其数啊，但是冯先生泰然处之，只要有机会，还要讲、还要写，差一点划成"右派"，还不搁笔，继续"阐旧邦以辅新命"，这是儒家式的历史使命感。他培养了一大批学生，学生又培养出一大批学生，现在研究中国哲学的学者队伍里有相当多的人都是冯门弟子，这就是儒家的精神。但是冯先生又不是那种好像必须挺在风口浪尖上的人，我认为他不是，而是避其锋芒。当条件好的时候，就"达则兼济天下"；条件不好，"穷则独善其身"，我不能发挥更大作用，但是我可以管住我自己，过一种道家式的生活。冯友兰，我觉得是儒道互补的。

还有费孝通先生，是最早打成"右派"的五大名教授之一，早年从英国学习回来，一心报效国家，结果没想到被打成"右派"，这样的生活怎么过啊？在费孝通后来的文章里，可以看到道家的东西在支撑他，故能够在逆境中磨练自己。改革开放以后，平反了，他又开始调研和写作了，由道家式生活复转为儒家式生活。费老的贡献可以说巨大，在民族学上提出中华民族多元一体格局，深刻解释了中华民族共同体和五十六个民族的辩证统一关系。他又以高度的文化自觉提出处理民族关系、文明关系的十六字真言，开头已提过。在费先生身上体现着儒道交替为用。

当代中国社会参与全球化进程，面临着三大文化的相互交织，即以马克思主义为指导，以中华传统文化（儒道佛是核心）为根基，以西方和其他外国文化为营养，在综合创新中建设中国特色的社会主义新文化，用以支撑经济社会发展，早日实现中华民族伟大复兴的梦想。在人生处事态度上，中国人还是离不开儒道互补。我们已经抛弃了"文革""以斗为本"的"极左"思维，也尝到了市场经济带来的"以物为本"的负面痛楚，而明确了"以人为本"的正确方向。在加强民主法制建设中推动"以德治国"，在生态文明建设中倡导"回归自然"，这说明儒家和道家的智慧没有过时，正在焕发出新的生机，两者互补而用之，有益于社会的进步，也有助于成就健康的人生。

社会德教是儒学的最佳定位

儒家在中华文化中的主导地位表现为道德引领

先秦至汉初，一些学者把孔子儒家看作诸子百家之学。《韩非子·显学》称儒家、墨家为显学。《吕氏春秋·不二》所列十家中孔子次于老子，居第二位。司马谈《论六家之要指》，首论阴阳家，次论儒家。三书皆重视儒家，在评价上有异，却都把儒家与其他各家并列，没有说明儒家在中华文化传承中的特殊地位。独有孟子指出了"孔子之谓集大成"的贡献，说明儒家不是一家一派的学说，而是对夏商周三代文化的总结和发扬。

《庄子·天下》认为在百家争鸣之前，天下有统一的道术，其道"配神明，醇天地，育万物，和天下，泽及百姓"，其传统保存在《诗》、《书》、《礼》、《乐》等经典之中，"《诗》以道志，《书》以道事，《礼》以道行，《乐》以道和，《易》以道阴阳，《春秋》以道名分"。这种代表着古代主流文化的"内圣外王之道"由谁来继承并发展了呢？显然是孔子和儒家。汉代以后，儒家所推崇的五种典籍（《乐经》失传）被奉为经，儒家被尊为思想文化的正宗，有其历史的必然性。有些学者强调儒术的尊崇地位是由汉武帝及其继任者的政治权力造成的，却没有看到政治早晚要顺从文化发展的大趋势，而这是更深层的原因。

儒家之所以成为尔后二千多年中华思想文化的主干和底色，是由它的特质决定的。第一，它能继往开来，对炎黄以来的中华文明进行综合创新，将其提到文化自觉的高度。它不是一曲之学，不是一般世俗之论。第二，它以仁为核心的"修己以安百姓"之学，为礼文化注入鲜活的生命，为中华民族确立了人本主义的精神方向。按照牟宗三先生的说法，儒家与道家乃是"立教"之学，而非实用之学。第三，它的"五常"、"八德"为中华民族提供了普遍性的、基础性的道德规范，既适合中国农业文明和家族社会发达的国情，又具有人类文明的永久性，能够扎根在大众之中，使中国成为礼义之邦。第四，儒家与道家虽皆为立教之学，两家又有所不同：儒家之教不离人伦日用，为道德之教，重在人的德性发育流行；道家之教强调返璞归真，培养人的恬淡通脱的精神，为虚静之教，重在人的心理调适。因此儒家更能与社会打成一片。第五，儒家有"和而不同"的文化基因，又通过儒道互补，形成开放包容的心怀，能够吸纳异质和外来文化，使之和谐相处并互摄营养。因此在思想史上，儒家虽正宗但不排它，虽主导又能兼通，在儒家的底色上能够绘制多元文化的美丽图像，使中华文化丰富多彩。

那么，政治权力的介入，对儒家的影响如何看待？它是双刃剑：一方面加强了儒家的地位，扩展了儒家的覆盖面；另一方面又扭曲了儒家的精神，遮蔽了儒家的普世性。官府经学、科举考试、国学教育为儒学的繁荣发展铺设了宽阔的道路。然而宗法等级制度的需要和政治意识形态的控制，造出"三纲"（君为臣纲、父为子纲、夫为妻纲）说，强加在"五常"之上，形成禁锢人心的纲常名教，从而使得忠恕之道淹埋不显。不过，儒家既然上升为国家意识形态，其德政的理念便会对君权有所制约，不使其无限膨胀。一是"屈君而伸天"，儒家借助于天命要求帝王"敬天保民"；二是确立为君之道，儒家根据孔子"君君，臣臣，父父，子子"及"礼之用，和为贵"的要求，规定明君、贤臣的行为准则，和君臣、君民关系的相互责任。这样，儒家的士大夫和学者能够对政治的运作起规范化的作用，以便使国家长治久安。

儒家道德渗透到社会生活各个领域

儒家的生命力在民间、在文教、在思想文化，影响无形。它从来不像各种宗教那样，建立起特定的神道社会团体，规定特有的组织纪律，并努力扩展信仰群体的规模和力量。它所采用的组织形式：一是官学和私学的教育团体，如太学、书院、私塾；二是经学和儒学的师承学派，如今古文经学、理学、心学；三是儒家士大夫阶层，都是比较松散的群体。它所关注的是如何弘扬尧舜孔孟的仁和之道，给社会各领域注入人文精神、道德理念，使之合于文明的进步。因此，儒家并不是百家中的普通一家，它乃是公共性的社会德教，它面向社会所有的人，而没有自身的特殊利益和诉求。

在政治上，儒家提供的政治伦理原则是"为政以德"，主张"导之以德，齐之以礼"。具体的要求有：第一，实行仁政，关心民生；第二，民惟邦本，敬事而信；第三，以身作则，正己正人；第四，任贤纳谏，广开言路；第五，礼主刑辅，礼让为国；第六，官德清廉，政通人和。上述六项构成儒家德治精要，成为历代有为政治家的理想目标。

在经济上，儒家提出的经济伦理原则是"养民富民"、"开源节流"、"均贫富"。具体的要求有：第一，民有恒产，衣食无虞；第二，重农扶商，轻徭薄赋；第三，限田均平，反对垄断；第四，见利思义，取之有道。历代王朝，凡治世皆能在一定程度上实行上述原则。

在文艺上，儒家提出的文艺伦理原则是"文以载道"、"尽善尽美"。具体的要求有：第一，诗言志，寓教于乐；第二，善美兼备，德艺双馨；第三，温柔敦厚，移风易俗；第四，文质彬彬，中和为美。儒家的文艺观不赞成唯美主义和低俗趣味，也不赞成简单化道德说教，而是要求文艺作品在满足人们审美快乐的同时不离道德底线。

在军事上，儒家提出的军事伦理原则是"仁者无敌"、"哀兵必胜"。具体的要求有：第一，以德行仁，不战而胜；第二，诛暴安民，得道多助；第三，仁必有勇，兵贵伐谋；第四，人和为上，与民守之。儒家反对杀害生命的战争，但主张驱除残暴和抵抗不义的正义战争。

在国际上，儒家提出的外交伦理原则是"天下一家"、"协和万邦"。具体的要求有：第一，讲信修睦，礼尚往来；第二，修德安人，近悦远来；第三，行王反霸，不以兵车；第四，息战促和，化干戈为玉帛。儒家强调"以德行仁者王"，能使人心悦诚服；而"以力假仁者霸"，必诉诸武力，使民众遭殃。这种重德和平的王道思想成为我国对外政策的主流传统。

上述不同领域的道德原则和要求，都基于更具普遍性的社会道德规范，即"五常"、"八德"，它们适用于社会所有领域，人人都离不开它们的滋润。仁、义、礼、智、信五者为人生常道，以仁爱为性体，以正义为准则，以礼让为习俗，以理智为明达，以诚信为根基，依此而行，做人才能成为君子即文明人，做事才能有益于大众而促进社会文明。孝、悌、忠、信、礼、义、廉、耻"八德"是"五常"的扩展，孝悌为仁之本，忠信为性之品，礼义为行之路，廉耻为德之守。有"八德"者，在家为孝子，在国为忠臣，在朝为清官，在野为义士，可以使乡里有良风美俗，可以使国家为礼义之邦。"五常八德"始于修身，继而齐家，扩而治国，至于平天下。

儒家道德的普世性及教化方式

一、基于普遍人性的道德规范

要使"五常八德"在社会上普及，第一要立足于人性的个体性与群体性的统一，第二要通过各种思想教化的途径。

孔子认为人皆有仁爱之心，即关怀同类，表现为忠恕之道。

忠者"己欲立而立人，己欲达而达人"，即关心人帮助人；恕者"己所不欲，勿施于人"，即尊重人体谅人。按朱熹《四书章句集注》的注说，"尽己之谓忠，推己之谓恕"，都是推己及人，将心比心，达到同类之间互相关爱，由此则"五常八德"自然就会流行，人人皆从中受益。

人的个体性与群体性在本质上是统一的，但由于人性中的动物本能作怪和后天不良积习的影响，许多人不能自觉意识到群己的相关性，而去损人利己，虽然暂时得利，终究损害自己，因为"爱人者，人恒爱之"；害人者，人恒害之。因此，忠恕之道是人类和谐共处的文明之道，乃是孔子仁学的精髓，所以曾子说："夫子之道，忠恕而已矣。"

当子贡问有一言而可以终身行之者是什么时，孔子的回答是："其恕乎！己所不欲，勿施于人。"显然孔子在忠恕之道里更看重恕道，其原因在于忠道固然体现"积极的"仁爱，然而这种爱往往存在着主观性和不对等性，"己所欲，施于人"有着"强迫之爱"的弊病，为孔子所不取。孔子讲的"己欲立而立人，己欲达而达人"分明限制在希望他人也和自己一样自立和发达的目标上，至于用什么方式自立和发达，那是个人自主选择的问题。而恕道看起来是"消极的"仁爱，却包含了彼此平等、彼此尊重的原则，为人际关系的和谐所更加需要，并且更不容易做到，故当子贡说"我不欲人之加诸我也，吾亦欲无加诸人"的时候，孔子说："赐也，非尔所及也。"（《论语·公冶长》）表示子贡也许做到了忠道，而没有达到恕道。

以仁爱为导向的"五常八德"在社会上广泛传播有难度吗？可以说又容易又困难。按照孔孟儒学的理解，既然仁爱乃人之天性，只要你能将心比心、推己及人，按照忠恕之道的原则，在互爱中同享幸福，实行起来应当是容易的，因此孟子引孔子说："德之流行，速于置邮而传命。"（《孟子·公孙丑上》）可是事实上要使博爱普及又困难重重，一则私心随时可以膨胀，从而损害他人利益；二则把爱心扭曲为强人从己，使爱人异化为害人，结果总是君子少而小人多，因此孟子又说："人之异于禽兽者几希，庶民去之，君子存之。"（《孟子·离娄下》）这就需要加强道德教化，否则"饱食暖衣逸居而无教，则近于禽兽"。道德教化之所以可能，是由于道德基于普遍人性；道德教化之所以必要，是由于人性中的道德善端会随时丢失。因此道德教化必须自觉地多方面加以推动。

儒家强调道德教化乃是治国之本，"导之以德，齐之以礼"，用仁德引导民众，用礼义规范行为，而以刑法辅助之，决不应"导之以政，齐之以刑"，否则将是一个没有廉耻的社会。就个人而言，文明人在于有健全的人格，其三要素为"仁、智、勇"，仁德为统领，智、勇为辅佐。"力行近乎仁"，"好学近乎智"，"知耻近乎勇"。儒家重视道德人格的树立，由此才能有人的尊严。

二、道德教化的七种方式

儒家推行道德教化有多种方式，主要有以下几项。

第一，适应家族社会的需要，运用家族社会的网络，提倡五伦之教："父子有亲，君臣有义，夫妇有别，长幼有叙，朋友有信。"其重点是提倡孝道，由此形成强大的家族伦理和凝聚力，筑牢社会道德的根基。儒家能成功使多数家庭或家族成为道德学校，人们从小在忠孝的氛围中长大。有文化的家庭设立家训家诫，如《颜氏家训》《诸葛亮诫子书》；而更多的家庭靠家长言传身教；还有一种重要方式，即丧葬、家祭和宗祠，如曾子所说："慎终追远，民德归厚矣。"所谓"忠厚传家远，诗书继世长"，最能表现儒家道德教化的持久能量。

第二，适应学术文化发展的需要，推崇孔孟之道，尊孔子为至圣先师，尊孟子为亚圣，建立以经典解读为核心的学术派别，彰显大儒醇儒之学业气象，以学术开天下风气之新，拯社会风俗之弊，导世道人心之善。汉魏儒者的经学注疏，进入唐代官学《五经正义》，从而在全国发挥作用；宋明新儒家程朱理学与陆王心学的天理良知，化为社会道德标尺；张载的"横渠四句"成为中国士君子的人生追求。

第三，适应宗法等级社会的需要，运用政权体系的力量，推行纲常名教。宣布国家尊崇儒术，"为国以礼"、"以孝治天下"，建立官方经学，统一四书五经文字与注疏，用于科举考试，天下士子奉为圭臬。又用律法条文维护礼义规范，忤逆不孝可以入罪。在治世，朝廷能在一定程度上"选贤与能"、"擢清黜贪"，奖掖忠臣良将和孝子义士，赏罚分明、纳谏杜谗、鉴戒敬慎、用上层社会之德风引导民间习俗之向善。在衰世，儒学变伪、名教无情，科举出现帖经和八股，社会丧失诚信，上下离心，道德陷于危机。

第四，适应地方文化发展的需要，建立各种书院，由民间学者、致仕官员、文化士绅联合经营，致力于研讨经典、培养人才、传承文化、推扬道德，往往成为地方乡贤文化中心，把"五常八德"的理念直接就近向民众传布，对于民间社会精神生活的文明化起了重要的作用。编写启蒙读物，如《三字经》《千字文》《弟子规》等书，向儿童普及。再加上大量的家族或乡里私塾的存在，使精英文化与村镇文化有经常汇合沟通的网络渠道，有益于中华美德的世代传承。有些地方书院，如白鹿洞书院、岳麓书院、嵩阳书院、石鼓书院、应天书院等，能够吸引一些知名学者前来讲学，遂成为全国性的学术教育中心。

第五，适应民众对来世的期盼和祈福消灾的渴求，儒家主张"神道设教"，运用各种宗教的神灵崇拜，劝人去恶从善，推行道德教化。首先是敬天法祖。它不是某种特定的宗教，而是中国人的基础性信仰。凡中国人都要敬天尊祖，相信冥冥之中有神明在监督和护佑，"头上三尺有神明"，"积善之家必有余庆，积不善之家必有余殃"（《易传》），因此人人都要行善积德，才能上合天意，远承祖德，下庇子孙。还有祭社稷以求农业丰收，祭百神（包括各种民族民间神灵）以求福寿康宁。此外，佛教的慈悲普度、因果报应，道教的得道成仙、功德成神，都有益于在民间普及以"五常八德"为基石的道德理念，使之深入大众。

第六，适应民众精神生活的需要，发展文艺事业，繁荣民俗文化，寓教于乐，丰富民众的感情世界。无论是唐诗、宋词、元曲、明清小说，还是民众喜闻乐见的神话、鼓书、戏曲、歌舞、绘画、雕塑，都在带给民众欢快、乐趣、美感的同时，也传递着劝善惩恶的信息。民俗文化中的节日庆典，如春节、清明、端午、中秋，和冠礼、生日、婚礼、寿诞、丧葬等人生礼仪，都在培养和加强人们敬天、尊祖、孝顺、感恩、希贤、惜福的意识。

第七，适应社会事业全面发展的需要，各行各业的行规业律中都吸收儒家伦理作为职业道德。儒臣的道德是廉洁奉公、忠义爱民、敬事善任。儒将的道德是尽忠报国、身先士卒、杀身成仁。儒医的道德是医者仁术、救死扶伤、精益求精。儒商的道德是见利思义、诚信为本、买卖公道。儒师的道德是为人师表、传道授业、师徒同体。儒史的道德是秉笔直书、褒正疾邪、知古鉴今。

总之，儒家并非一行一业、一教一门之事，乃是公共性社会教化之道。尽管许多儒者从事于各种专门之业，如礼法制度之建设、艺文词章之创作、经典文献之考证，乃至于从事士、农、工、商四民之百业，而儒者关注的中心仍在于为人处世的道德准则。本着和而不同的原则，凡认同"五常八德"的信仰、学说和事业，儒家皆表彰之、包容之、共行之，以期提升人的道德品格，改善道德风气。

中华民族的民族格局是多元一体，其文化生态是多元通和。佛教、道教、伊斯兰教以及各种民间宗教在历史上之所以能渐行渐近、和谐会通，概由于它们能在不同程度上认可儒家的"五常八德"，作为共同的道德底色，同时又可保持自身的特质。准确地说，它们不是在认同儒家，而是在认同已经成为深厚传统的中华美德。基督教在中国传播过程中，曾一度受到西方强权政治的利用和干扰，文化上与敬天法祖及中华伦理发生冲撞，于是它的本土化进程就出现曲折。基督教只有与儒家伦理相结合，它才能在中国扎下根，并成为其他宗教的好邻居，这个问题早晚要解决，在这方面已经有了一些成功的经验。

儒家文化的生生不息

由于时代的巨大变迁和西方强势文化的进入，以及中国文化界被激进主义潮流所主导，未能及时转型的儒家在近百年中遭受数次强烈的冲击乃至扫荡，它不仅被边缘化，也被妖魔化，在社会各主要领域被放逐，自身析为碎片，成为"游魂"，或曰"花果飘零"，进入了最低谷。

先是在20世纪初，清廷主动废止与官僚选任体制直接挂钩的科举考试制度，撤掉了儒家立足的重要依凭。接着在辛亥革命以后，国民政府正式结束儒家作为政治意识形态的地位，在教育系统取消"尊孔读经"，在尔后的新文化运动中儒家伦理被当成"封建礼教"受到猛烈批判，为思想界主流所唾弃。儒家所能保存的实力，一在于有一批当代新儒家学者群体探讨儒家的出路，二在于民间家族社会和农业文明中仍然延续着"五常八德"的传统。

新中国建立以后，新儒家的学术传统也在中国大陆断裂，农业合作化和人民公社化运动瓦解了传统的乡村家族社会，"文化大革命"则把批孔反儒的运动普及到车间地头，孔子成了"千古罪人"，"破四旧"运动也使传统民俗文化被横扫。至此，儒家似乎已经沉沦，退出了历史舞台。

然而，为中华文明和礼义之邦做出过重大贡献的儒家文化是不可能被人们抛弃的，当人们摆脱了文化偏激主义的迷惑，遍尝了各种外来文化的酸甜苦辣之后，会以清醒理性的态度重新认识作为自己民族文化之根的儒家，并在吸收人类文明成果的同时，向中华民族的优秀传统回归。物极必反,"文化大革命"的破产也使反孔批儒运动一齐破产,不得不退出历史的主流。

儒家经过百年的狂风暴雨般的锤炼和洗礼,它陈旧的部分被淘汰,精华的部分被找回,有生命活力的根基尚坚在,其早熟性的普世价值更加展现超前的光彩。儒家脱离了"三纲"体制的遮蔽,走出了官学的樊笼,回转到民间学术、社会德教的应有位置,这才是它的正路。从形态上看,"五常八德"被不断的社会批判运动和后来的市场功利大潮冲刷得零乱式微。然而它的文化基因已植于中华民族血脉骨髓之中,成为一种心理积淀和深厚性情,早已跨越了学派、宗教、党派、种族、意识形态的界域,也超越了时代和社会制度的局限,人们日用而不知。社会虽然发生了翻天覆地的变化,人们却在清醒理性的状态下发现,社会的基础道德并没有改变,人们仍然在呼唤良知、传播爱心、坚守诚信、维护正义、赞美孝慈。

百年中国在文化上走了一条否定之否定的螺旋式迂回上升之路,从肯定传统到否定传统再到肯定传统,不是简单地复古,而是在更高层次上的回复。一是减负脱枷,轻装登场;二是取其精华,弃其糟粕;三是与时俱进,综合创新;四是会通中西,走向世界。

由于长期以来在理论的层面上反传统思潮占绝对优势,人们对儒家和"五常八德"的认识仍然有着巨大的混乱,负面的形象深刻难消,儒家文化与社会生活之间存在着距离和隔膜,因此亟须学者们开展学术研究,拨乱反正,澄清是非,建立自信。

重建儒家道德的五项工作

作为社会德教的儒家,具有广泛性、穿透性和开放性。每个人都可以成为儒者,只要他尊重孔孟,愿意践行"五常八德",而不必到某一团体去申请登记,取得身份认可。每位儒者同时又可以选择其他的信仰,成为特定社会群体的成员,如做社会主义者、佛教徒、道教徒、伊斯兰教徒、基督教徒、无神论者等。当然，性格温和的儒家所提倡的温和主义，会使各种信仰都温和起来，例如社会主义是温和的、有神论是温和的、无神论也是温和的，这样各种信仰就能以和而不同的精神互相包容，和谐共生，相得而益彰。

为了重建儒家的社会德教，必须做好以下几件重要的事情。

一、发展学术，创新儒学

社会需要儒学，儒学需要创新。学者要在新的时代精神照耀下，从理论的层面上多角度地阐释儒家社会德教的真理性、普遍性、现代性，以及它的内涵、特质、运作方式，重点揭示儒家仁学的精粹要义、忠恕之道的当代价值、"五常八德"对于社会道德建设的基础性意义、儒学与社会核心价值的关系、社会道德教化的有效途径和方式。

现代化过程中的中国社会，似乎不缺少发展的智慧，最迫切紧要而又艰难的是制止道德滑坡，抑制功利主义的泛滥，所以很需要儒学的帮助。而儒学必须有新的理论形态才能适应这种社会需要。

一些学者已经痛切感到当代儒学应当摆脱传统经学训诂文字的窠臼，超出微言大义的学说，而能够阐发新义，较好地融入民众的日常生活。儒学的创新要围绕道德教化来进行，并从信仰、哲学、社会、道德、教育等多层面加以展开，为社会德教提供理论支撑。为此，学者要正心诚意、修身养性，以修己安人为人生追求，明体而达用，敢于开风气之先。

二、革新教育，改良人性

教育培养人才影响社会文明建设，决定国家的命运。然而当前中国的教育既脱离中华优秀传统，又未能很好吸收外国先进教育经验，存在着严重缺陷和危机。家庭教育要么娇纵无教，要么重负害性。学校教育演成应试和职业教育，学生在功利主义熏习中扭曲

成长。如此下去，中国未来将与礼义之邦渐行渐远，前景堪可忧
虑。教育必须大刀阔斧加以改革，扭转市场化的趋势，回归传承文
明、教书育人、德育为先的正途。

一是把中华经典训练正式纳入学校教学体系，并在民间大力
推动儿童经典诵读和民众经典学习，使中国人亲近中华美德，数典
不忘祖。二是使多数小家庭成为儿童健康成长的学校，家长有合情
合理的教育理念与方法，与孩子一起成长。三是教育以人格养成为
核心目标，兼顾"仁、智、勇"三大要素，而以仁德培养为统领。四
是加强国学师资培训，运用社会资源建立多元化培训基地，使教育
者(校长、教师)先受教育，师范院校要增设国学专业。五是在民间
重建和发展中国特色的书院，不受现有评价体系的制约，以传承中
华文化、融汇多元文化、培训国学人才、开展文明对话、推动学术
繁荣、服务移风易俗为己任，补充现有教育体制的不足，探索教育
改革的新路。

通过体制内外的教育，培养出一大批具有儒家人文情怀和经
典素养的人才，进入政治、经济、文化、科学、外事等各界，发挥
治国安邦、教化人心的作用，这是儒家德教发展的正途。

三、政府推动，官员带头

政府系统要坚持"依法治国"和"以德治国"并重的方略，运用
儒家"导之以德，齐之以礼"的丰富资源，大力推行公民道德建设。
其中最重要的工作就是反腐倡廉，有效清除贪污腐败，建设廉洁奉
公、勤政务实的官德，为全社会树立良好的榜样。社会需要民间的
道德楷模，更需要官场的道德示范。

如果官员只会在公众场所讲论道德，却在背地里假公济私、
巧取豪夺，不仅其言行毫无公信力，还会败坏道德的声誉，出现更
多的假人、假言、假事，促使社会道德继续滑坡。官员掌握着权
力，高官掌握着巨大的权力，因此要接受严格的监督，取消一切特

权，防止权力的滥用。要依法实行有力度的奖惩制度、行政问责制度、信息公开制度、舆论监督制度，使政府的工作处在众目睽睽之下，真正把权力装进笼子里。依法行政，抵制商业化行为对政府部门的侵蚀，狠刹"潜规则"的歪风，使明规则畅行无阻。而制度建设的深层目标是在官员中培植廉耻之心，不仅敬畏法律，而且羞于贪渎。《管子》说："礼义廉耻，国之四维；四维不张，国乃灭亡。"将廉耻提到立国之本的高度。

四、壮大儒商队伍，发展儒商文化

古代家族社会依赖农耕经济，它也是儒家德教的社会基础。现代社会不依托于家族体系和家庭农耕，而以发达的工商市场经济为支撑，它也是当代儒家德教赖以生存的新的物质基础。儒商恰恰是将德教与当代市场经济接通的载体。

儒商有三大特征：一是以义取利，诚信为本；二是以企为家，内部和谐；三是取之社会，用于社会。儒商自古就存在，而以近代为繁盛，如晋商、徽商，以及现代中国港台、东南亚华商，皆有儒商可观业绩。大陆儒商起步较晚，在改革开放之后也呈现稳步发展的趋势。

儒商队伍的壮大、儒商文化的传播，能够有效消解市场经济带来的功利第一、人为物役的负面效应；同时又能以企业为后盾，推动道德文化的发展，用事实证明市场经济同时也是道德经济，义与利可以统一，唯利是图、损人利己不是市场经济健康发展的道路。企业有信用，才能长久生存和发展。当儒商队伍壮大为工商界主体之时，就是市场伦理普遍建立之日。建立行业协会，制定行规业律，加强行业自治和内部监督，也是促使市场规范化的有效途径。

五、建设文明社区，发挥民间组织的作用

儒家德教的根在民间，虽历经政治风暴、思想讨伐的摧残，而根系犹在，维持着起码的道德生活。现在的任务是：施肥灌水，加以培植，使灵根再生枝叶，继而枝繁叶茂，开出艳丽花朵。例如孝道仍是百善之首，最为民众关注。而仁义和诚信，至今还是民间道德评价的标准。有没有良心依然是百姓区分好人坏人的界线。

建设城乡基层文明社区可以有多种模式，但道德风气的改善必须从恢复中华传统美德入手才容易见到成效，因为这些美德世代传承，民众感到亲切。现在虽然不是家族社会，但中国人重家庭重亲情的传统仍很深厚，如果能在代际之间生发孝慈之德，在夫妇之间突显情义之分，在家庭和邻里之间倡导和谐之风，那么亲情、乡情便会成为巨大的凝聚力和感染力，给奔波于生存竞争中的人们提供安身立命之所，相互牵挂和扶持。

现在城镇化在加速，人员流动性空前加剧，如何依托老社区、容纳新成员和建设新社区，使人们在生活上有序、在心灵上安定，便成为社会建设的当务之急。

各种非政府组织，包括宗教团体、宗族亲系、单位属区、慈善机构、文化社团等，都可积极参与道德教化，在德高望重的团体领袖和社会贤达带领下，调动退休干部、教师、当地能人的积极性，就近联络大中小学和书院，一起努力建设道德高地，改变浊风陋习，形成淳风厚俗。

在社会道德建设上，我们要采取民众喜闻乐见的形式，例如小说、诗歌、戏曲、音乐、舞蹈、绘画等文学艺术，还有人生礼仪、节日庆典等民俗文化，开展审美教育，把专业文艺团体下基层和社区民众自编自演自娱自乐结合起来，在丰富多彩的文化生活中，在潜移默化的熏陶中改进人性、改良民风，那么中国再度成为礼义之邦就有希望。

儒学与社会和谐

　　和谐社会是人类孜孜以求的一种美好社会。"和谐社会"的理念一经提出，便得到社会各界和广大民众热烈的响应，在中华大地上响起了雄壮嘹亮的文明建设进行曲，而它最引起人们共鸣的主旋律便是"和谐"。

　　"和谐社会"是一种伟大的构想，它既符合和平与发展的时代主题，体现社会主义公平正义的本质要求，又深深根植于中华民族博厚悠远的文化传统，表达了民众千百年来追求太平盛世的热切愿望，因此它是顺乎潮流、合乎民心的治国方略。

　　中国人民百余年来经历过内忧外患和战争、贫困的岁月，饱尝过饥寒交迫、流离失所的痛苦，对于和平安宁民主繁荣有特别强烈的渴求。新中国建立以后，民众享受到国家独立和社会主义带来的新生活新风尚；同时又不幸遭受到"以阶级斗争为纲"的左倾错误的损害，尤其是"文革"十年动乱的折磨。如今终于盼来了改革开放、安定发展的崭新时期，赶上了千载难逢的中华民族全面复兴的历史机遇期，大家过上了前所未有的社会稳定、经济繁荣、生活改善、文化丰富的日子。抚今追昔，人们对于和谐、有序、安全的局面倍加爱惜，对于战争、动荡、混乱则深恶痛绝。人同此心，心同此理，上下一致，不可违逆。

和谐社会的构想根植于儒家贵和哲学

一、儒家贵和哲学

儒学是中国传统文化的主干和基础，它所构建的仁礼之学着力于彰显人类的道德文明，对于促使中华民族形成礼义之邦，推动中华民族多元一体的格局和文化，维持中华民族共同体的延续和繁荣，做出了巨大的贡献。

儒学也曾经由于带有家族社会和农业文明的时代局限性，在近代西方工业文明的冲击下，一度衰落和被边缘化。但它经过内部反思和外部批判之后，在东西方文明交会中、在应对当代种种危机和挑战中，儒学的普遍价值和人文精神又重新被发现、被阐扬，出现复兴和壮大的势头，正在回归中国并走向世界。

儒学的内涵是博大精深的，其中的贵和哲学和文化是它的核心要素，在今天更备受重视，正在社会生活中显示越来越大的积极作用。

儒家思想的发展，贯串着一条红线，便是贵和的哲学，主张多样性事物之间应当和谐相处、互补共进，不应当对抗冲突、你死我活，人与人之间、人与自然之间皆当如此；因为宇宙和人类是一个整体，天下如一家，社会如一身，彼此痛痒相关、休戚与共。

多样性事物之间的差异和矛盾当然是普遍存在的，但对待和解决矛盾的态度与方式应当是包容的、文明的，即共生共处，合作两利。儒家赞成包含着多样性、协调性的"和"，反对单一化、一言堂的"同"，因为"同"不符合客观事物的本性，是行不通的，也会带来争斗和破坏。

《国语·郑语》说："夫和实生物，同则不继。"这是从发生学上肯定了"和"的哲学意义。春秋时期晏婴将"和"的哲学从烹调、音乐推到社会政治，认为君臣关系不仅是命令与服从，还应有不同意见，相异而相济，这就是"和"，由此才会有良好的政治。到了孔子，总结以往"和同之辨"，明确提出"君子和而不同，小人同而不和"的命题，"和而不同"于是成为一个社会文化的伟大原则。

它的内涵至少具有以下要义：一是承认事物的多样性和差异性；二是承认每一种事物都有其特殊的属性和价值；三是人们之间要互相尊重；四是避免冲突与对抗，实行和平共处之道。

"和而不同"的原则可以有多种体现，不同事物、不同意见有时可以并行不悖，有时可以相异相成，有时也可以相反相成。

由此可知，"和而不同"的理念是理性的、人道的、开放的、宽容的、平等的，因而与现代文明精神完全能够相通，它是一种大智慧，对人类社会的发展有重要指导意义。

孔子弟子有若说："礼之用，和为贵。"（《论语·学而》）乐合同，礼别异，但别异之礼以和谐人群为贵，不是要割断不同族群之间的密切联系。《中庸》说："和也者，天下之达道也。"认为"和"是社会发展的普遍真理。它还说："君子和而不流"，"万物并育而不相害，道并行而不相悖"。"和"是有原则的，人们不能与歪风邪气同流合污，而各种健康的生命和文明的理念都可以共生共进。

《易传》提出："乾道变化，各正性命，保合太和，乃利贞。"认为阴阳之道在于使万物各尽其性、各得其所，从而相依共成一体，这就是"太和"的理想状态。它还提出"天下同归而殊途，一致而百虑"，坚信人类社会可以经由不同的道路最后走向大同世界，"同归"与"殊途"，"一致"与"百虑"是相辅相成的，这就把多样性与一体性统一起来了，从而形成宽容的文化战略，给予诸子百家以广阔的发展空间。

其后宋儒提出"理一分殊"的思想，从哲学的高度概括了中华文化多元一体的格局。

近代则有谭嗣同提出"仁以通为第一义"，强调中外通、上下通、男女内外通、人我通，把经济、政治、文化的交流沟通作为实现国内外和谐发展的必由之路，这就是"通和"的思想。

我国近现代许多学者，在儒家"仁爱通和"思想指导下，提出"贯通古今、融合中西"的文化战略，这是孔子"和而不同"思想的当代发展，它说明中华民族有着兼收并蓄的气概和综合创新的能力，能够在开放中走和平发展的道路。

构建和谐社会的治国目标，正是对中国历史上"贵和"文化优良传统的继承和在新的历史条件下的创造性发展。这一理论激活了儒学精华，它不仅使传统的"贵和"思想具有了现代社会主义的理论形态，而且也使"贵和"思想摆脱了种种历史局限性，显现了它内在的品格，全面向社会生活辐射，发挥出巨大的正面价值。

二、贵和哲学的价值

从中国历史上看，儒家贵和的思想很难在宗法等级社会得到全面施行，尤其在政治领域受到君主专制制度和"三纲"名教的抑制，贵和思想不能正常伸展。

而在社会文化领域则是另一番景象。有的朝代和有的贵族统治者试图实行文化专制主义，不愿求同存异，如汉代一度"罢黜百家"，南北朝至唐后期，发生过"三武一宗"灭佛事件，但都没有维持太久；而孔子"和而不同"的多元文化观念主导了历朝的文化政策，影响了民间文化的发展。于是有佛教、伊斯兰教、景教、摩尼教、祆教等外国宗教的和平进入和传播；在儒学作为主导思想的同时，有道家和道教的兴盛流布。从魏晋到民国约一千六百余年历史长河中，儒、佛、道三教鼎立与融合，成为文化的主流；在三教共处并进的同时，还有伊斯兰教、基督教及大量民族传统宗教和各式各样的民间宗教，都在中华大地上找到它和平生存的空间。除鸦片战争后一段时间基督教在中国的传布与西方殖民主义的侵略相联系以外，中国的多样性文化之间大致上是和谐的，中原地区没有发生长期流血的宗教战争，也没有像欧洲中世纪那样的宗教裁判所，中国人的信仰不单自由选择空间较大，而且可以二教或三教共信，在民间信仰中教门的界限相当模糊。

中国是一个多民族多宗教的国家，在信仰上从世界三大宗教（佛教、伊斯兰教、基督教）到国家民族宗教（敬天祭祖教和道教），再到民族民间宗教（萨满教、东巴教、毕摩教等），再到具有原始信仰特征的各种神灵崇拜民俗，各种层次类型的宗教应有尽有，彼此相安共处，很少由于信仰不同而引起族群冲突，这在世界大国之中是极为罕见的。这不能不归功于儒家"清明安和"（梁漱溟语）的理性。作为主导思想的儒学，其主流派主张和而不同、多元和谐、兼收广纳，从而形成文化宽容传统和氛围，使各种异质文明容易进入生长。中华民族能够成为多元一体的"文化中华"，儒学与有功焉。

由于儒家的贵和思想深入人心，已经渗透到整个民族的血脉骨髓之中，成为一种民族性格和根深蒂固的传统，即使是剥削制度、专制政体也不能掩其光芒。例如中国在历史上对内注重"为政以德"、"礼主刑辅"，对外注重"讲信修睦"、"化干戈为玉帛"，在最强大的时候也没有到处侵略扩张，表现出和平大国的气象。

汉唐开辟的陆地和海上的丝绸之路，从来都是和平友谊之路、经贸文化之路，没有发生掠夺和战争。与世界上若干国家武力输出宗教相反，以玄奘为代表的中国人不远万里赴印度学佛取经，引进另一种崭新的文明。唐代鉴真法师东渡日本，带去中国文化丰硕成果，日本人至今敬拜不绝。明代郑和率领当时世界一流船队出使南洋各国，宣扬中国文明，在各地秋毫无犯，体现出和平外交的优良传统。

中国今天是中国历史的继续和发展，我们不能割断历史，从炎黄人文始祖到老子、孔子，再到孙中山，我们必须加以继承和总结，理顺中华民族的文化传统和文化生命。然后在这个基础上广泛吸收世界文明成果，进行综合创新，社会各项事业才能顺利发展。构建和谐社会正是一项返本开新的伟大工程，由于它连接着中华民族的优良传统，符合广大民众的心愿，自然会得到全民族的拥护，如江河之奔向大海，沛然莫之能御也。

贵和哲学对贵斗哲学的超越

事物是不断运动变化的，而运动变化是由事物内含的矛盾推动的，矛盾无时不在、无处不在，所以世界的运动变化也普遍存在和永无停时，这就是我们常说的辩证法的对立统一规律。由于历史文化传统不同，人类对辩证法对立统一规律的认识也有不同，主要分为两种：一种强调对立斗争，一种强调统一和谐；前者可称为贵斗哲学，后者可称为贵和哲学；前者在西方文化中占有主导地位，后者在中国文化中占有主导地位。事物的矛盾运动，本来是又统一又斗争，统一性和斗争性互相交错，不可分割；但人们可以从斗争立论，包纳统一，也可以从统一立论，包纳斗争。贵斗哲学长于破坏，贵和哲学则长于建设。

一、贵斗哲学极端化的弊病

西方贵斗哲学以社会达尔文主义为代表，从达尔文的物竞天择论，中经韦伯的资本主义精神论，再到亨廷顿的文明冲突论，这条线索很清晰，他们都看到对立斗争的普遍性、社会竞争的必要性，相信强者必胜的原理。他们的哲学反映了资本主义市场竞争和殖民征服的历史和传统，可视作工业文明的一种理论凝结。

达尔文的进化论有伟大的历史功绩，不仅揭示了生物进化的规律（当然不完整），而且帮助了西方人文学科（如人类学、宗教学）摆脱宗教神学的束缚，走上独立发展的道路。但社会达尔文主义把"弱肉强食"的生物学规则搬到社会领域，认为人与人之间、族群与族群之间的争斗拼杀是正常的，优胜劣汰、强者为王，抹杀人类社会道德和共处、互助、救弱等文明规则的必要性，这是帝国主义和种族主义的理论基础，发展到极端便是法西斯主义。20世纪两次世界大战的惨剧和结果，既暴露了强权主义的反人类本质，也宣告了法西斯主义的破产。

韦伯的新教伦理强调个人主义和竞争精神的重要性，鼓吹追求利润、征服自然和主宰世界，认为这是资本主义发展的精神动力。这种资本主义精神固然促进了经济和科技的迅速发展，同时也造成了贫富的对立和环境的恶化，因而有社会主义理论和后工业社会理论出来批判资本主义，逼着它进行调整和改良。

亨廷顿的文明冲突论则是冷战思维的继续，其着眼点在不同文明之间的斗争和对抗。他用斗争哲学解读世界政治的现状与未来，看不到文明对话与互补的内在动力，站在西方基督教文明中心论的立场上，视伊斯兰教和儒教两大文明为敌人。这种理论反映了西方霸权主义者的思维方式和贵斗的心态。霸权主义与恐怖主义之间的恶性拼斗，正是文明冲突论在实践中的极端体现，它不断撕裂着族群和国家，给世界和平与发展造成严重的危害。

马克思主义阶级斗争理论是针对资本主义剥削压迫制度而产生的，它主张通过社会革命来解放无产阶级，实现没有剥削压迫、没有战争掠夺，人们共同富裕的社会。因此阶级斗争只是手段，实现社会的平等、团结、繁荣方是目的。革命是逼出来的，不得已而为之，是为了改造不合理的社会制度，解放全人类，不是为了打倒某些人，所以要团结一切可以团结的力量，并化消极力量为积极力量。革命成功后要给从前的剥削阶级以出路。所以革命不可滥用，斗争不可过度。

在辩证法哲学理论上，恩格斯讲三大规律，其中之一是"对立的相互渗透的规律"（恩格斯《自然辩证法》），但在后来的社会主义革命实践运动中，由于斗争形势的严酷和激进主义思潮的流行，革命的人们更强调矛盾的斗争性，把矛盾的斗争性放在第一位，只强调对立面的对抗，而忽略对立面的统一和相互渗透，并已形成思维定式。在新政权建立以后，仍然以阶级斗争为纲，人为地激化矛盾，扩大打击面，给社会主义建设造成重大损失，这种情况在前苏联和改革开放前的中国都发生过，已经被证明是错误的，偏离了辩证法的原则。在社会主义制度下，团结是目的，斗争只是手段。人民内部矛盾是大量的和主要的，要采取协调、化解、和风细雨的讨论或法制化的方法来解决。即使少量敌我矛盾和犯罪行为，也要依法处置，不能扩大化。"文革"十年的滥斗和动乱，人们吃尽了苦头，认清了贵斗哲学走向极端的危害，要求对矛盾的统一性有新的解释，探索用儒家的贵和哲学来丰富辩证法的理论。此事关系到社会主义理论的中国化问题，不可等闲视之。

在老一辈哲学史学者中，冯友兰先生较早着手将辩证法与儒家思想结合起来，开了风气之先。他在《中国哲学史新编》的结论部分指出，人们对辩证法有两种认识，一种是突出矛盾的斗争性，强调对立面之间的不可调和性，或者说叫"仇必仇到底"；另一种是突出矛盾的统一性，强调对立面之间的互相依存。在中国古典哲学中，张载把辩证法归纳为四句话："有象斯有对，对必反其为；有反斯有仇，仇必和而解。"他把统一性放在第一位。冯先生说："革命家和革命政党，原来反抗当时的统治者，现在转化为统治者了。作为新的统治者，他们的任务就不是要破坏什么统一体，而是要维护这个新的统一体，使之更加巩固，更加发展。这样，就从'仇必仇到底'的路线转到'仇必和而解'的路线。"他又说："'仇必和而解'是客观的辩证法，不管人们的意思如何，现代的社会，特别是国际社会，是照着这个客观辩证法发展的。"冯友兰先生不愧是大哲学家，他用大儒张载的贵和哲学预言了国际社会和中国社会的发展趋势，事实证明他是对的。

20世纪90年代以来，一批学者专题阐释儒家"和而不同"的理念，其中张立文教授建立了"和合学"理论体系，在国内外都产生了一定的影响。

在国际上，贵斗哲学支配下的霸权主义和恐怖主义都没有出路，民族与宗教极端主义引发的地区性冲突与战争也没有出路。西方世界的反战反霸呼声日益高涨，联合国维和事业得到越来越多的各国人民的支持。发展中国家都在努力化解族群对抗而致力于和平建设。以色列与巴勒斯坦，印度与巴基斯坦，都出现了和解的新趋向。亚、非、拉地区性经济联合继续发展。伊朗与朝鲜的核问题只能通过谈判来解决。当然贵斗哲学还有市场，大规模战争的危险仍然存在，不过赞成的人越来越少，它行动的能力不断受到限制，和平的声音和力量开始引领世界的潮流。

二、贵和哲学是民心所向

从中国社会看，贵和哲学早已取代贵斗哲学而成为主流，全面体现于社会生活的各个方面，有力地推动了社会的繁荣进步。在内政上中央提出以人为本、协调发展的科学发展观，全面建设社会主义小康社会和构建和谐社会；在稳定中改革，在改革中发展；强调民族平等、民族团结、宗教和睦、各民族互相合作共同繁荣；两岸关系在"一个中国"的基础上以最大的诚意争取和平统一，促进两岸的交流和解，实现互惠双赢。"构建和谐社会"的提出，是儒家贵和文化在当代的重构和发展，是一次伟大的实践。

在对外关系上中国反复申明永不称霸，坚定地走和平发展的道路，实行独立自主的和平外交政策，强调国家之间和平共处，与邻为善，以邻为伴，睦邻、富邻、安邻，努力改善与邻国的关系，积极参与联合国维和行动，努力调停跨国的冲突，承担起更多的劝和促谈的责任。

非常明显，社会主义中国的内政外交正在更好地体现中华民族优秀文化（包括儒家和合文化）的崇高精神，正在运用儒家贵和的人文理性消解各种非理性的极端主义，促进世界性的文明对话，展示东方文明古国在复兴中的当代风采。

当然，贵和哲学不是不要斗争，它把矛盾的斗争性加以合理地解释和限制，使之服务于和谐的目标，成为贵和哲学的一个环节。"弱肉强食"是不人道的，但努力进取和公平竞争却是社会发展必要的动力。对抗和强制是不应该的，但对于反社会、反人类的恐怖主义和社会假恶丑的现象却需要用正义和法律的力量加以惩治。

按照儒家"和而不同"的理念，和谐本身即包含着差异与矛盾，甚至包含着"相反"的因素，例如争议、讨论、互相批评、学术争鸣，只要以文明的方式进行，便可形成动态的和谐。

此外，贵和哲学要想加以推行，取贵斗哲学而代之，必须使它的信奉者拥有强大的现实力量。物质的力量和道义的力量加在一起，才能形成无敌的力量。所以中国必须抓住千载难得的历史机遇，努力推进现代化建设事业，加速地提高国民素质和综合国力，大力加强各种制度建设，使中国作为一个和平崛起的大国具有愈益增大的信誉和磁性，那么它的和谐诉求与和平使命，便会产生巨大的感召力，不断地转化为美好的现实。

发扬儒学智慧，建设社会和谐

儒家的贵和哲学是祖先智慧的结晶，代表着一种高度文明高度人性化的人类文化，它有着丰厚的积累、多方面的内涵，需要深入开掘，系统阐扬，使其与当代社会生活交融，发挥其潜在的巨大能量，成为构建和谐社会的重要精神动力。

一、仁爱是儒家贵和哲学的灵魂和源泉

人对人、人对自然为什么必须和谐而不能残杀？根本在于人是有道德、有爱心的高于动物的生灵，人类是文化群体，懂得爱同类、爱万物，在生活中感受到互爱的重要和幸福。虽然人际之间、群际之间有局部的、暂时的矛盾和冲突，从长远和全局来说，人类的利益和目标是一致的。人是群体动物，在家庭中成长，在社会

中发展，离不开社群和环境；人类如果没有互爱，便无法生存和延续，所以爱己与爱人是统一的。

孔子认为，仁爱应先从爱父母、爱兄长做起，培养孝悌之心，然后推己及人，去爱他人、爱社会。一个有仁爱的社会应当是"老者安之，朋友信之，少者怀之"的社会；一个有仁爱的世界应当是"天下为公"（《礼记·礼运》）的世界。为了使仁爱的精神落实到人际关系上，必须实行忠恕之道，即"己欲立而立人，己欲达而达人"和"己所不欲，勿施于人"；在互助互利的同时互尊互谅，以求得共生共处、共同发展。孟子称仁心为"恻隐之心"、"不忍人之心"，还有"羞恶之心"、"是非之心"、"辞让之心"，认为此乃人性的善端四德，是人有别于动物的地方。如能自觉发挥，便成为仁人义士，有益于社会；如流散丧失，便会陷于不仁不义，无别于禽兽。

孔子、孟子提出了高于生物学"物竞天择"的人类学道德理性规则，指出了人类文明发展的方向。动物具有野蛮性和残忍性，充满了严酷的生存竞争。建立在社会达尔文主义基础上的贵斗哲学，从本质上说是人性中动物性膨胀的表现。当然，动物和一切生物之间，也有互依共存的关系，形成生态平衡，只不过没有文化自觉而已。就此而言，社会达尔文主义"优胜劣汰"的生物学规则，也是不完整的。建立在仁爱道德基础上的贵和哲学，则反映了人类特有的文明性，人们有了平等团结、互爱互尊的自觉。仁爱忠恕之道落实在人际关系、人物关系上，就是"和而不同"的理念和规则，即平等存异、彼此尊重、和谐合作；不互相伤害，不以强凌弱。

总之，要实践和推广贵和哲学，必须在公民中培养爱心，如一首歌曲所说，"让世界充满爱"。有爱心就能达到和谐；心如变冷，必然争斗厮杀。这就是"以仁为体，以和为用"。

二、泛爱万物，树立天人一体的宇宙观

人与自然应有怎样的关系？西方长期流行着人要征服自然，

做自然的主人的观点，大力鼓吹向自然索取。然而疯狂征服的结果，便是日甚一日的世界性生态危机，西方人于是觉醒，生态文化逐步兴起。

而儒家的宇宙观从一开始就是天人一体、宇宙一家的，它是一种早熟的生态哲学。儒家习称"自然"为"天"，孔子赞美"唯天为大，唯尧则之"；孟子提倡"亲亲而仁民，仁民而爱物"；《易传》说"夫大人者，与天地合其德，与日月合其明，与四时合其序"；《中庸》提出"可以赞天地之化育，则可以与天地参矣"；程颢说"仁者以天地万物为一体，莫非己也"；张载认为"民吾同胞，物吾与也"，人生的最高理想是"为天地立心，为生民立命，为往圣继绝学，为万世开太平"；朱熹说"仁本生意，乃恻隐之心也"（《朱子语类》）；王阳明认为"大人者，以天地万物为一体者也"。总起来说，儒家的天人观是整体性的大生命观，宇宙是一个超型大生命，人是宇宙的产物，他应该像爱护母亲和家园一样爱护自然，像爱护兄弟姐妹一样爱护万物；要自觉担当"天地之心"的责任，做事天、补天的事，不做逆天、损天的事；人与自然不仅是朋友，而且是亲人，人对自然的依存度是很高的。

方东美先生称赞儒家"广大和谐的生命精神"，儒家所追求的"正是要摄取宇宙的生命来充实自我生命，更而推广其自我的生命活力，去增进宇宙的生命"，使宇宙与人生交相和谐，共同创进，这就是中华民族最可贵的生命信仰（方东美《中国人生哲学》）。

我们如能培育和增进儒家这样的天人智慧和博爱情怀，必将大大促进我国生态环保事业的蓬勃发展，从而不仅造福于当代，而且延福于子孙后代。

三、协和万邦，树立天下一家的人类观

人类是一个多民族多国别多地域多文化的世界，国与国之间、民族与民族之间如何相处？这是个很严峻的问题。历史昭示给我们的事实，既有礼尚往来，又有攻掠厮杀，和平与战争交错，友好与怨仇并存。第二次世界大战过去和冷战结束以来，有鉴于大规模战争的残酷和集团对峙的危害，以及由于经济全球化和"地球村"出现所促成的国家、民族之间深深的相互依赖，世界上反战维和的思潮和运动空前高涨，世界大战的可能性正在减少。但是核武器的威胁仍然存在，地区性冲突和战争不时爆发，热点地区引起突发事件和连锁对抗的现实仍在，霸权主义和恐怖主义的肆虐严重威胁世界的安全，人类的未来变量很大。因此爱好和平的国家和人民反对战争、保卫和平的任务仍然很艰巨。

儒家的人类观是天下一家。孔子认为"四海之内皆兄弟"，他所提出的"忠恕之道"与"和而不同"，不仅适用于一国一族之内，还要推之于国际、族际，成为世界普遍性人际原理。

现在最难也最迫切的事情是突破国家和民族的界限，把平等、宽容、互尊、互助实现于国家关系和民族关系之中，而实现这一突破的关键是强势国家和民族抛弃大民族主义观念，把弱势国家和民族真正当成亲人和兄弟，推己及人、将心比心，尊重别国别族对自己发展道路的独立选择。

儒家经典早就强调国家对外的方针要"讲信修睦"、"协和万邦"，如有冲突要"化干戈为玉帛"，实现和发展平等友好往来。儒家一向反对"以邻为壑"、"乘人之危"，认为"和则两利，分则两损"。儒家的这些思想在人类相互依存性空前增加的今天，更显现出它的真理性和价值。

儒家也看到国家、民族之间发展的不平衡性及大国强国的主导作用，但认为大国要得到尊重和安定天下，不能仅凭军事实力，还要拥有道义的力量，实行"以德行仁"的王道，则"得道多助"，天下心悦诚服；反之，实行霸道，一味以力欺人，则"失道寡助"，导致众叛亲离。德、日法西斯的覆灭，当代霸权主义的碰壁，都在从反面证明儒家的世界和平之道才是光明之道。

汤因比指出："世界统一是避免人类集体自杀之路。在这点上，现在各民族中具有最充分准备的，是两千年来培育了独特思维方法的中华民族。"

四、政通人和，树立以民为主的政治观

儒家在历史上受宗法制度的限制，在其礼学中有等级观念，表现出贵族意识，如强调君权、族权和夫权，这是应该加以剔除的。但儒家也有非常可贵的民本思想，虽然不能与当代民主思想等同，却应该视作在中国实现民主的重要资源。孙中山的三民主义就是古代民本主义和近代西方民主主义的结合。

孔子主张"为政以德"，其重要表现便是惠民、富民，"博施于民而能济众"，"节用而爱人"。孟子进一步提出"民为贵，社稷次之，君为轻"，要"保民而王"，实行仁政，重视民生，为民兴利除害。荀子把君比为舟，把庶人比为水，"水则载舟，水则覆舟"，故治国者要"平政爱民"。儒家经典《尚书》中早就提出"民惟邦本，本固邦宁"，把民众的信任看作国家政权的基础。历代凡是能重视民生民意的政权，便发达兴旺；反之，凡是虐民困民的政权，必然发生危机以至于灭亡。

儒家还很重视纳谏采风，以便实现政通人和。孟子说"唯大人为能格君心之非"，提倡下对上的直言批评；并主张在用人时要尊重民意调查，"左右皆曰贤，未可也；诸大夫皆曰贤，未可也；国人皆曰贤，然后察之；见贤焉，然后用之"。撤换和惩处官员亦复如是，民之所好好之，民之所恶恶之，这样可以保证上下一心，社会和谐有序。《吕氏春秋·恃君览》发挥《周语》的思想，认为政治要上下通畅，"治川者决之使导，治民者宣之使言"，"天子听政，使公卿列士正谏，好学博闻献诗，矇箴师诵，庶人传语，近臣尽规，亲戚补察，而后王斟酌焉"，这样可以避免重大过失，并可集思广益，扩大参政的范围。《毛诗序》说，诗之风、赋、比、兴、雅、颂，"上以风化下，下以风刺上，主文而谲谏，言之者无罪，闻之者足以戒"，这就是采风民间的政治作用。

我们今天进行民主与法制建设要有一个过程，要逐步扩大各阶层和广大民众参与政治活动的范围和程度，加强自下而上的民主监督。凡事皆要有助民生、顺应民意、广采民智，则政治文明会有较快的进步。在这个过程中，认真吸取先人的政治智慧是十分有益的。

五、厚德载物，树立多元一体的民族观和文化观

张岱年先生用《易传》的"自强不息"与"厚德载物"来概括中华精神，颇得其根本。中国能自强不息，故不断前进，衰而复兴；能厚德载物，故海纳百川，丰富多彩。

中国自古就是一个多民族共生互动的国家，古代文明是多元起源，又不断向中原地区汇聚，再从中原地区不断向四周辐射的反复进行的创造过程，它既是多元的，又有凝聚的中心。作为中华民族集合核心的华夏族和后来的汉族，它本身就是多民族融合的产物。儒家推崇的圣人，许多是出身于少数民族，如舜生东夷，禹出西羌，周文、武源自西戎，只要能代表先进文化，便为中华民族共同尊崇。

费孝通先生把中华民族的格局称之为"多元一体"（参看费孝通主编《中华民族多元一体格局》）是十分精辟的。所谓"多元"，是指民族众多，文化各异；所谓"一体"，是指多种民族有共同的文化基础，有共同的族群认同，有共同的历史命运，相互渗透和依赖，不可分割。从古到今，各民族都为中华民族的统一和繁荣做出了贡献。

在文化上，由儒道互补，进到儒佛道三教鼎立与合流，形成中华民族传统文化的核心。三教文化以其强大的辐射力，影响到各民族的信仰和文化；各民族又以各自独特的信仰和文化丰富了

中华民族的传统文化。由于儒家"厚德载物"的宽厚品格,中华民族不仅在历史上不断吸纳了众多的外来文化,使中国成为世界文明的重要交汇之地;而且近代中国落伍以来,中国人又以开放的心态到西方去寻找真理,努力学习各种先进文明。经过几百年的努力,现在中华步入迅速复兴之途,现代化事业取得巨大成功。中国成为东方传统优秀文化、西方现代文化和社会主义文化交相辉映的国家。

有中国特色的社会主义社会,在思想文化上绝不是一个清一色的社会,而是文化多元和谐的社会。在政治上坚持社会主义方向,维护国家法律法规的统一性和尊严;在文化上实行"百花齐放、百家争鸣"的方针,把主导性与多样性、先进性与广泛性结合起来,给各种民族特色文化和外来健康文化提供广大宽松的环境,使中国成为集人类文化瑰宝之大成的多姿多彩的"百花苑"和文明对话的胜地。而民族传统文化是根本,返本开新,综合创造,它不仅造福于中国,亦将造福于世界。

六、诚信正直,树立义利统一的道德观

儒家的道德论以诚直为灵魂、以仁义为基础、以忠孝为主德、以廉耻为底线、以礼法为规则,内容丰富,包含着许多可贵的思想和智慧,对于今天的道德建设是不可缺少的精神资源。

我们要构建和谐社会和建设社会主义的政治文明、物质文明与精神文明,都必须树立良好的道德风尚。和谐是由道德保证的,文明是由道德衡量的。没有良好的道德,必然造成欺骗、争夺和野蛮。从政治文明建设上说,在制度上思想上倡导廉洁奉公,反对贪污腐败,从而和谐管理阶层与民众的关系,是当务之急。所谓"正直"就是公正公平、实事求是、办事公道、不徇私枉法,这是官德的基本要求。

从物质文明建设上说,建立信用体系,推进规范化的市场经济，是经济转型的重要任务。社会主义市场经济既强调市场的调节，又需要法制和道德，否则便会造成无序和混乱。市场经济中信誉是成败的关键，民无信不立，企业无信则垮，靠作假不会长久，这是活生生的事实。

从精神文明建设上说，道德建设是精神文明建设的重点，它不仅制约着社会各个精神文化领域，而且影响着社会政治和经济。如果我们不能建成一个有高度道德水准的社会，我们的社会主义现代化事业，就不能说是成功的，在这一方面恰恰存在的问题最多。现在道德滑坡、世风浇漓是不争的事实，严重影响着社会主义现代化事业的发展，我们必须从制度建设上、思想教育上、民俗文化上加以对治。中国是一个道德传统深厚的国家，历史上有"礼义之邦"的美誉。儒家伦理学说构建了中国社会的基本道德，简要地说，就是"八德"：忠、孝、诚、信、礼、义、廉、耻。"八德"的内容在不同时代有不同解释，但其根本精神具有长久的价值，它们是我们今天道德建设的基础和出发点。

道德建设中的核心问题是义利关系问题。义利问题关涉个人利益和群体利益、物质利益和正义原则的关系。儒家所谓"利"指个人利益，所谓"义"指公共利益。儒家肯定正当的私利，只是主张要把公利即义放在第一位。孔子的义利观就是"见利思义，取之有道"，主张以义导利，用正当的手段获得利益。孟子认为社会管理者和士阶层应当尚义为公，而普通民众则须有恒产而后有恒心，"使民养生丧死无憾"。

孔孟之后，儒家有一派把重义轻利的思想加以膨胀，偏离了中道。如董仲舒讲"正其谊不谋其利，明其道不计其功"，程颢说"大凡出义则入利，出利则入义"（《二程集·河南程氏遗书》），把义与利对立起来。清初儒者颜元加以纠正，主张"正其谊以谋其利，明其道而计其功"，这是符合孔子思想的。

当今功利主义流行，道德力量不足。我们要加强道德建设，但不能回到以义抑利的路上，而应当以义导利，把个人利益与社会利益统一起来，鼓励人们在为社会提供有益服务之中取得应有的回报，实现自我的价值。

七、慈孝恩义，树立家道和顺的家庭观

俗话说："家和万事兴。"家庭和谐是人生的幸福，也是社会和谐的要素。重视家庭和亲情是中国文化的传统，更是儒家的传统。儒家把婚姻家庭看作两性生命的结合与族群生命的延续；家庭作为整个国家民族的基本单位，又担当着培育人才、传承文化、稳定社会的功能，所以家庭的意义是重大的。

传统儒学受时代的局限，在婚姻家庭文化中强调族权和夫权，有包办婚姻、封建家长制和男女不平等等弊病，需要加以剔除。但儒学的婚姻家庭观也有许多精华，值得我们继承和发扬。

其一是重视亲情，在两代人之间提倡父（母）慈子（女）孝，互相关爱。父母慈爱子女不仅出于天性，又有传统的深厚积累，看来无须提倡。但往往有过之而无不及，表现为溺爱、强爱，忽视子女的独立成长和平等的沟通，这需要纠正。子女孝顺父母是传统美德，但容易减弱和丧失，需要培养和提倡，因为：第一，多为独生子女，小时候娇生惯养，以自我为中心，不懂得疼爱父母；第二，子女长大独立后，脱离了父母的直接关照，情感方向容易转移。孔子认为孝道基本要求是"敬养"父母，不仅使他们生活有保证，而且精神上有安慰，能得到子女的敬爱，这一点非常重要。现代社会中父母往往不缺吃穿，而缺少与子女的团聚，空巢家庭越来越多，老人的亲情得不到满足。一曲《常回家看看》得到社会热烈的欢迎，说明人们在呼唤孝道，尤其呼唤精神情感方面的孝道。

中国家庭育养模式不同于西方接力式，而是反馈式；父母关爱子女，直到辞世；子女敬养父母，直到送终。老、青、少三代之间互补相得，乃是一种相仁之道，这对于老人的赡养、青年人的事

业、少年儿童的成长，都大有裨益，敬老爱幼的传统不能丢。

其二是重视夫妇之情，强调夫妇同体、百年好合、互敬互爱、互相忠诚、白头到老。朱熹说："夫妇和而家道成。"夫妻是家庭得以成立的基础，有夫妻然后有父子，家庭可以无子女，不能无夫妻。

现代社会受到时代潮流的冲击，夫妻关系越来越不牢固，离婚率不断攀升，婚外情经常发生，单亲家庭日益增多，造成许多社会问题。恋爱自主、感情第一、男女平等、离婚自由，这些都是社会进步的表现。但结婚草率、感情不专、离婚轻率，也不是好现象，不仅给双方带来痛苦，也给子女造成心灵创伤。

按照儒家传统观念，夫妻之间不唯有情，还有恩义，班昭《女诫》说："义以和亲，恩以好合"，"夫妇之道，参配阴阳，通达神明，信天地之弘义，人伦之大节也"。因此应当严肃对待。夫妻以情合，成立家庭，生育子女，便有恩义积累，便有责任在肩，不能由浅薄的感情变化去喜新厌旧。如果缺乏道德责任感和恩义之心，便不要成立家庭，否则一合一分，会给对方造成极大伤害。实在不合，再行离婚，对双方都是一种解放，而不能任情任意、率尔行事。

八、成己成物，树立崇德广业的人生观

儒学不是宗教，但能给人一种既现实又超越的人生追求，提供一种积极健康的价值理想，在这种追求和理想中，个人的完善与社会的事业达到高度的统一。

孔子提出"修己以安百姓"的内圣外王之道，作为儒者的人文理想。孟子提出"居仁由义"的道德人生。《大学》则总括出"格物、致知、诚意、正心、修身、齐家、治国、平天下"的人生进路。《中庸》又总括出"至诚、尽己之性、尽人之性、尽物之性、赞天地之化育"和"成己仁也，成物知也"的为人之道。《易传》有"崇德而广业"之说。

现代新理学哲学家冯友兰的人生指南是："阐旧邦以辅新命，极高明而道中庸。"上述儒家学者的人生观是一脉相承的，其核心宗旨是完善道德人格，推动社会进步事业；在推动社会进步事业中，完善道德人格。这种人生观主张树立一种"刚健中正"的人格，肩起历史使命和社会责任，发挥继往开来的积极作用，在提高思想境界的同时参与社会的进化。

从孔子开始，即接受老子的智慧，对人生命运和社会事业既积极推进又不刻意追求，采取灵活的态度，使自己有回旋余地，尽人事而后听天命，承认外在环境的制约。

孔子说："用之则行，舍之则藏"，"无可无不可"，所以孟子称他为"圣之时者也"。孟子则谓"穷则独善其身，达则兼善天下"。儒家认为人生有顺有逆、事业有起有落，有德者既要"择善而固执"，又要有迎接困难挫折的思想准备。张载说："富贵福泽，将厚吾之生也；贫贱忧戚，庸玉汝于成也。"无论什么经历，都是人生财富。要学老子的"道法自然"和庄子的"游刃有余"，给自己创造一个自在潇洒的生活空间。如此儒道互补的人生态度，既是健康向上的，又善于自我调节，使内心保持充实和平衡，不会为外界的引诱所迷失，也不会被外部的压力所挤垮。

孔子说："有国有家者，不患寡而患不均，不患贫而患不安；盖均无贫，和无寡，安无倾。"(《论语·季氏》) 在这里，孔子没有提到发展和繁荣是其不足，但他提出的"均无贫，和无寡，安无倾"却包含着深刻的哲理。"均"不是平均，而是公平；"和"便是协调；"安"便是安全。社会发展并不必然导致社会和谐，只有把实现社会公平、善于协调矛盾和能够保证安全这三件事做好了，才能在发展的基础上形成和保持社会和谐。孔子的话值得我们深思。

儒家协调智慧与新型国际关系

当代人类不缺少社会发展的智慧，而缺少族群协调的智慧，因此世界在现代化、全球化快速发展和高科技突飞猛进的同时，却族教冲突不断、集团对抗加剧。没有社会发展，文明难以进步；不能协调族群，文明会倒向野蛮；争斗激化不止，人类必陷于灾难。目前人类仍在文明与野蛮较量中挣扎，人类似乎尚未找到一条适合"地球村"时代公认的和谐相处之路。儒家的优势在于具有协调人际关系的智慧，学习这种文明智慧，树立新型国际观并使之成为处理国家间关系的普遍依据，便成为人类避免战争、走向和平的当务之急。

学习儒家协调智慧，超越文明冲突论

近代以来，国际社会的国家关系中占优势的指导思想是社会达尔文主义，它认为别的国家是自己的敌人，弱肉强食是公理，结盟也只是彼此利用。它的最大弊害是，把动物世界"物竞天择、优胜劣汰"的丛林规则搬用到人类社会族际关系上，已经造成两次世界大战，其极端表现便是法西斯主义的种族屠杀、种族灭绝。二战结束后，西方国家有鉴于法西斯主义反人类罪行的浩劫和覆灭的教训，不再轻易发动世界规模的战争并警惕法西斯的复活，倡导和创建联合国，建立世界贸易组织，在国际事务中更多地使用硬实力与软实力相结合的手段处理问题。

但西方国际观中占主导的社会达尔文主义并没有根本改变，因此半个多世纪以来，国际上有长期的冷战，有接二连三的局部战争。20世纪90年代以来美国直接挑起和参与的战争就有科索沃战争、伊拉克战争、阿富汗战争。苏东解体后，霸权主义仍在肆虐，冷战思维还在继续，文明冲突论颇有市场，军事结盟在发展，军备竞赛在加剧，集团对抗和冲突时而激烈化，民族宗教极端主义有新的发展，暴力恐怖主义成为国际社会的公敌。在日本，有军国主义思想的右翼势力企图为法西斯罪行翻案并使之死灰复燃。这都说明具有野蛮性的社会达尔文主义仍然没有退出历史舞台，还在折磨着人类，威胁着"地球村"的安宁和持续发展。有识之士提出文明对话以来，步履维艰，成效不大，人类在处理国家关系上尚缺少应有的智慧。

其实在人类文明史上，二千五百多年前的孔子已经提出了文明程度很高的天下观即国际观的雏形，闪烁着早熟的协调智慧。其后的儒学不断进行充实发展，又在中华民族对内对外关系上加以实践，形成反映人类共同体整体利益的东方式文明关系原理。其信念是：相信天下乃是一家，共生共荣应是公理，人类能够友爱相处。这种文明关系原理和协调智慧代表着人类文明前进的方向，最能适应人类成为命运共同体之后的全球化时代。

但是由于中国近代以来经济社会发展落后，不仅未能在世界上展示其化解冲突、建设和谐世界的积极作用，反而被侵略、被欺侮，其协调智慧被挤压、被抛弃，似乎强权才是公理，和解乃是软弱。然而历史总是走着否定之否定的道路。当全球化的进程已经使得人类真正成为命运共同体、共同利益超出了彼此的差异的时候，发达国家囿于其传统模式，面对族际关系的紧张，却拙于应对，提不出新型国家关系准则，仍然迷信军事干涉与威慑、政治结盟与对抗、经济制裁和文化扩张，其效应常常是损人而不利己。看来当代人类处理族群关系上要超越文明冲突论，需要回过头去向孔子儒家学习，增强协调智慧，才能破解国际纷争困局。

儒家协调智慧的内涵

一、基于普遍人性的仁和之道

儒学认为，人不是单个的存在物，人的本质是由社会关系构成的，人人都有仁爱之性，即关爱他人和互相关爱，中国人称之为"良心"或"良知"，它是与生俱来的。人在群体中成长，从小即爱父母、亲人，随着成熟和生活空间的扩大而爱朋友、社会，进而爱人类和万物。孟子说："亲亲而仁民，仁民而爱物。"这是人性的正常发展轨道。

但爱心又容易丢失，因为人在具有群体性的同时又具有个体性，往往膨胀个体需求和把个体需求放大为某种集团族群的需求，从而损害他人或他族。所以人还需要有道德理性的自觉，通过教育和修身，把存在于人性中的善端发扬起来，把由于后天不良积习而丢失的善性寻找回来，孟子称为"求其放心"，然后形成道德自觉，养成道德习惯。

按照儒家的逻辑，"爱人者，人恒爱之"，因此仁爱是相互的，利人与利己是统一的，反过来，损人必害己。由此引出忠恕之道，即孔子所说"己欲立而立人，己欲达而达人"，"己所不欲，勿施于人"，既要关心人、帮助人，又要体谅人、尊重人。由于有忠恕之道，儒家的仁爱便是互尊的、平等的爱，而不是单向的强加的爱，从而避免了那种"己所欲，施于人"的强迫的爱所引起的把爱变成怨恨的弊端。由此可见，不仅利己主义的贵斗哲学会导致冲突、对抗、战争等灾难，就是从救世出发的爱也会由于其单向性而达不到爱人的效果。如一神教原教旨主义的独尊论和救世论观念中的博爱，同样会导致冲突和流血，因为它不懂得尊重和体谅信仰的他者，必然引起他者的反抗，"同而不和"，便要相斗。

讲忠恕之道的仁爱，处理与他人、他族、他教的关系，必然采取尊重差异、包容多样的态度，这便是孔子"和而不同"的伟大智慧，它是保证人类多彩文明和谐相处、健康发展的永恒的真理。世界文明史证明，凡是实行"和而不同"的时段和地方，就有文明、安宁、快乐的生活；凡是实行"斗而不和"的时段和地方，就发生野蛮、战争、苦难的悲剧，文明遭到破坏，人类社会便退回原始时代，甚至不如动物世界。以仁爱和谐为核心的协调智慧是历史经验的结晶，是用无数鲜血换来的生活真理。

二、基于命运共同体的天下一家观

孔子儒学视人类和宇宙为生命共同体，族群之间血脉相连、痛痒相关、唇齿相依，彼此关系如同兄弟姐妹，共同生活在天地之中，没有根本的利害冲突，应以和为贵，不应相斗。

儒家的天下观就是它的国际观，不强调民族国家之间的间隔和对立，而强调相互依存、友好相处和来往。它把家庭关系放大为族群与国家关系。故《尚书·尧典》说："克明俊德，以亲九族，九族既睦，平章百姓，百姓昭明，协和万邦。"《尚书·蔡仲之命》说："为善不同，同归于治；为恶不同，同归于乱。"孔子说："四海之内皆兄弟也。"北宋大儒张载说："乾称父，坤称母，予兹藐然，乃混然中处。故天地之塞，吾其体；天地之帅，吾其性。民吾同胞，物吾与也。"大意是说，我们都生活在天地之间的人类大家庭里，民众都是我的兄弟，动植物都是我的伙伴，大家应当相亲相爱过日子。所以儒家既反对民族国家之间和内部的战争残杀，也反对破坏摧残动植物的生命，主张保持人与人、人与自然的和谐。

"讲信修睦"和"协和万邦"是儒家国际观的中心理念，都强调和平共处的原则。由于儒家在历史上长期居社会意识主导地位，中国作为文明先进的大国一直坚守睦邻友好的外交方针，实行防御型国防政策，在它最强大的时候如汉唐盛世，也没有成为穷兵黩武的国家，却是与外国先进文明交流的典范。唐代玄奘法师西去印度取回佛经，明代郑和带领船队七下西洋传播和平与友谊，以及儒学、佛教、道教以和平的方式传到朝鲜、日本和越南，都是最好的证明。

如果不幸发生战争，儒家主张要"化干戈为玉帛"，早日实现和平和礼尚往来。中国历史上曾出现崛起于漠北、以游牧文化为背景的善于骑兵征战的蒙古族军事统帅成吉思汗，曾领兵占据中原并西征，打到中亚和东欧，沿途多有杀掠。其早期的战争野蛮性缘于尚未受到中华核心文化儒佛道的熏陶。当时发祥于山东半岛的全真道大师丘处机，应诏西行，历尽艰辛，不远万里到达成吉思汗驻地雪山（今阿富汗境内兴都库什山），用儒家"敬天爱民"和道家"清心寡欲"的思想劝戒成吉思汗，要他尊重生命、制止杀戮，得到成吉思汗的尊敬和认可，从此战争减少了暴行，改变了游牧文化好战的传统，使成吉思汗子孙掌政的元朝回归中华仁和的主流文化。

丘处机重生爱民的思想与行动是跨越民族与国家的，他要拯救的生命是"人民"的生命，并不限于特定的民族国家的人民，因而后世赞颂他是大仁、大慈、大勇的人。

天下一家观要以尊重生命、爱护生命为第一要义，因此它必然是反对侵略战争、保卫世界和平的。

三、基于普世伦理的中和理性

人类是一个多民族多国别多文化的世界，既生活在同一个地球上，利益主体又呈现多元化；在根本的长远的利益一致的同时，在局部的眼前的利益上又会产生各种纷争与摩擦。然而互斗则互损，因此国与国和平共处需要有一种合情合理的态度与方法来协调矛盾，使各方的核心利益得到维护，同时，彼此又能做出必要的妥协，从而达到互利共赢，这就要树立中和理性，抛弃极端思维。

儒家的协调智慧就是它的中和理性，具有持中、稳健、包容、调和的特色。孔子说："中庸之为德也，其至矣乎！民鲜久矣。"又说："过犹不及。"他看到一般人的思维好走极端，再加上个人或小集团利益驱使，在思想行为上容易偏激、"唯我独尊"、不容他者。中和理性要求照顾所有相关方的利益，采取大家都能接受的方式调和矛盾，从而避免冲突带来的灾难，这是一种很高的道德行为，不容易做到，但要努力去做，不这样做，矛盾便不能真正化解。

中和理性要求：第一，要排除极端化思维，倾听不同的意见；第二，要顾及各方的利益和诉求，不能损人利己；第三，要用温和包容的态度集思广益，异中求同，同中存异；第四，要在人情与公理之间取得平衡，做到合情合理。由此可见，中和理性不是无原则的姑息和讨好，它是以仁义为准则、以大局为重的，故有"和而不流"的提法，既强调和谐，又不随波逐流。

《中庸》还讲"时中"，即中和理性没有凝固化的标准，它主张根据不同时期不同情况，采取灵活的态度和方法来对社会矛盾实行协调和平衡，以便取得最好的效果。

在中和理性影响之下，中国人很早就懂得用文明态度和方式处理多元文化之间的关系。《中庸》提出"万物并育而不相害，道并行而不相悖"，《易传》提出"天下同归而殊途，一致而百虑"。儒家、道家、佛家都尚中贵和，彼此不断接近和融合。各种外来学说与宗教在中国只要爱国守法、导人向善，都有正常生存空间。人文与宗教、宗教与宗教互补共进，形成多元通和生态模式，温和主义是主流，极端主义难以流行，中原没有发生宗教战争，也没有出现大规模信仰迫害的事情。

儒家协调智慧在国际关系中的应用

一、时代的变迁：从民族国家逐雄到人类命运共同体

要充分认识到时代已发生了根本性的转换：由民族国家群雄角逐、彼此自身利益大于共同利益的时代，进入了全球化加快、共同利益大于彼此分歧的时代，人类真正成为命运共同体；已往长期被

主流国家奉为指导国际关系原则的丛林规则和贵斗哲学将不得不退出历史舞台，和平与发展成为时代主题，儒学的协调智慧与中和理性将大放光彩。

人类面临着共同的全球性生态危机，而且形势已相当严峻。例如海洋江河的污染、大气二氧化碳的过量排放、土壤的沙化和退化、森林和生物物种的快速消失、地下资源的过量开采等，都在急剧地恶化着数亿年形成的自然生态。当此之时，人类若还热衷于彼此厮杀而不能团结一致，必将迎来生态危机的大爆发，那时任何国家既无法单独应对，也不能单独幸免。

再如数量可观的核武器时刻威胁世界的安全，核恐怖平衡能持久吗？冷战时期人类曾几度濒临核战争的边缘，何况还有恐怖主义利用核武、核能袭击的问题。

全球化的加快使地区和各国经济联为统一的共同市场，相互依赖度空前加深，经济制裁和贸易保护主义已不可能不伤害到自己。

而21世纪以来的几场战争，除极少数军工企业巨头获利以外，被战争蹂躏的国家，平民大量伤亡，国家元气大亏；而主战国也民怨沸腾，债台高筑，因而主战的声调锐减，主和的舆论日盛。除非人类甘愿共同灭亡，否则必须从现在起就要学会用新的协调智慧应对国际纠纷，不使其再度陷于冷战，更不能发展为热战。

汤因比说："世界统一是避免人类集体自杀之路。在这点上，现在各民族中具有最充分准备的，是两千年来培育了独特思维方法的中华民族。"我想，汤因比所说的中华民族"独特思维"，就是协调智慧及其中和理性。

二、用中和理性抑制极端主义

要用中和理性抑制极端主义（包括国家极端主义与民间极端主义），破除冷战思维，让温和主义流行起来。

中和理性不是特定的哲学形态，而是指合乎人情事理的思维方式。温和主义也不是特定的信仰，而是指对待自身信仰与信仰间关系的平和、平等的态度。中和理性是温和主义的哲学，温和主义是中和理性的体现。它既能使各种信仰自身坚守中道不偏的义理，又能以平等的态度尊重信仰的他者。它的宗旨是向世界提供多样性文明、多态性民族国家之间和谐共处的智慧，因此它不仅不会威胁任何一种文明，却能够使文明更好地摆脱野蛮，促进文明间的对话与和解，给世界带来和平。

由于历史和现实的原因，国家之间、文明之间，积累了很多的怨仇，价值观的不同再加上利益的摩擦也会形成新的对抗和冲突。出路只有两条：一条是冤冤相报，对抗到底；另一条是"仇必和而解"，总结历史教训，创建新型关系，开辟美好未来。前者是灾难之路，后者是光明之路。而避免灾难、走向光明，必须使中和之道大力发扬、必须抑制各种极端主义，使温和主义在世界上成为主流思潮。

极端主义源于自我中心主义和贵斗哲学，包括国家强权主义、民族与宗教极端主义、种族排外主义、意识形态冷战思维，它们的共同特点是好勇斗狠，强调对立面的斗争你死我活、不可调和，采用各种非人道的残酷手段，置对方于死地，宁可伤害大批善良的平民而在所不惜。霸权主义是一种国家形态的极端主义，它所造成的战争恐怖会让千百万人人头落地。民间极端主义（包括宗教极端主义）所导致的恐怖主义，丧失理性、滥杀无辜，走上反社会反人类的暴力犯罪道路。从思维方式上说，极端主义就是偏执狂、目无他者，把自身的观念和利益无限膨胀，使之成为绝对的唯一的存在。从情感心理上说，极端主义视他人生命如草芥，没有恻隐之心，丧失了起码的人性，心中只有自我和小团体。极端主义是真正的魔鬼，只要它掌控了政权、族权、教权，便会把民众拖入相互残杀的深渊。因此我们要反对各种形式的极端主义。

如果说欧洲历史上的启蒙运动用理性主义取代了宗教的绝对

主义，使人类的思想得到一次解放，那么今日世界需要一次新的启蒙运动，要用中和理性取代贵斗的理性主义和社会达尔文主义，避免它走向极端主义，其精要是对生命的尊重、对他者的尊重，实行"己所不欲，勿施于人"的恕道，使人类的思想获得一次新的解放，以便建立适应"地球村"时代的贵和的普世伦理。

所谓温和主义，就是能够包容和平等地对待他者。我们要努力在相互尊重的前提下，使宗教有神论温和起来，也使科学无神论温和起来；使社会主义温和起来，也使资本主义温和起来，其关键就是学会互相尊重。

中国人类学家费孝通先生指出："时至今日，世界上极端主义和以暴制暴所造成的种种事端，依然摆脱不掉'以我为中心'的影子。"人类必须有"跨文化"的心态，吸收中华文明"和而不同"的智慧，对自身文明和他人文明的优缺点作实事求是的反思，实现人类新的文化自觉，在"各美其美"的同时，学会"美人之美"，这样就能达到互补共进的目标，这就是"美美与共"，如此便可以"天下大同"了。费先生关于文化自觉的宣示，值得全世界关注文明转型的人们深思。

三、从强者为王的观念转变为仁者无敌的观念

抛弃"强者无敌"、"强权就是公理"的传统理念，转而相信"仁者无敌"、"有德者众望所归"。

孔子儒学承认国家之间有大小强弱之别，认为大国应发挥引领天下的作用。但是在如何引领上，儒家有自己独特的见解。孔子说："远人不服，则修文德以来之，既来之则安之。"他主张大国要把自己国家的文教德政建设好，用礼义文明的感召力把远方的民众吸引过来并使他们安居乐业。他赞赏："桓公九合诸侯，不以兵车，管仲之力也。如其仁，如其仁！"（《论语·宪问》）不赞成大国挟持军事力量结盟。孟子更是主张"以德行仁"的王道，反对"以力

服人"(《孟子·公孙丑上》)的霸道，提出"仁者无敌"的著名论断。
他的理由是大国"不嗜杀人"就能博得民心，实现"人和"；而"以力
服人"者并非心服，不会长久。所以"得道者多助，失道者寡助。寡
助之至，亲戚畔之；多助之至，天下顺之"(《孟子·公孙丑下》)。
老子说"兵强则灭，木强则折"，大国与小国相处，"大者宜为下"，
即应采取谦下的态度而不要盛气凌人。孔子儒学和老子道学所提
出的，大国应以道义的力量联合他国的国际观，是一种文明型国
际观，从短期看它似乎不切实用，从长远看它符合人类文明发展
的趋势。

在人类历史上，一味迷信武力、恃强称霸、到处侵略扩张的
帝国，都是其兴也勃、其衰也速，没有能够长久的。成吉思汗军事
帝国横跨欧亚大陆，也不过存在了几十年就分裂了。拿破仑帝国以
军事力量横扫欧洲，远征俄国，大败而归，最后于滑铁卢完全失
败，前后不过十数年。德、日法西斯分别称霸欧亚，因其种族屠
杀、罪恶滔天，遭到反法西斯正义力量的联合抵抗和反击，遂在
七八年间彻底覆灭。

尔后西方列强不再单凭武力，对于以往实行的帝国主义、殖
民主义政策有所调整，仍以军事为后盾，同时更重视政治、经济、
文化的综合实力，在硬实力之外还强调软实力，其交往理性比之过
去要温和许多。随着民族独立解放运动的普遍兴起，发展中国家现
代化事业的巨大进展，世界人民普遍的觉醒，一国或几国支配国际
事务的局面有很大改观，联合国的作用日益加强，超级大国或强国
集团为所欲为的时代已经结束。

但是，由于惯性的作用，超级大国美国往往沿袭"强者为王"、
"唯我独尊"、彼此抗衡的旧传统，再加上亚伯拉罕系一神教原
教旨主义"耶稣以外无拯救"的情结，和"美国是上帝挑选的民族"
的特殊优越感，它与别国仍然没有真正建立起平等、互信、合作的
新型关系，不仅经常给其他国家带来痛苦，也常常使自己陷于孤立

和被动。实力仍然强大的国家必须清醒地认识到，自身的安全不应以损害他国的安全为代价，那样便互不安全，真正的长远的安全乃是各国之间建立起平等友好和谐的关系。如果美国等西方大国能够逐步放弃以实力制人的方针，取消军事结盟，不再挑起别国内部冲突，转而以互尊、促和、扶弱为对外事务导向，那么不仅局部战争可以大大减少，世界逐步走向安宁，而且大国也可以摆脱国内外民众的怨恨和指责，获得各国的称赞，真正提高其国际声誉，发挥引领世界和平潮流的作用。

四、使和而不同成为文明关系的普世原则

要用和而不同的智慧，协调各国的利益，推动文明之间的交流与互鉴。

儒家和而不同的协调智慧不仅在于尊重差异、包容多样、互相信任，还在于它要在异中求同、消除隔阂、促进亲和。一些民族国家间积怨为时已久、互相猜忌提防，又有诸多现实利益冲突，缓解彼此矛盾极为艰难。不妨先易后难，从当代共同市场形成的工商业密切来往入手，多找物质利益层面的互依性与共同点，不纠缠和扩大政治意识形态与信仰之间的差异，初步形成"利和"，打通商贸之路，合作发展现代化事业，促进各国的经济繁荣、民生改善，为国家之间的和解争取民意的支持并创造友善的氛围。例如建设"丝绸之路经济带"和"21世纪海上丝绸之路"就是很好的设想，它用经济的纽带把各国连在一起，共享发展成果，积累合作的能量。

其次是"法和"，把已经成为多数国家共识的、体现人类共同利益和道德底线的社会公共生活规则，作为国际来往的行动依据。如《联合国宪章》、《世界人权宣言》、《世界文化多样性宣言》、《世界贸易组织协定》等，这些国际性规则凝结着历史教训和人类智慧，并经过艰苦协商谈判而得来，理应得到各国政府和各界人士的遵守。

再就是"文和"，加强民间文化交流，包括宗教文化交流，与政治权力和市场交换保持适当距离，着重于真善美的多态成果之间的对话、会通，这种文化交流容易跨越地区、民族、国家的界域和利益的计较，消解傲慢与偏见，拉近异域人们之间心灵上的距离，在欣赏自我文化的同时学会欣赏他族的文化，推动文明之间的交流与互鉴，这有益于焕发人类文明的生机，促进世界和平与进步。各种宗教的共同底线是劝人为善、爱护生命，因此应当在反对战争、维护和平的目标下较快地联合起来，推动国家、民族间的和解，而不应成为民族冲突加剧的要素。这是可能的，历史至今，佛教成为中、日、韩三国之间的黄金纽带，便是证明。

比较困难的是"政和"，即政治谈判，解决国家现实利益之间的冲突。这种谈判有的时断时续，多少年没有结果，甚至转而诉诸武力，发生流血，使和解更加困难。"政和"的一个重要智慧是要学会必要的妥协，互谅互让，而不能僵硬到底。儒家有"以权行经"（参看高拱《问辨录》）之说，主张在坚守原则的同时要有灵活性，才能处理好复杂多变的问题。国家间冲突，要达成政治解决，必须在相互尊重核心利益的前提下适当照顾对方需求，即"执两用中"，而不是一味强人从己，这既是政治智慧，也是基于普遍伦理，因妥协而和解可以避免战争造成的生灵涂炭，这是政治家的责任。

可见增进国家之间的互信与友谊可以全方位、多渠道进行，需要政府、企业界、文教界、宗教界、民间人士通力合作，采取灵活多样的方式，推进文明之间的交流、对话、沟通、互鉴，扬己之长与人共享，取人之长补己之短，"见贤思齐"，"见不贤而内自省"，那么以文明和谐为旗帜的现代新型国家关系是能够建立起来的。

儒家协调智慧的历史与今天

一、国际关系史上儒家协调智慧的作用

中国受儒家"和"文化的长期浸润，不仅在历史上坚守文明大国睦邻友好、不侵略不殖民的优良传统，而且在现代摆脱半殖民地悲惨地位、实现独立并逐步强大以后，继续运用"和而不同"的协调智慧与中和理性，确立了独立自主的和平外交政策，强调国家不分大小一律平等，中国强大后绝不把自己遭受侵略的痛苦经历再加到他国人民身上，不懈地为消弭战争、劝和促谈而努力奔走，成为维护亚洲和世界和平的重要力量。

中国于20世纪50年代即率先提出"和平共处五项原则"，支持不结盟运动；后来又经过艰苦努力，实现了中美、中日邦交正常化；通过耐心求实的谈判，与周边多数国家划定了边界线；运用协调智慧，与英国、葡萄牙达成和解，实现了香港与澳门的和平回归。邓小平提出的"一国两制"的方案与实施，乃是"和而不同"的中和理性在当代的伟大实践；中国加入世界贸易组织，积极参与联合国维和行动，受到世界广泛赞扬。

21世纪以来，随着中国经济实力的迅速增强，"中国威胁论"的声调似乎有所增大。这其中既有别有用心者的故意散布，也有有些人对中国文明的和平特质不了解而造成的误解。古老的中华文明早就给中国人的血脉里种植了和平、和谐、交融、太平的文化基因，因此有中华民族的多元一体格局，有儒佛道三教的合流，有睦邻友邻的深厚传统，唯独没有称霸世界的心态。

多年来海外华人与所在国人民友好相处，致力于发展当地工商经济的事业，从不介入民族宗教的纷争和政治斗争，却常常是这类斗争的受害者而不得不避难。他们的最高诉求是得到应有的尊重和保护，这就是中华"和"文化熏染所致。

中国改革开放三十多年来在经济社会发展上取得的巨大成就，

其发展速度在大国中是前所未有的，如此成就不是靠侵略掠夺，恰恰得益于国内和谐稳定的社会环境，得益于国际和平合作的历史机遇，所以它走的是和平崛起的道路，因而珍惜和平。事实已经证明，和平崛起这条路是走得通的。中国的强大和中华文明的传布不会加剧世界的冲突，只会带给世界更多的爱与和解，因为道德和正义是它的民族之魂。当然，它的道德精神强调的是自尊与互尊相统一，具有"刚健中正"、不卑不亢的品格，不能忍受被欺辱，也能将心比心，理解和尊重别的民族国家。

二、今日国际关系上中西智慧的互补

西方国家有发达的实用理性，体现为科技的飞速进步和市场经济的充分发育，为人类创造了巨大的物质财富，它的以个人为中心的权利意识和人文价值，如民主、自由、竞争、人权、法治等理念，包含着普世价值，值得中国人加以学习和吸收。但它的道德理性不足，人类一体意识不强，国家间平等观念薄弱，也需要向儒家学习。

儒家的协调智慧及其中和理性，乃是基于道德理性并具有实用、致用风格的理性。西方的实用理性如果包纳道德理性，会帮助它克服只顾眼前自我、不顾长远大局的缺点，树立互利共赢、全球安全的意识，把利己与利他统一起来。

中国的道德理性如果吸收实用理性，也会帮助它克服不善竞争、重义轻利、重仁轻智的偏向，树立以智行仁、以富践德的理念，建设公平竞争、繁荣富强的社会。

现在东西方社会和国家，已经在协调彼此关系使之趋于和谐的方向上，积累了很多成果。例如在核不扩散问题上、在保护环境和资源问题上、在新能源开发问题上、在全球市场共同规则上、在维护基本人权和文化多样性问题上、在共同打击暴力恐怖犯罪问题上，已经取得许多共识。

这些都是冷战结束以后国际关系上的巨大进步，说明人类的理性正在文明交流合作中不断升华。

现在的问题是要使已有的共识认真落实到行动上并不断向前推进，还需要在文化理念的深层次上提升到符合当代文明转型的高度，将已经过时的妨碍团结合作的自我中心主义自觉地加以清理，其中也包括各种极端思想。只有根除霸权主义、军国主义和一切极端主义的思想，才能根除战争。在联合国教科文组织总部楼前石碑上镌刻着一句话："战争起源于人之思想，故务须于人的思想中筑起保卫和平之屏障。"当代人类在反思历史、建筑思想上保卫和平之屏障的过程中，认真学习孔子儒学的协调智慧及其中和理性将是大有裨益的。

后记：我的学术之路

引言

一、成长于良好的家庭和接受学校教育

我生于抗日最艰苦的 1939 年，出身于山东烟台一个小康之家。小时在烟台乡下经历过日寇的残暴，亲族中有长辈惨死于日军刺刀之下。小学四年生活在国民党统治下的青岛，目睹过美国大兵的耀武扬威和街头大批难民与乞丐的衣不蔽体，并且亲身经历了青岛解放的重要时刻。我遇上了从国民党统治到新中国成立这一当代中国最重大的社会变革，家庭和自己的生活发生巨大变化。建国息乱，开始和平建设，我随母亲回到烟台读高小，从此在新制度下成长。

祖父是当地有名善人，以接济贫苦为乐，受到乡里的敬重。父亲活到九十三岁，为人忠厚，终生笃信孔子之道，写有不少相关诗文。我在《悼父诗》中感念他："尊孔读经，褒扬先贤"，"关切黎庶，时弊是耽"，"追念先祖，忠厚代传"，"心如赤子，远离伪奸；一生清白，可表于天"，称他是"民间儒者，林野文渊"。母亲是远近赞誉的贤妻良母，德寿双兼，而今已有百岁高龄，仍然神清体健，是我有大福气。我撰写《慈母颂》为她祝寿，称道曰："巍峨如山仁，柔和似水亲。数代皆仰赖，不积亦不矜。风霜历已久，纯厚仍此心。功德何其多，亲疏皆沾恩"，"家教温而雅，家风和且淳"。我有幸生长在这样一个道德家庭，以父母为启蒙之师，从小养成了温和好善的品格。

二、努力探索宇宙与人生的道理

20世纪50年代的中学生活是值得回忆的。社会在医治战争创伤之后迅速发展，一片欣欣向荣的景象。作为名校的烟台二中朝气蓬勃，教师尽职敬业、学生尊师苦学，德智体全面发展，没有后来应试教育的弊端。1957年我考入北京大学哲学系，本科修完又续读中国哲学史专业方向研究生，前后八年。那是一个充满崇高理想、革命热情高涨的年代，仿佛旧的一切都将过去，新的生活正在呈现，因此破旧立新便成为课程内容的主调。但是校园并不平静，政治运动频繁袭来，教育革命冲击教学，学生不能安心学习，经常陷于苦闷和困惑。好在出现三年经济困难和之后几年的社会运动松弛间歇，终于能够潜心读书，顺利毕业。毕业后进入中国社会科学院（前身为中国科学院哲学社会科学部）世界宗教研究所工作，在那里经历了"文化大革命"和改革开放两个截然不同的历史时期。1987年转入中央民族大学（前身为中央民族学院）哲学系（现升格为哲学与宗教学学院）到今天。我在京居住长达五十九年之久，北京成了我的第二故乡，从文化上说它是我的精神之乡、安身立命之地。时间如流水，不舍昼夜，转瞬间已过古稀之年，感慨良多。

我的工作经历比较简单，人生却遭遇了和平时期生存环境的意想不到的复杂多变，特别是"文革"的灾难，这是命运的安排，也许就是为了锤炼学人的心性，打掉稚气，促其成熟。如果说共和国前三十年是社会对我的培养期，包括学校教育和实际考验（社会是更大的学校），那么共和国后三十年便是我为社会的服务期，主要是从事中国哲学和宗教学的学术研究。再加上"文革"后期勉强做的一点专业工作，我的学术生涯约有四十年之久，也称得上是一个历尽沧桑的老学人了。虽然勤奋努力，却业绩不多，只能算是一个学术上的"及格生"。客观上我们这一代人没有前辈学者的家学渊源、国学根基和系统西学训练，又赶上一个文化激进主义汹涌澎湃的时期，缺乏原典教育，所谓先天不足，后天失调；主观上资材平凡、智慧不足，没有早早自觉远离"运动"、游心学术，浪费了许多宝贵时间。好在上天眷顾我，使我青年时顺利进入北大，接受一批大师级学者的熏陶；中年"文革"的磨难经过转化，成为亲历者独一无二的精神财富；后半生又遇上改革开放，有了较宽松的学术环境和日渐改善的物质条件，特别是适逢中华文化走出低谷，浴火再生，日渐受到社会各界重视和尊重，自己所学专业有了用武之地；再加上自己肯于学习，勇于反思，并得师友之助，遂略有所成，弥补了前半生许多缺憾，也是人生之幸了。

我从中小学时代即习惯思索，遇到问题喜欢连问几个为什么，总想刨根究底，包括宇宙之际、社会之变、生命之谜，常思其来龙去脉而不得解，翻阅一些书册亦寻找不到满意答案，但因此增加了对于根源性问题探讨的兴趣，想学点哲学。高中学业成绩文理兼优的我，不顾当时"学会数理化，走遍天下都不怕"的舆论压力，自主报考了北京大学哲学系并被录取，从此走上只有极少数人才选择的以"思想"为主业的人生道路。我的学术研究以中国儒、道两家哲学为主，后来又兼做宗教学理论、中国宗教史、民族宗教的研究。宗教研究虽非当初的选择，却也符合哲学与宗教学交叉的实情。哲学与宗教都要穷根究底，也都可以使人安身立命，两者面临与回答的问题都具有终极的意义；不过哲学中理性沉思的成分为主，宗教中情感心理的因素居多，两者的进路有所不同，而又相互融摄，难解难分。

经过大半生的求索，我是否找到了揭示宇宙、社会、人生谜团的最后答案了呢？并没有。非但如此，我从一个哲学上的纯粹可知论者变成兼信不可知论者。相对真理是可知的，终极真理是不可知的。人类是伟大宇宙神秘创生力的产儿，虽有灵性却渺小而短促，它不可能洞悉创生之母的无限威力从何而来，因此，宇宙之谜的谜底是永远不可知的，社会人生之谜也不可能彻底揭开。各种宗教描绘了宇宙终极者的情状，给出了各自的答案，而信者自信，却做不到遍信；各种哲学提供了认识真理、应对生存困惑的智慧，有助于精神的提升，却达不成共识。社会与人生并没有一条确定不移的道路，人们只能在漫漫人生之旅中上下求索，不断地获得一些有益于社会人生的启示，使自己和周围的人安心受用，改善生活的质量，而无法勾画出可以令所有人满意的清晰的终点。所以我给自己的定位是：中华文化的探索者，在探索中不断反思，在反思中继续探索。冯友兰先生认为："哲学是人类精神生活的反思。"我的理解，哲学并不直接去研究宇宙、社会、人生的具体问题，而是要在更高的层次上对人类的认知过程和结果，包括认识史、思维史、心灵史，回过来作再一次的认识、思索和体悟，总结出其中的经验与教训，提炼出根本性和普遍性的真理与智慧，使人的精神生活达到高度自觉。人们不可能都成为哲学家，但应当有哲学头脑，学会反思，就会使人生减少盲目性、依赖性，而走向明智和成熟。

三、学术路上的两次反思和跨越

在学术探索的曲折道路上，我经历了两次大的反思和突破。

第一次是摆脱苏联模式和五四文化激进派的束缚，回归中华文化前后相续、有因有革的传统。从大学直到"文化大革命"结束，我处在一个矛盾状态：在内层性情上保持着温和理性的气质，在外层认识上追随着革命激进的反传统的潮流，努力学习做一名批判旧世界的斗士式的学者，而总是达不到当时社会主流的要求。"文革"的教训，使我猛醒。它把反传统主义推向极致，也充分暴露了民族虚无主义的莫大弊害，使得几十年来以"革命"的名义横扫传统文化的思潮，同"文革"一起破产。几年的反思，认识到文化偏激主义的破坏，较之文化保守主义的落后，其对国家民族的危害要甚于百倍。保守文化也许会延缓新陈代谢，然而尚有旧文化、旧道德支撑社会精神生活，可以慢慢加以改良；扫荡文化则会断裂传统，使整个民族精神上无家可归，还可能倒退到野蛮。五四激进人物喜欢讲"礼教吃人"，殊不知"左"倾狂热也可以"吃人"，吃更多的人，连文化的根系一同吃掉。凡经历过"文革"浩劫的人，莫不为此而痛心疾首。溯其源，来自苏联"阶级斗争不断尖锐化"的理论和文化激进派的极端思想。五四激进人物标榜"科学"与"民主"，而他们对待自己的民族文化一棍子打倒，并无科学分析，对待不同学派强烈排斥，也没有民主精神，只有简单武断之言和咄咄逼人之势，自美其名曰"反对封建专制"，实则要把"科学"与"民主"变成类似上帝的绝对权威，提倡另一种文化专制，这是中国"全盘西化论"者的一种悲哀。20世纪80年代初起，我逐渐走近中华文化，并为它所吸引，走上文化改良的道路。有人把我划归"文化保守主义"群体，我则自称文化改良主义者。虽然"文化保守主义"并非政治保守主义，它包含改良，又广为流行，我还是要为其"正名"。"文化改良"才是名副其实，既包含坚守优良传统，又包含剔除陈腐成分，还包含不断创新。多年来中国前沿思想家在文化问题上破坏有余、建设不足，最终并未唤出一个新的文明社会。我认为，文化不能革命（不可大破大立），只能改良渐进，否则必然断裂文明链条，造成灾难。"不破不立"固然有其合理性，然而"不立不破"更有其真理性，学术工作的重点要放在推陈出新上面，这比简单化地批判要难得多，却最能有效地推进文化建设事业。在反思中我找回了当初的"真我"，一个温良中和的人，性情与认知终于取得统一。

第二次是20世纪90年代以来，在多元文化和中西比较中摆脱西方话语的支配，寻找中国模式，探索中国特色之路。改革开放以来，中国哲学与宗教学的研究，由于广泛吸收西方的学术成果，视野拓宽、方法多样，出现新的气象，中华学术有了新的生机，逐渐进入国际交流平台。同时，主导的话语权仍在西方，影响所及，甚至中国学人判定中华文化的优劣，也要以西方价值观为标准加以衡量。西方人文学术的优点是理性主义和个性解放，不足是欧洲中心论和斗争哲学。例如重外超越本体，轻内超越日用，难以如实阐明儒学的内涵；重逻辑分析，轻直觉体悟，无法正确评价禅宗和道家；重一神教和体制化宗教，轻多神教和民间宗教，不能准确把握中国宗教的特点，如此等等。有些中国学者不自觉地照搬西方理念，及文、史、哲、宗的学科分类标准，套用在中国人文学术研究与学科分类上，扭曲或肢解了中华传统学术，甚至不承认国学的正当地位。西方文化仍然处在强势地位，它所提供的民主、自由、法治、理性、人权等普世价值，以及现代学术成果、教育理念、学科分类、教育体制和教学方式，许多内容已成为全人类的财富，我们必须认真吸纳，用中国特色的形态加以体现，不如此，中国就无法进入现代文明行列。可是西方近现代文化有两重性，国内社会管理与国际外交事务用双重标准。它以殖民扩张所形成的不平等国际秩序为背景，在本质上是自私的大民族主义的，加上资本集团本性的贪婪，它在国际行为上真正信奉的是强权和霸道，并无民主、自由、法治可言，不过依据形势的变化，经常变换姿态，软硬兼施或轮替罢了。即使较为开明的哈佛大学教授约瑟夫·奈的文化"软实力"论，也没有摆脱"实力"的考量，并未达到道德境界的高层次，更不用说迷信硬实力的政界主流势力了。其主导世界潮流的结果，造成族群冲突加剧、地区流血战争不断、军备竞赛继续进行、经济与生态危机转嫁不发达国家，人类前途堪可忧虑。西方学术文化长期占据国际学界中心舞台和对东方和中国文化的忽略与贬低，也不可能短期改变。但中华文化博大精深，历史悠久，其天人一体、天下一家、仁爱忠恕、和而不同的精神和智慧，正可以弥补西方文化的欠缺，成为国际通行的公共规则和当代文明转型期普世价值的重要内涵。中华学术的传统与成果又是今日中国发展新学术的必备要素和资源。所以需要进行中西文化互释互补、平等对话，主动掌握话语权。意识到这一点等于实现一次新的思想解放，而学术上真正的突破则需要坚毅的精神和持久的努力，这一过程远未结束。

下面谈几点在学术探索道路上反思的体会。

尊师重道，承接前辈学者的学术统绪

1952年院系调整以后的北京大学哲学系，集中了一大批全国各大学从事中国哲学和西方哲学研究的著名教授和学者。中国哲学史学科有：冯友兰、汤用彤、朱谦之、黄子通、张岱年、宗白华、周辅成、任继愈、朱伯崑等。西方哲学史学科有：洪谦、朱光潜、郑昕、熊伟、任华、王宪钧、张世英、汪子嵩、吴允增等。初期老教授被强调要改造思想，不受重用，1956年以后开始陆续走上讲台，与学生有较多接触。真是天赐良机，我恰恰在这个时期入学学习哲学，这使我能够就近接受他们的教诲，有一个高起点。当时政治空气严峻，批判运动正在节节推进，民国时期硕果累累的哲学学术传统已经式微，又不绝如缕，大师级学者仅存于北大和哲学社会科学部哲学所。当时学生与老教授接触存有疑虑，却又被他们的学术和气象所吸引，自觉不自觉学到不少知识和治学之道。我听过冯友兰先生的中国哲学史，张岱年先生的宋明理学，朱光潜先生的西方美学史，任华、张世英诸先生的西方哲学史，黄枬森先生的黑格尔逻辑学，汪子嵩先生的马克思主义哲学，这些都是一年或一学期的课。此外还有专题讲座，如郑昕先生讲康德哲学、熊伟先生讲存在主义、任继愈先生讲佛学。研究生期间选修了中文系朱德熙、周祖谟先生的课，历史系田余庆、许大龄先生的课。北大名人讲座也很多，我听过的有政治家陈毅、彭真，文史学家郭沫若、周扬，美学家王朝闻，哲学家王若水等。我也常到校外听学术讲座，现在记得的有吴则虞讲训诂、贺麟讲黑格尔哲学、方华讲逻辑学等。当时北大哲学系教学以马克思主义哲学为主轴，虽然受苏联影响，教条主义比较严重，但通过学习自己掌握了一些唯物辩证法的理论方法，特别是其中强调用社会生活尤其是生产方式解释文化事象的唯物史观，和透过现象抓住本质以及认识是一个无止境发展过程的辩证观点，对于后来用以观察社会问题、进行学术研究和克服教条主义，是有很大帮助的。在老一辈学者中对我影响最大的是冯友兰先生，我从本科生到研究生，有八年之久生活在冯先生身边，虽说不是他的嫡传弟子，而在治中国哲学应具备中华神韵、兼综中西的理路、态度、方法乃至通达明快的话语表述等方面，我从冯先生那里获得的教益却是最多的，这是我的幸运。

学术事业继往才能开来，中国人尊师重道有深厚传统。尤其是我的上一辈学者，经历了中国千古以来之巨变，置身于新旧交替、中西文化碰撞时期，以旧学之根基接受新学之营养，又以新学之眼界审视旧学之得失，开拓出贯通古今、融汇中西的当代学术之路。他们的所思、所得、所问、所答，皆关乎整个时代社会的走向、文化的出路，观点虽不一致，结论未必尽是，但问题并没有过时，学问堪称精深，成就令人敬慕，已达到的高度尚须今人努力攀登。如不能认真继承这份丰厚遗产，我们这一代无法继续前行。例如贺麟先生关于中西正统哲学融合的主张，关于反思五四又超越五四的态度，关于"以民族精神为体、以西洋文化为用"的理念，关于义利与群己辩证统一的观点等，至今仍然有鲜活的意义。曾有一段时间，浅薄而激进者贬低他们，妄图绕过他们而开出新学术，结果表面热闹、实际苍白；时文媚俗者多、名至实归者少，学术反而衰落了。几经挫折，我们方才觉悟，必须吸取老一代学者的学术营养，才能真正有所创新。扩大而言，研究中华思想文化，除了根植于先秦孔孟老庄古典，还要返回近现代思想大家，包括：严复、康有为、梁启超、谭嗣同、孙中山、章太炎、熊十力、梁漱溟、贺麟、冯友兰、钱穆、张岱年、方东美、牟宗三、唐君毅、徐复观等人的思想，涵泳其学，有所觉解。谭嗣同的新仁学、熊十力的新唯识学、钱穆的新国学、梁漱溟的新文化学、冯友兰的新理学、贺麟的新心学、方东美的生命哲学，都是当代儒学的新形态，形成近现代文化改良主义的新统，代表学术发展的方向，我们要"接着讲"，把新统发展下去。尊师是由于重道，重道必须尊师。中华大道博而深，恒而动，时显时隐，一代一代由民众与精英共同传承。学者的工作是：原其道而得其魂，吐其故而纳众新，明其体而达世用。当代的中国哲学讲坛，师的第一位责任是原道和传道。我们这一代学人如果不能把上一代学人所原之道承接下来，又如何创新和传续下去呢？由于种种原因，当代学术传统出现重度断裂，我们要高度自觉、加倍努力，才能把学术传统接续起来，使之常驻常新。

旧邦新命，以复兴中华文化为己任

冯友兰先生家里有一副对联："阐旧邦以辅新命，极高明而道中庸。"上联写他的人生追求，下联写他的哲学路向，而哲学就是他的生命，这副对联是他一生的写照。冯先生是社会责任感很强的哲学家，一心想从中国哲学史研究的角度为振兴中华做贡献。他多次说过，他的学术研究就是阐发中国古典哲学的精神和具有永恒价值的思想，为新时代哲学的发展和社会进步提供文化营养。早年他研究理学，构建新理学，发掘"共相"与"殊相"的精义，目的是寻找中国现代化的特殊道路。现代化是共相，中国道路是殊相，共相寓于殊相之中。这就超越了全盘西化论和国学独尊论。现今学术界争论的"普世价值与中国特色"的问题，理论上就是共相与殊相的辩证关系问题，冯先生半个多世纪以前已经从哲学高度予以解决了。50年代他提出"抽象继承"论，是在全盘苏化和反传统猛烈的时代为中华思想文化争取生存空间，把其中规律性、普遍性的成分提炼出来，做到古为今用。他80年代写《中国哲学史新编》，着力阐发张载的"仇必和而解"的贵和哲学，重释辩证法矛盾对立统一规律，是由于他敏锐地意识到时代精神开始转换，包括社会达尔文主义、"耶稣以外无拯救"的原教旨主义、当代形形色色的极端主义在内的贵斗哲学就要过时，中国和世界的和平发展需要确立贵和哲学的主导地位，为此要向人们提供和谐、协调的中国智慧。冯先生由此成为当代贵和哲学的一面旗帜，走在整个时代的前头。我自己受冯师的影响，不愿做考据之学和词章之学，也不热心为学术而学术，而喜欢做义理之学和经世之学，研究中国哲学总是带着强烈的现实关切，努力跟上时代的步伐，力图把历史与当代贯通起来，通过自己对古典的觉解，使中国哲学具有真实的活的生命，能帮助当代青年吸收一些先哲的智慧，更好地思考现实问题，共同推动中华文明的当代转型。这大约是受了传统"文以载道"思想的影响，既要超越功利主义，也要超越象牙之塔的学术。因此我很赞赏"返本开新"、"综合创新"、"推陈出新"的三新之方，把它作为儒学继承与创新的三种途径。自己所写《儒学价值的新探索》、《走近中国精神》等书，就是在前行路上留下的一些印迹。

中华民族在当代的振兴，已出现蓬勃向上的强劲势头。经济社会发展走上了跨越式前行的跑道。但公共管理体制严重滞后，精神文明建设困难甚多，信仰与道德普遍缺失，而功利主义大行其道。如不改变这种畸形状态，经济社会发展会失去方向和控制。现代化必须包括民族文化的发展和繁荣。研究中华文化的学者，有责任阐扬中华精神，为重建中华主流文化和礼义之邦，为增强中华民族的凝聚力、创造力做出自己的贡献。张岱年先生用《易传》的"自强不息"与"厚德载物"来概括中华精神，我再加上一句："刚健中正。"即中立不倚、和而不流；自爱爱人，自信信人；自尊尊人。中华民族在历史上之所以生生不息、昌盛不败，又没有走上殖民扩张的帝国霸权之路，就在于它的民族性是顽强的、宽厚的，又是中和不偏的，有情理兼具的人文理性精神。近代以来，在西方文明大潮冲击下，中国积贫积弱，文化面临新的调整和转换再生，有些中国人失去了文化自信力，主张全盘西化。当代中国正在崛起，又出现了盲目自大、鼓吹霸权主义的苗头，小说《狼图腾》被热捧多年，至今颇有市场便是证明。该书宣扬野蛮残忍的狼性，认为它是中华民族复兴的精神，实际上是要中国走帝国主义道路，这是根本曲解中华精神，为西方"中国威胁论"提供口实，我们要加以抵制。中华民族是刚健中正的民族，不卑不亢，坚毅而好礼、矫健而多姿，既不会像羊那样怯懦，也不会去效法狼性的凶狠，而会像游龙出渊腾飞在天地间，给人类带来甘霖与和平。学者要把握好中华民族的精神方向，致力于道德理性的提倡，这是不可推卸的责任。

比较中西，提炼中国模式和经验

当代中国学术研究，由于西学的引进而有新的格局，使传统学问发生质的飞跃。融会中西是中国人文学科现代转型的必由之路，不然国学就走不出中世纪，开不出新形态。民国时期人文大师的主要历史贡献就在于"融汇中西、贯通古今"八个大字。但是西学以"两希"（希伯来与希腊）文化为背景，有其民族和地域的局限性，当西方话语铺天盖地而来笼罩中国学界的时候，中华历史文化研究不能不被曲解、变形，而成为西方学术的附庸，是其评判标准下的东方例证。有人曾经用单线进化论的话语判定中国传统学术比西方当代学术落后一个历史阶段，否定两者之间的民族性差异。有人用自由主义话语判定儒学为主干的中华文化核心是专制主义，妨碍民主与科学的发展。事实上，西方人文学术是多元化的，学界主流在提倡民主与科学的同时，也重视以往的古典文化传统，启蒙时代的思想家对中国文化抱有崇高的敬意并认真加以吸收。有些中国学人用来否定中华文化的所谓"西方模式"，往往是不准确的，有很多主观构想的成分。中国大陆还曾长期使用苏联斯大林、日丹诺夫话语来解释中国哲学发展史，简单划分出唯物主义与唯心主义两大阵营、两条路线，把孔、孟、程朱、陆王作为唯心主义来批判。即使在中国哲学史中找到一些唯物论和辩证法因素，与西方古典哲学相比也只是初级的、朴素的、不成熟的。在西方话语主导下，中国哲学和宗教的合法性也成了问题，儒学是哲学还是宗教长期争论不休。事实上，中国人文学术与西方人文学术进路不同，需要平等对话和互补。假如我们能够既吸收西方普世性话语，又恰当运用中国话语，就不会抹杀中华文化的特点和优点，而能彰显其民族性与现代性，对西方学术也会有所补益。中国学者应当有跨文化的视野，同时主动向世界提供文明发展的中国模式和中国经验，不能只做西方学术的传译者。

例如中国哲学与西方哲学的侧重点不同，中心在人生哲学不在认知哲学，不以思维与存在的关系、主体与客体的关系为主题，因此知识论、逻辑学不发达；而以人格养成、境界提升为主题，因此人性论、修身论发达。20世纪80年代，我曾与朋友们合写过《中国传统人生哲学纵横谈》一书，列出"价值观"、"人性论"、"人格论"、"命运观"、"生死观"、"苦乐观"、"朋友论"、"修身论"、"善恶论"、"忠孝观"、"婚姻观"、"养生论"、"解脱论"等十三个专题，进行研讨，目的是反思过去的人生，创造当今的人生，探索未来的人生。所思未必尽当，方向却需要坚持。我还认为，中国历史上并没有如西方历史上那样相对独立发展的哲学史传统，而有包含哲学在内的综合性的思想史传统，因此中国哲学史最好能够写成中国思想史。冯友兰先生晚年的《中国哲学史新编》就是朝这个方向拓展的代表作。

二十年以来，我的主要精力从哲学转到宗教学与宗教史研究，借鉴西方宗教学成果，从中国宗教和世界宗教实际出发，在比较中思考中国宗教文化模式问题。世界文明中有四大主流模式：一是以基督教为底色的欧美模式，二是以伊斯兰教为覆盖的阿拉伯模式，三是以印度教为主导的印度模式，四是以儒学为底色、儒道互补为基脉、儒佛道三教合流为核心的中国模式。西方学者撰写的世界宗教史和论中国宗教的著作，以基督教为背景框架，与中国文化有很大隔膜，论及中国宗教，或曰中国宗教是个大杂烩，或曰中国只有世俗迷信而无宗教，或曰儒学是宗教，或曰儒学无超越性，是现代化的阻力，等等，皆不得其要领。中华民族的文化自有其统绪和结构，是多元化的有机整体，又是绵延不绝的流动长河。

中华宗教文化乃至整个中华文化的模式是多元通和，它是建立在中华民族多元一体格局基础之上的、以中和之道为精神方向的文化模式，其特点是具有较鲜明的综合性、融通性和人文理性；人道引导神道，政教关系是政主教辅；宗教自古就是多教、多神、兼信，包纳各民族民间信仰，没有一神教的传统；哲学与宗教、宗教与宗教之间的关系，和谐是主旋律，而且渐行渐近，通而不同；以敬天法祖为基础性信仰，以人本主义儒学为主轴，向外开放，不断吸收外来的宗教和哲学，包括一神教，并使之中国化，成为多元和谐的因素。温和主义是主流，信仰之间的矛盾不易引起冲突与对抗，外来一神教受仁和精神的影响，逐渐减弱其排他性，成为其他信仰的好邻居。中华文化多元通和模式是我们应当继承和发扬的优良传统，也会为建设多民族多宗教的和谐世界提供中国的智慧和经验。这一学术成果得到学界越来越多的认同。

涵泳古典，入其内而后有觉解

北大以冯友兰、张岱年、朱伯崑诸先生为代表的中国哲学研究传统，是历史与理论兼治、资料与观点并重。他们是一流哲学史家兼哲学家，对中国文化史和哲学史史料备熟于心、如数家珍，同时有深刻理解，精于提炼。冯先生指导我的研究生学习时，不一味灌输知识，而强调态度和方法，就好比"点石成金"，学生不必热心索要现成的金子，而要学会点石的本领，即所谓"授人以渔"。他提示我与我的同学，学习古典要"涵泳"，这是一个基本态度和方法。

"涵泳"二字是冯先生一生治学经验的结晶，要言不烦，当初不理解，可我牢记到今天，也品味到今天，受用到今天。"涵泳"本义是水中潜游，引申到做学问，就是要求学者深入到研究对象和原典之中，潜心品味体会，尔后达到在其中自由穿行。朱熹曾谓研讨古义要"涵泳玩索，久之当自有见"（《朱子语类》）。冯先生不同意带着成见去读书，要我们顺着古人的思路去想，弄清本义，然后再作评论，这是一种"入其内而后觉解"的功夫。汤用彤先生曾提出研究佛教的十字训："同情之默应"、"心性之体会"，正是涵泳的精神。阅读古典要抱有敬意，塌下心来细读、熟读、体味，不急于评判，如冯先生所说：书读百遍，其义自见。然后吸收其精华，剔除其糟粕，总结其经验，借其辞而悟其意，以便增加今人的涵养，激发出更大的创造力。这是治学的着力点，并非盲目崇古，更非蛮横贬古。涵泳既要求尊重古人，又要求回归自我，至今是自己坚守的治学态度。

现在有人仍居高临下，对古典随意指责诋毁，往往是由于思想为某种文化激进主义理论框架所限，脱不出来；或者情绪浮躁，不能静心读书、潜心体悟，不能据实自判，遂为流行话语所左右。老子曰："大曰逝，逝曰远，远曰返。"揭示了事物前进运动中曲折往复、回接源头的规律性。古代文化经典在文化发展史上有其不可替代的源泉地位，尔后的学术流派或向前衍生或有所偏失，学者需要不断回到原典作检讨，重新理解它的精义，再向前迈进。所以经典需要终身阅读，每读一次都会有新的体会。读书有两种：精读与泛读，经典作品精读，一般作品泛读；原创性作品精读，介绍性作品泛读；代表性作品精读，流行性作品泛读。一篇好文章，一个好观点，抓住不放；故弄玄虚、陈陈相因的论著不读。这样才能把有限的时间用在刀刃上。阅读经典要注重历史文献关键文字的考证、训诂、纠谬，以便准确把握文本；同时还要吸收考古发掘新发现的甲骨、简帛资料，与传世古籍比较印证，如马王堆帛书、郭店楚简皆是不可多得的珍贵资料。

治中国思想史必须训诂与义理并重，不迷信权威，善于选择和推出新解，成一家之言。还要专精与广博相结合，在诸多学科之中，以本学科为主，兼顾他科；在儒、佛、道三教中，以一教为主，兼顾二教；在一教之中，以专题为主，兼顾通论；在经典文化研究的同时，还要兼顾民俗文化；在面向汉族主流文化的同时，还要兼顾各少数民族的文化，季羡林先生提出的"大国学"的概念是重要的。人文社会科学的发展走势，一方面学科分化，越分越细；另一方面学科交叉，日趋综合。学术研究要求更多学科的知识，而当前知识"爆炸"，作品难以计数，看不过来。因此，做学问难，现在做学问更难。我的天分不高、能力有限，只能尽己之性，朝着兼修方向去努力而已。我涉猎学科较多，有人称我为杂家，但只是小杂，达不到大杂，大杂需要有大学问。但在杂多之中我坚守主攻方向，用己之长，避己之短；前期以儒道互补为主，近期以民族宗教为主，不敢太多旁骛。我辈乃哲学出身，有理论思维习惯，而缺乏文献考据学的系统训练。因此要补课，掌握前人对古典的主要代表性注释，加以比对选用，以便使用可靠和典型资料进行理论加工，这样可以持之有据，防止虚妄。但自己不敢接受以考证、注释为主的研究题目，学力所不及也。这并不妨碍自己认真使用有价值的文献研究成果，甚至可能从理论的高度对考据名家的某些论断提出异议和纠正。经学史上常有两派之争，义理派斥训诂派为"支离"，训诂派斥义理派为"空疏"，实则可以互补，相得而益彰。朱熹的《四书章句集注》就是训诂与义理统一的成功典范。

综合创新，开拓个性化的学术之路

综合创新论是张岱年先生于1987年提出的理论，得到学界普遍认同。综合是创新的基础，创新是综合的目的。只想创新而不能广泛借鉴已有成果，只能是闭门造车，只能是简单化的标新立异；只会综合而不能有所开创，则不过是资料的陈列和观点的评介，而在理论上必然跟随他人之后，盲目效法，或者茫然无所适从。在曾经有过的社会生活高度政治化的时代，学术与政治之间还存在着种种紧张关系，学者必须有"以德抗位"的精神，顶住权力不当使用所造成的对学术的压力和诱惑，需要有坚韧不拔的勇气。政治讲求利害，学术分辨是非；学者不能言不由衷、曲意阿世。陈寅恪先生提倡的"独立之精神，自由之思想"，是我的座右铭。尊重而不依傍他人，保持学者的独立人格和自由空间，才谈得上创新。创新是学者的责任，否则研究没有意义。但是创新谈何容易，要付出艰苦的长期的劳动；做出的成果是否有所突破、有益社会，还要在学术争鸣与社会实践中加以检验。

人文学术研究既是创造性精神劳作，必然具有高度个性化特点。除了大型文化书典、古籍整理、教学课本等工作需要集体协作外，原创性的研究主要依靠个体脑力劳动和自主思考。

迄今为止，自己在个性化的学术探索路上，积累了一些成果。计其大者有以下几项：

一、以敬天法祖为依据，提出"宗法性传统宗教"的概念，用以表述中国人的基础性信仰，从而澄清"儒学宗教说"造成的理论混乱。敬天法祖是宗教，儒学则是带有宗教性的人学，两者有交叉，但统绪有别，并非一回事。

二、提出中华文化的"多元通和模式"，儒学是主干，儒道互补是基脉，儒佛道三教是核心，其他宗教是外层；它是多元的又是和谐互渗和开放的，内部形成有中心、有层次的结构，这也是一种良性文化生态。

三、提出中华大道的特色和本质是"中和之道"。其在儒家，为大中中和之道；其在道家，为阴阳中和之道；其在佛家，为因缘中和之道。"中"是以人为本、顺乎潮流、合乎民心、不走极端、无过与不及之失，谓之"时中"；"和"是承认事物多样性、平等性和共生互补性，促其协调发展，谓之"兼和"。

四、上承孔子、孟子，中接朱熹、王阳明，下续谭嗣同、熊十力、冯友兰，提出"新仁学"构想的六句要义："以仁为体，以和为用；以生为本，以诚为魂；以道为归，以通为路。"把仁学历史演进不同阶段中所包含的"仁爱"与"和合"、"生命"与"真实"、"道源"与"通达"的内涵揭示出来。

五、提出"温和无神论"的概念，用以表述中国特色社会主义宗教观，划清与法国战斗无神论的界限，超越苏联的"宗教鸦片论"和"与宗教斗争论"的激进主义。它是无神论的，又能尊重他者的信仰，包括有神论的宗教，形成和谐关系；它维护人们选择信仰的基本人权，并以开放的心态吸收各种宗教与非宗教文化的思想营养。宗教学者对待宗教的态度，既不是信仰宗教，也不是反对宗教，而是用理性去说明宗教。

六、将以往平行发展的民族学与宗教学从理论上结合起来，创立民族宗教学，为中国特色宗教学增添一个新的分支学科。《民族宗教学导论》一书已由宗教文化出版社出版，它是集体的智慧结晶。我所做的工作是：（一）确定它的宗旨与核心理念是"族教和谐，多元互补"；（二）追寻它的中外历史学术渊源；（三）承接中国学者积累的学术成果；（四）明确它的研究对象、范围和方法；（五）阐释它的主要概念之内涵外延；（六）围绕民族与宗教互动关系的主轴提出它的主要议题和思路；（七）提炼中国宗教文化的多元通和模式。民族宗教学的框架结构已经初步搭建起来，开始用于大学教学实践，在社会上也产生良好影响，但它还不成熟不完备，期待社会的讨论、批评和建议。《中国民族报》的评论是："幼苗虽小，却有远大前程。"

知行合一，在学术研究中提升人生境界

中国儒家有"知之者不如好之者，好之者不如乐之者"和"知行合一"之说，道家有"为学日益，为道日损"和"逍遥游"之说，皆主张求道之学不在积累知识，其要在于叩问真理、提升人生、乐在其中。儒、道、佛的学问都是生命的学问，目的是成就一种境界超迈的人生，成就一个"清明安和"（梁漱溟语）的社会。如不能与人生体验相结合，不在生活中感受它的乐处，是不能有所真知的。冯友兰先生认为哲学的功用不在增加实际的知识，而在于提高心灵的境界，这是继承和发挥了中华传统哲学的精神，由此他提出"人生四境界"（自然境界、功利境界、道德境界、天地境界）之说，至今还在发生影响。我很认同中国传统的境界哲学，在探索哲学的理论发展时，不忘记与自身的人生价值追求、心态优化相结合，不忘记"明体达用"的目标，使研究不游离于社会现实之外。如此去做，既可以自家受用，据以安身立命，把圣贤和大师的智慧部分地转成自己的智慧，在人生旅途上发挥助益作用，又可以把所思所悟融入著书立说、研讨讲学之中，与他人分享、与读者发生共鸣，从而回报于社会。

孔子的忠恕之道和"三达德"之说，老子的"圣人不积"和"上善若水"之说，孟子的"忧以天下，乐以天下"和"士穷不失义，达不离道"之说，庄子的"游刃有余"和"法天贵真"之说，王阳明的"致良知"之说，吕坤的"学以自得为宗"，焦竑的"从自己胸中辟取一片乾坤"，都对自己探索人生之路发生重大影响。近世熊十力"尊生健动"的哲学，冯友兰"人生四境界"之说，张岱年"综合创新"、"人格尊严"之说和他的忠厚益人之德，更直接进入我的精神世界，使我的生命增加了厚度和广度，增强了回弹力和后续力，充实了能量，有勇气面对人生难题，在挫折中前行、在反思中探索，不再茫然困惑，终于能够从容自在地工作和生活。

如果有人问我：你的信仰如何？我可以明白告诉他：在政治方向上相信社会主义，向往普遍实现社会公平、正义，共同富裕，人民都过上幸福有尊严的生活。在人生态度上，以儒道互补为价值取向。儒家是进取的哲学，它使我有社会责任心，关心国家民族和人类的命运，努力参与社会文明建设，有敬业乐群的精神。道家是内敛的哲学，它使我恬淡豁达，在进取时不忘舍弃，在入世中能够超脱，进退自如、从容自在、不丧失自我，努力开拓属于自己的精神空间。这就是今天的真我，过得充实而愉快。

20世纪90年代以来，有的学者认为，当代儒学不再能够担当传统意义上的塑造国民性格的重任，在很大程度上已成为学理之事，而非真正的实践之事、生命之事，儒学只能走知识化、专业化的道路，新一代儒者不再以传统圣贤相期许。如此说，儒学不再是关乎生命成长的学问，而是变成工具性的专业知识，为的是适应当代社会专业分工与专业训练的需要。这样一来，儒学必将失去信仰和道德的高度，与护持国格、涵养人性了不相关，也就等于失去灵魂，并会堕落为集团谋求功利和个人追逐名利的工具。儒学遭遇的政治工具化、学问利禄化的现象在中国历史上时常发生，而为世人诟病。为保持儒学的真精神、高品格，孔子强调"为己之学"、"言忠信，行笃敬"，孟子强调"思诚者人之道"，《中庸》强调"至诚无息"、"不诚无物"，程朱强调"诚敬"、"诚意"，皆担心儒学失真转假，沦为伪学。在当今功利主义大行其道的时代，儒、佛、道三教都面临着被工具化的高度危险性。

我觉得，为适应当代教育方式和文化传播的特点，包括儒学在内的传统学问，其形态的现代化、知识化是必要的，所以牟宗三先生提出要从知体明觉转出知性主体。但是此乃"知体明觉之感应而不失知体圣德之本义"，以德为体、以智为用是不能改变的。当我看到有些研究儒家的学者"仁"、"智"脱节，乃至个别人触犯法律，失去做人的底线，感到痛心疾首，益发坚信阳明"知行合一"

之真确，"知及之，仁不能守之，虽得之，必失之"。儒学研究不是普通的职业工作，乃是安顿心灵、理顺中华民族文化生命的神圣事业。我对自己的要求是：用儒家的精神做儒学的事业。儒学如不能感动自己，亦不能经由自己感动他人。当然，圣贤是可望而不可即的理想人格，只需心向往之；而做君子、不做小人则是经过努力可以达到的。按照冯友兰先生"四境界说"的要求，做人应当不断提升精神境界，对多数人而言，关键的一步是从功利境界上升为道德境界，不再以名利权势为最高追求和快乐，而觉解到应承担的社会责任，以利益社群、创造开拓为最大幸福，在精神和事业中寻找乐地，这样，人生就有了超出个人的意义。中华人文学者尤其应当率先进入道德境界，以自身的人格和气象展示中华文化的魅力。

结语

以上体验和所得仅属于自家之思，略作概括而写出来，只不过是想以"过来人"的身份给青年人提供一份参考，或可有助学之用。社会风气变幻无常，而变之中应有不变之道存焉。学术应本于良知，与权力、财富保持恰当的距离，不可急功近利和随波逐流。我不能保证观点正确、体认恰当，我只能保证点滴皆是自得、心意发于真诚。我的人生和为学仍然是进行时，继续走在探索的道路上，我会在探索中不断反思，乐学不厌、过则勿惮改，使思想尽可能保持活跃状态。我的朋友、年逾八十的文庸先生送我一件自撰自书条幅，其文曰："离经而不叛道，尊崇决不迷信。保守切忌泥古，求索慎勿盲从。"小注曰："平生孜孜以求者仅此而已。"此乃其一生积学所悟，深得我心。我用它来激励和提醒自己，不僵化、不退步，学到老、思到老，不停地做点有益于中华学术发展的事情，是来日之所愿也。